山东科技大学学术著作出版基金资助

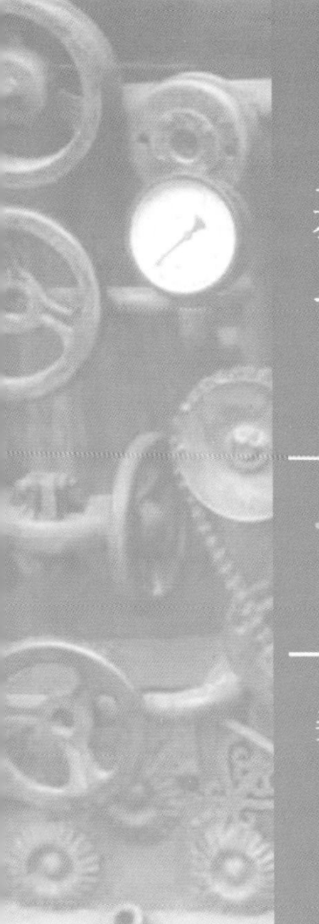

基于转型目标的大型煤炭企业高管团队能力研究

JI YU ZHUAN XING MU BIAO DE DA XING MEI TAN QI YE GAO GUAN TUAN DUI NENG LI YAN JIU

姜秀娟 侯贵生 著

中国财经出版传媒集团

经济科学出版社
Economic Science Press

图书在版编目（CIP）数据

基于转型目标的大型煤炭企业高管团队能力研究／姜秀娟，侯贵生著．—北京：经济科学出版社，2017.5
ISBN 978－7－5141－8073－2

Ⅰ.①基…　Ⅱ.①姜…②侯…　Ⅲ.①煤炭企业－工业企业管理－研究－中国　Ⅳ.①F426.21

中国版本图书馆 CIP 数据核字（2017）第 123017 号

责任编辑：刘　莎
责任校对：王苗苗
责任印制：邱　天

基于转型目标的大型煤炭企业高管团队能力研究
姜秀娟　侯贵生　著
经济科学出版社出版、发行　新华书店经销
社址：北京市海淀区阜成路甲 28 号　邮编：100142
总编部电话：010－88191217　发行部电话：010－88191522
网址：www.esp.com.cn
电子邮件：esp@esp.com.cn
天猫网店：经济科学出版社旗舰店
网址：http：//jjkxcbs.tmall.com
北京密兴印刷有限公司印装
710×1000　16 开　13.75 印张　300000 字
2017 年 5 月第 1 版　2017 年 5 月第 1 次印刷
ISBN 978－7－5141－8073－2　定价：48.00 元
（图书出现印装问题，本社负责调换。电话：010－88191510）

前　言

当前，煤炭行业面临的安全、环境、资源利用等相关的外部制度环境日益严苛，使大型煤炭企业经营目标由以盈利为重心的单目标转向为兼顾效益、安全、环境、资源节约等的多重目标。而大型煤炭企业内部如何实现多目标的高水平协同发展则取决于企业高管团队的智慧及能力。同时，当前煤炭企业面临着更加复杂的经营环境，表现为：煤炭去产能任重道远，市场不确定性不断增强；大型、特大型煤炭企业不断涌现，新能源和进口煤挤占市场，竞争日益激烈；多元化及跨区域战略使企业经营更加复杂。在此背景下，通过转变管理模式、调整产业结构以及技术创新等实现转型升级成为煤炭企业发展的必由之路，而这些属于煤炭企业战略层面，对整个企业高管团队能力提出了新的要求与挑战。本书以作者的博士论文为主体研究框架，基于转型目标研究大型煤炭企业高管团队能力问题，主要内容如下：

（1）按照“煤炭企业转型目标—煤炭企业转型路径—高管团队关键任务—高管团队必备能力”的思路逐步分析，建立了包含企业转型战略规划能力板块、企业转型战略执行能力板块、企业转型基本支持能力板块等三大板块，转型文化重塑能力、转型战略规划能力、资源整合能力、管理控制与创新能力、持续学习能力等五大要素的能力结构体系，并通过问卷调查及因子分析方法对能力结构进行了验证。

（2）基于转型目标，对大型上市煤炭企业高管团队能力进行了测度，并对能力影响因素进行了实证分析。运用综合指数方法对21家大型上市煤炭企业高管团队能力进行测度、比较和分析，发现各企业高管团队综合能力普遍不高，且各能力维度发展不平衡。高管团队年龄异质性程度、平均受教育水平、任期异质性程度、团队规模、薪酬水平、高管团队持股比例、区域制度环境是重要的能力影响因素。

（3）针对高管团队能力对企业转型目标的贡献进行实证分析。首先运用转型绩效衡量煤炭企业转型目标的实现程度，采用 Topsis 法对样本企业转型绩效进行测量，最后基于面板数据模型对能力与转型绩效进行回归分析，发现：高管团队 5 大能力要素对企业转型绩效各维度均有显著正向影响，其中转型战略规划能力对经济绩效贡献最大，而转型文化重塑能力对安全绩效、环境绩效与社会绩效贡献最大；与企业实力、宏观经济状况等影响因素相比，高管团队综合能力对企业转型目标贡献最大。

（4）提出了基于转型目标的大型煤炭企业高管团队能力提升路径。导向是服务于煤炭企业转型目标，着眼点是“三大能力板块、五大能力要素”的培养，并从高管选拔、高管团队结构塑造、优化团队运作机制及强化高管激励等方面提出了能力提升建议。

作者

2017 年 3 月

目　录

第1章

绪　论

1.1 研究背景与意义

1.1.1　研究背景

煤炭在我国能源消费结构中占主体地位，煤炭行业是我国国民经济发展的重要基础产业。自2008年金融危机以来，全球经济持续不振，我国经济增速放缓，进入新常态，能源需求增速减慢，能源结构不断变化，新能源与进口煤挤占市场，煤炭行业经营环境恶化，资源约束日益趋紧，环境与安全规制不断加强，煤炭产能过剩，煤炭企业间的竞争越来越激烈，转型与发展是煤炭企业当前与未来面临的关键任务。

大型煤炭企业在煤炭行业的重要地位决定了其必须尽快实现转型发展，以带动整个煤炭行业的转型与发展。传统的煤炭企业经营模式以追求利润为重心，主要依赖要素投入和规模扩张来获得发展，同时，轻视安全、环境保护与资源节约等可持续发展问题；当前，煤炭企业转型发展，就是要从原来的粗放型、事故多发型、环境破坏型、资源浪费型发展模式向集约内涵型、本质安全型、环境友好型与资源节约型发展模式转变。可见，当前的煤炭企业经营已由单目标决策问题转向了多目标决策问题，在实现多目标协同发展的转型期，企业经营更加复杂，企业高管团队面临着更加复杂的任务，对高管团队整体能力及其结构提出了新的要求与更大的挑战。

高管团队及其能力是大型煤炭企业内部推动企业转型的关键力量。为促进煤炭行业发展与转型，与安全生产、资源节约及环境保护等相关的规章制度不断出台，煤炭企业面临的外部制度环境日益严苛；外部制度成为煤炭企业转变发展方式的主要驱动力，而高管团队作为企业战略的决策层和执行层，则是煤炭企业内部拉动企业发展的“马车”，对煤炭企业的发展方向、速度和质量起着关键作用。

当前，中国政府正在从宏观层面推动煤炭行业发展方式的转变，煤炭企业的兼并重组不断推进。“十二五”期间，亿吨级、5000万吨级的特大型煤炭企业越来越多，煤炭产量约占全国的60%，全国煤矿数量减少到1万处以下。因此，随着大型、特大型煤炭企业数量的增加，企业经营行业的多元化、所涉区域的扩散性、大企业间竞争的激烈化都使企业经营越来越复杂，这使大型煤炭企业仅依赖企业一把手的能力来取得发展将越来越难，而整个高管团队及其能力对于煤炭企业的重要作用日益凸显。

大型煤炭企业中大多数属于国有或国有控股企业，有其特殊性，高层管理者通常不是由企业自主在职业经理人市场遴选而来，大多数是经过组织考核与任命；这不同于其他企业的一把手，可以自己作出企业高管人员的最终选聘决策。同时，2010年党中央发布了《关于进一步推进国有企业贯彻落实“三重一大”决策制度的意见》，文中指出凡属重大决策、重要人事任免、重大项目安排和大额度资金运作（简称“三重一大”事项）必须由领导班子集体作出决定的要求，这进一步突出了高管团队作为一个整体的重要作用。

企业转型发展以企业使命及企业经营理念的转变为先导，而整个企业经营理念的转变也需要高管团队首先转变经营管理理念，然后凭借其认知领导能力等来推动整个企业转变经营理念。同时，随着煤炭企业经营由单目标决策问题向多目标决策问题的转变，煤炭企业高管团队的决策能力、为了实现多目标而对资源进行有效配置的能力、在多目标间进行权衡的能力等都受到了前所未有的挑战。

遗憾的是，大型煤炭企业高管团队到底具备什么样的能力体系才能确保企业转型目标的实现，当前学术界缺乏系统研究，没有相应的理论体系来提供指导。在此背景下，本书基于转型目标研究大型煤炭企业高管团队能力问题。

1.1.2 研究意义

（1）对高管团队能力问题的研究，扩展了高管团队的理论研究领域与层面，是对高管团队理论研究体系的丰富。

当前，高管团队对于企业的重要性已得到了普遍认同，国内外已经兴起了对企业高管团队研究的热潮，但研究主要集中于高管团队传记性特征、团队构成、团队运作过程及其与组织绩效的关系等方面，而从能力层面来对高管团队进行研究的很少，专门针对特殊行业、特殊任务的理论分析也甚少。

本书基于转型目标对大型煤炭企业高管团队能力展开研究，是从能力角度对高管团队进行的探索性研究，也是针对特殊行业、特殊时期的研究，是对高管团队理论研究体系的丰富。

（2）基于转型目标的大型煤炭企业高管团队能力研究，为转型期煤炭企业高管团队建设和能力培养提供直接的理论指导，具有重要的实践价值。

大型煤炭企业在转变发展方式的背景下，其经营目标由单一的盈利目标转向兼顾经济效益、员工安全、资源节约、环境保护与可持续发展等多重绩效目标，这使高管团队的工作任务更加具有挑战性，也对整个高管团队的能力结构与水平提出了新要求，大型煤炭企业亟须有针对性地进行高管团队建设，培养和提升其整体能力。目前，学术界对高管团队能力的研究较少，转变发展方式背景下的大型煤炭企业高管团队能力建设与培养缺乏系统化的理论体系作为指导。

本书专门针对煤炭行业特征，以“煤炭企业转型任务的完成及企业长期可持续的发展”为导向，来构建大型煤炭企业高管团队能力测度模型，为转型期煤炭企业高管团队能力的评价与考核提供方法；并以大型上市煤炭企业为样本，调查分析高管团队能力现状及其不足，并找出其关键影响因素，最后根据理论模型及实证分析结论，为转型升级中的大型煤炭企业高管团队建设、人员选拔、成员更替及团队能力培养与提升提供理论指导与对策建议。

1.2 文献综述

1.2.1 企业转型升级研究综述

1.2.1.1 企业转型升级的定义

国内外学者对企业转型升级进行了广泛研究，但到底什么是企业转型升级，还没有一致的定义。有学者认为企业转型升级是由低附加值或低技术产品的生产企业转变为高附加值或高资本或高技术产品的生产企业的过程，并且是企业从产业链或产品价值链低端向更高的位置上攀升的过程。吴家曦和李华燊（2009）通过对浙江省中小企业转型升级进行了调查，也认可前面的观点，并将企业转型升级划分为企业转型和企业升级两个层面。企业转型一方面指因所处行业衰退而谋求组织变革、新的发展模式或产业转移的过程；另一方面指企业为提升效率、降低成本或更好地应对外部环境动荡，而进行的组织变革或治理结构优化等。而企业升级着重于企业创新能力的根本性提升。企业升级意味着企业能力的增强，还表现为运用新技术和新能力开发新产品、开拓新市场的过程。

20世纪八九十年代以来，企业面临的外部环境日益动荡，国内外学者开始研究企业战略转型问题。Levy 和 Merry 于 1986 年研究了企业战略转型的动因，是企业为了更好地适应环境，解决运营过程中的问题，对企业组织结构、文化等进行的变革过程。Shaheen（1994）认为企业战略转型是对组织形态、文化、技巧与理念进行转变，增强组织柔性，即环境适应性，进而提高企业竞争力与绩效的过程。战略转型能力强的企业通常其战略弹性较大，公司管理层对外部环境变化足够敏感，同时能很好地应对。国内有学者认为战略转型是企业内、外部环境不断发展变化，企业经营范围、运营方式、组织结构、资源配置方式等发生了根本性变化，其不同于战略调整、战略创新及战略变革等。李小玉等（2015）基于两个维度研究企业战略转型问题，一是企业战略内容变化，二是企业战略决策程序变化，并指出战略转型就是企业战略发生系统性变化的过程，还分析了企业资源和企业能力、企业外部环境、管理者特征和动机对企业战略转型的影响。唐孝文等（2015）认为由环境洞察能力、规划设计能力、组织学习能力和变革领导能力构成的企业动态能力对企业战略转型全过程都有非常重要的影响，使企业能抓住机遇，应对挑战，对企业内外部资源有效整合，推动转型实现。

1.2.1.2 企业转型升级研究的角度

目前国内外主要从以下方面研究企业转型升级：

（1）企业转型升级的类型和模式研究。

有学者将企业转型划分为五种，包括企业管理模式转型、企业商业运作模式转型、企业为适应外部环境而进行的转型、产品创新转型以及政府政策应对型转型；还有学者将企业升级划分为四种类型：工艺升级、产品升级、功能升级、产业链升级，并认为前两种是较容易实现的。

（2）企业转型升级路径研究。

Gereffi（1999）以东亚服装生产企业为研究对象，针对其在全球价值链中位置的提升过程进行研究分析，总结出这类企业转型升级的路径为"委托组装（OEA）—委托加工（OEM）—自主设计和加工（ODM）—自主品牌生产（OBM）"；杨桂菊（2010）在对3家本土代工企业进行案例探索性研究的基础上，构建了代工企业转型升级路径的理论模型，认为OEM企业不断提升核心能力、不断扩展价值链参与范围的过程就是其转型升级的主要路径，并且对核心能力的演进过程及能力提升策略进行了详细分析。毛蕴诗和吴瑶（2009）基于全球价值链框架分析企业升级路径，指出价值链是企业谋求技术进步、扩展市场关联、获取竞争优势、提升产品附加值的源泉，并总结出六种企业升级路径，包括替代跨国公司产品、直接跨入先进技术领域、多重技术交叉、OEM-ODM-OBM、借助产业集群优势、技术积累。黄永明等（2006）针对嵌入全球价值链的中国纺织服装企业提出了三大企业升级路径：一是依赖技术提升；二是依赖市场拓展；三是依赖技术提升与市场拓展的有效组合。有学者针对低碳经济，提出了企业的低碳战略转型问题，研究了企业的低碳战略转型目标、生产过程的低碳转型，并从能源结构、价值链和产业结构三个方面的优化提出了低碳转型路径。

程虹（2016）等基于调查提出了我国企业转型升级的 4 条路径，包括培育创新型企业家精神、由效率盈利转向质量盈利、加大对人力资本的投入、提升技术创新能力，同时提出政府需制定相关政策催生创新型企业家、倒逼僵尸企业退出市场、建立以技能人才为基础的国家人力资源培养体系、形成优质优价的市场机制。张聪群（2014）基于企业动态能力视角，研究超竞争环境下产业集群内中小企业转型问题，指出其核心是战略转型，组织变革是为了保障转型战略的实现。中小企业依赖战略转型来改变成长轨迹，实现突破与持续发展。超竞争环境下产业集群内的中小企业要转型必须要与其他相关企业有效合作，同时有效整合企业内部资源与能力，尤其关注培育企业动态能力，通过企业内外资源与能力的协同发展实现转型。杜传忠与杨志坤（2015）研究了德国工业 4.0 战略，指出其制造业发展方向为智能化、数字化和服务化，其生产方式为大规模、个性化、定制化，能充分发挥中小制造业企业优势，旨在构建系统、关联、集成、协同与融合的制造业产业体系，打造完善的技术创新平台，制定统一的工业制造业标准，并高度重视人力资源潜力的发挥，这些做法都值得中国制造业转型升级借鉴。

（3）企业转型升级影响因素研究。

企业转型升级的影响因素主要有：市场结构、企业规模、企业创新能力、产业集聚和出口状况、所处行业和企业所有制、政府 R&D 投入、出口贸易的技术标准化要求等。符正平（2011）等基于社会网络视角，从产品升级与流程升级两方面分析了集群企业转型升级影响因素，主要包括中介中心性网络位置、产学研合作网络以及产业内部合作网络的关系强度。还有相关学者运用全球价值链框架分析了中国纺织服装企业升级的两大障碍，一是如何嵌入全球价值链，二是如何向高端环节攀升。孔伟杰（2012）针对浙江省制造企业的研究发现企业创新能力是制约企业转型升级的最关键因素；企业规模与转型升级倾向正相关；单纯提高出口数量对转型升级不利；政府支持有利于非市场领域的企业转型。龚三乐（2011）对嵌入全球价值链企业的升级动力进行研究，指出三大要素：企业集聚、领导企业推动与技术创新，并通过实证研究发现后两者对企业升级绩效的影响更大。而产业集群内企业在全球价值链中的升级会受到集群的正向影响。产业集群主要通过四个途径促进企业升级，包括外部经济、学习、创新以及吸纳外部要素。Prahalad 和 Hamel（2007）认为企业转型升级的关键因素是企业核心竞争力与企业动态能力，同时指出积极奋进、倡导创新的企业文化与企业家精神能有效促进顺利转型；Prahalad 和 Osterveld（1995）认为影响企业转型的重要因素主要包括企业新理念、全局思想，还有组织结构变革；王一鸣（2005）从创新能力的角度研究企业转型影响因素，主要包括企业盈利水平、企业的投入能力、创新收益情况及创新人才等。还有学者研究了知识路径依赖对企业转型升级的影响，并提出了破解知识路径依赖的策略，包括适度增加新业务领域的技术人员；争取政府政策与资金支持；通过广泛的宣传与说服工作使员工认可并支持转型。邱红和林汉川（2014）运用全球价值链（GVC）理论，基于珠三角纺织企业调查数据，研究国际产业转移、企业能力与 OEM 企业转型升级间的影响机理，研究发现全球价值链内 OEM 企业升级战略选择主要受三大因素制约：企业对买方的依赖程度、行业市场集中度以及区域政策环境；而表征企业能力的技术水平、人力资源整合能力和融资能力则从内部决定了 OEM 企业的转型升级路径。

1.2.1.3　资源型企业转型升级相关研究

在 20 世纪 80 年代后期，我国实施资源枯竭型矿山关闭破产政策后，针对资源型企业、资源型城市产业转型的研究日益增多。煤炭在我国能源结构中的主体地位，及其当前面临的严峻环境，使煤炭企业转型问题一直备受关注。李兆福（2012）分析了我国煤炭行业存在的供求不均、集中度低等问题，指出发展循环经济是资源枯竭型煤炭企业战略转型的重要路径，煤炭企业的转型升级必须要实现规模化开发和深加工。资源枯竭型煤炭企业在战略转型时面临多重障碍，包括管理体制、资金“瓶颈”、人才不足等，在转型时必须充分关注与生态环境的协调发展，争取政府支持、提升自身管理水平、对产业进行正确定位、抓住有利转型时机。有学者针对资源耗竭型企业提出了立体战略定位分析方法，主要包括三个维度：运用核心能力理论对内部环境进行分析、运用竞争优势理论对外部环境进行分析、运用生命周期理论分析企业产业发展阶段。李烨等（2009）指出资源型企业的产业转型与可持续发展是世界性难题，并对国内外资源型企业产业转型的本质、模式、后续产业选择、对策建议等进行了梳理和总结。李烨和彭璐

(2010）通过对资源型企业转型的调研，研究影响资源型企业转型的关键因素，总结出五大要素，包括政府的支持力度、企业所处行业及区域状况、领导的重视程度、企业的技术和资金能力，以及企业文化与制度的革新程度。王倩雅(2013）研究了资源型企业产业生态化转型问题，指出资源型企业产业生态化面临转型动力不足、技术制约和融资“瓶颈”等问题，提出为保证资源型企业产业生态化转型应加强组织和规划，使之与区域产业协同发展；产业转型方向和模式很关键，必须培育与增强企业自主创新能力；同时，相关政府部门需要完善企业产业生态化转型补偿机制，引导资源型企业积极主动进行产业生态化转型。孙凌宇（2013）构建了资源型企业绿色转型成长的理论框架，指出生态产业网络是资源型企业绿色转型成长的平台；资源型企业绿色转型能力的形成和不断壮大是其绿色转型成长的驱动力；而生态产业网络中的协同效应则是其绿色转型成长的保障。薛继亮（2015）运用 2003 ~2012 年中国 22 个产业的面板数据，研究了资源型产业转型与资源依赖、混合所有制间的关系，结果发现：不论所有制状况如何，企业表现出一致的规模效应；资源依赖未带来财务绩效的提高，发展混合所有制是资源型国有企业转型的可行路径。田原和孙慧（2016）在低碳发展约束背景下，研究资源型产业转型升级问题，指出当前制约资源型产业转型升级的四大障碍，主要包括资源型产业技术创新不足、相关制度供给缺乏、发展思维僵化、地方政府政绩考核不完善等，并提出了加快资源型产业转型升级的思路，包括强化产业转型的制度创新和政策扶持；充分抓住“一带一路”战略实施机遇，全球布局谋划资源型产业转型，推进区域协调发展；通过完善激励机制来推动技术创新；强化人力资本投入与关键人才储备，为产业转型升级奠定智力基础；推进生态补偿机制的建立；建立利益共享机制；提供法律保障等措施。王艳子和白玲等（2016）选取两家资源企业为例，研究企业家能力对资源型创业企业成长的影响，将企业家能力分解为 5 个维度，即机会发现能力、关系网络能力、资本运作能力、战略管理能力、创新能力，并指出企业家能力通过影响企业成长战略来影响创业企业成长，且在创业企业不同成长阶段，企业家能力各维度的重要性有差异。例如，在创业初期，机会发现能力和关系网络能力最重要；在成长期，资本运作能力和创新能力最重要；而战略管理能力在成长期、成熟期和转型期特别重要。仵明丽（2015）针对新常态下煤炭企业转型发展问题进行研究，提出了促进煤炭企业转型发展的途径，包括科技创新、发展高端煤化工产业、实现产业链增值、发展混合所有制等。辜胜阻和吴永斌等（2015）认为，在“十三五”时期，煤炭产业转型升级需要从以下方面着手：宏观层面，要进行产能过剩治理与产能结构优化、提高产业集中度、实施“洁净煤”战略、分离煤炭企业办社会职能、完善国有煤炭企业退出机制、加大煤炭清费立税工作力度、充分利用产业政策、金融政策与财税政策支持企业转型；微观层面，必须依赖煤炭企业技术创新，推进煤炭产业链延伸和结构升级。牛克洪（2014）认为煤炭企业转型发展是必然趋势，转型中必须牢固树立转型理念，突出价值追求，着力培育核心竞争力，彰显企业特色与优势，同时就煤炭企业混合所有制改革、产业转型、产品转型升级提出了建议。牛克洪（2015）还建议煤炭企业运用互联网思维来推动和谋求煤炭企业转型发展。

1.2.2 高管团队能力研究综述

1.2.2.1 对高层管理者能力的研究

高管团队由高层管理者组成，高层管理者的能力对于高管团队整体的能力具有重大影响。针对 CEO、总经理、董事长或一般高层管理者的研究很多，是本书进行高管团队能力研究的重要基础。

对高层管理者能力的研究，主要是从三个角度进行：

（1）针对高层管理者关键能力要素的一般研究。这类研究可以追溯到早期的针对企业家能力的研究，取得了丰富的研究成果。早在 1803 年，萨伊就指出企业家具备的最关键的能力要素包括判断力、坚持性和监督管理技能；马歇尔于 1920 年提出了创新力、洞察力、统帅力及获得并利用生产、市场和组织方面的知识的能力；熊彼特于 1934 年提出了创新能力；彭罗斯强调了预见未来和发现生产机会的能力；后续研究者又相继提出了“管理能力和技术能力、性格外向、平易近人、领导力、自信、革新、冒险性”“个人背景、商业经验、创新历史、产品和营销经验、社会地位、创业经验、过去与风险投资家的联系”“现有经验与发展新业务的匹配能力、执行与计划能力、管理能力、技术知识（实践知识、行业技术知识）、运营能力（提供优质的产品和服务）、财务和会计能力、市场营销知识或能力（Gartner，1998）”等。

新的研究从更综合的角度，包括高层管理者的认知特点、行为特征、职能管理、过程与行为视角等，研究高层管理者应该具备的能力。Baum，Locke 和 Smith（2001）将企业家能力分成个性（执着、积极性和热情）、综合能力（组织技能和利用机会的技能）、特定能力（工作经验和技术技能）和动机（愿景、目标和自我效能）。Man 和 Lau（2000，2002）将企业家能力分为两大类：一大类是基于企业家任务的能力，包括六大类（机会能力、关系能力、概念能力、组织能力、战略能力、承诺能力）；另一大类是企业家个人的支持性能力，包括学习运用、时间管理、自我评估、生活平衡、烦恼管理、保持正直。美国普林斯顿大学（李启明，2004）提出了十大能力要素，包括创新能力、决策能力、指挥能力、控制能力、协调能力、组织能力、交际能力、表达能力、计划能力和学习能力。Smith 和 Morse（2005）指出管理能力主要有两大维度：第一类是职能相关的能力，如营销和理财能力；第二类是组织能力，如组织、激励、人际技能和领导力等。Flore'n（2006）认为企业家能力中最重要的要素有时间管理、管理互动和沟通。Siwan 和 Jennifer（2010）较全面地梳理了企业家能力研究的相关文献，将企业家的关键能力要素归为 4 类：创业能力，包括对可行的市场利基点的识别和定义、与市场利基点匹配的产品与服务创新、创意的产生、想象对机会的充分利用；业务与管理能力，包括从长远发展的角度构建管理系统、组织运作、获取所需资源、业务运营技能、曾经参与过新创企业、管理经验和技能、熟悉行业、拥有行业相关的技能、技术技能、营销技能、财务和预算技能、战略实施能力（项目发展、预算、程序和绩效评估）、熟悉市场、商业计划能力、目标设定能力等；人员关系能力，包括组织文化管理、授权技能、对其他个人和部门的激励能力、雇佣技巧、人员关系技能、领导技能、制定战略以充分利用机会等；概念和关系能力，包括概念能力、组织技能、人际技能、顾客管理能力、统筹不同活动的思维能力、书面和口头沟通能力、决策技能、分析技能、逻辑思维能力、分配能力与承诺能力等。国内学者也对该领域进行了大量研究，其中有研究认为企业家必须具备3种主干核心能力，包括创造性破坏、承担风险、学习能力；4种必备能力，包括人际关系能力、指挥领导能力、组织能力和表达能力。还有研究认为企业家能力主要包括创新能力、决策管理能力（计划、分析、策划、决策、战略管理能力）、组织指挥能力（组织、控制、指挥领导、投资经营、营销能力）、沟通协调能力（协调、谈判、竞争合作、人际交往、信息沟通能力）、人事管理能力（用人、激励、评价、关心爱护下级能力）、专业技术能力（专业知识、专业技能）及基本能力（记忆、适应、表达、预见、学习、自控、心理承受、想象、洞察、判断、自信、问题解决、实干等能力）。

（2）结合具体情境对关键能力要素的研究。项国鹏等（2009）针对转型经济背景，研究了企业家的制度能力，将其分解为三类能力，包括外部正式制度创新能力、外部非正式制度创新能力和内部制度创新能力。许爱玉（2010）针对中国企业转型升级背景，以浙商为例，研究企业转型期浙商企业家能力，认为最需要创新能力、战略能力和管理能力，其中创新能力推动企业实现创业转型，管理能力推动企业管理转型。李丰才（2012）指出企业家能力创新是企业转型发展的动力源，意味着处于转型期的企业发展对企业家的能力有着特殊要求。还有学者基于产业和企业的生命周期理论，对高级管理者能力进行了分阶段分析，在孕育阶段最重要的是创新能力与市场嗅觉，发育期最重要的是管理能力、组织能力与领导能力，成长期则强调了决策能力与风险识别能力，成熟期中应变能力及危机管理能力最重要，再创业期创新能力及资源整合能力最重要。以上研究说明在企业发展的不同阶段或企业转型的不同阶段，对高管团队或企业家能力有着不同要求。

（3）对能力要素与企业绩效及企业成长关系的研究。企业家能力促进了企业成长及企业绩效，这已经得到了许多理论支持和实证检验。Chandler 和 Hanks（1994）的实证研究发现企业家的机会感知能力对新创企业绩效有积极的正向作用，而管理能力未对新创企业绩效产生明确的正向作用。Man（2002）的研究指出企业家能力对企业成长的影响除了对企业核心能力的影响进而对企业成长有直接贡献外，还会通过对企业组织能力的培育间接地影响企业的可持续成长。Noor等（2010）研究了商业环境对企业家能力与企业成功间关系的影响作用，发现企业家能力与企业成功间的关系在企业环境敌对和动荡时表现的更明显。Bruno 等（2010）针对中小企业企业家能力的实证研究，强调了人力资源管理能力的作用，不仅提高了中小企业的生产率，而且显著地增强了研发及先进制造技术能力对生产率的影响。欧雪银（2010）分析了企业家的创新能力、创造和利用企业家网络的能力、识别和利用机会的能力、知识管理能力、学习能力以及避免不利损失的能力等对企业绩效的提升作用及原理。王招治、苏晓华（2011）的研究发现高校衍生企业所获资源的丰富程度与其创立及发展中的绩效呈正相关关系，而在资源优势转化为企业绩效的过程中，企业家能力居于核心地位。秦敏（2007）指出企业家能力属于企业核心能力范畴，在企业中居于战略地位，通过“杠杆效应”和“整合效应”促进企业成长。汪良军（2007）的分析指出企业家能力与企业成长存在正相关关系，企业外部环境中的机会与企业成长具有正相关关系，企业家能力在两者关系中起调节作用。贺小刚、李新春（2005）以国内 277 家企业为样本，从战略能力、管理能力、政府关系能力和社会关系能力四个维度测量企业家能力，并分析了企业家能力对企业成长的贡献。

1.2.2.2 对高管团队能力的研究

当前，国内外专门针对高管团队能力的研究较少，相关的文献大部分也是研究高管团队某个方面的能力，而很少有对高管团队能力进行整体、系统性研究的。

Hambrick 和 D’aveni（1992）的研究针对破产公司，将高管团队成员的专业技能分为两类：第一类是不能提供核心竞争力的技能和背景，包括会计、金融、法律等；第二类能提供核心竞争力，属于关键能力，包括设计、生产、营销与管理等技能。研究还发现，破产公司与成功公司相比，通常缺乏具有各种核心技能的专家。

Kor（2003）构建了一个多层次模型，来研究基于经验的高管团队能力对企业持续成长能力的影响。实证研究显示创业者参与高管团队及管理者过去的行业经验对于企业抓住成长机会有帮助。同时，创业者参与管理团队的积极效应随着共享的团队专门经验或行业专门经验的增多而弱化。因此，为了持续成长，创业公司需要学会平衡高管团队不同水平的管理经验。一个获得平衡的办法是在高管团队中保留有价值的创业者而避免高水平的共享的专门的团队经验和专门的行业管理经验。

Bongjin 等（2009）探讨了公司高管团队战略执行能力受董事会战略介入的影响。对环境变量（动态性和复杂性）和董事会变量（董事会多样性和领导结构－CEO 二元性）进行组合，形成四种类型，分别适用于不同的环境。文中指出煤炭行业、石油等行业环境特征为高复杂性、低动态性，适用的董事会类型为高多样性和分散式领导结构。

Carmi Abraham 和 Tishler Asher（2006）以以色列的 93 个企业为样本，研究了高管团队的 9 个管理技能对公司绩效的影响。9 个技能包括说服能力、经营能力、表达能力、与组织任务相关的知识、交际圆滑程度（diplomacy and tact）、社会技能、创造性、概念技能和聪明程度。研究结果显示高管团队的管理能力对企业绩效有重大影响，比公司规模和公司年龄及感知到的环境不确定性对绩效的影响更明显。尤其是人力资源管理技能比智力能力对企业绩效的影响更为显著。

洪明（2005）针对企业高管团队的领导能力进行了研究，认为团队领导力是现代管理团队的核心能力；并对团队角色与经理角色进行对比和匹配分析，发现每种团队角色都对应一种或几种经理角色，相互配合，缺一不可，都是团队领导力不可分割的部分，并结合实例进行了分析。

王雪（2006）针对企业高管团队能力构建了一个包括认知能力、技术能力、内在能力、领导能力和人际能力 5 个二级指标和 55 个三级指标的能力评估指标体系，并运用专家法和层次分析法来确定指标权重，以对高管团队能力进行综合评估，但并未对评估模型进行实证检验。

陈传明、陈松涛（2007）研究了高管团队的战略调整能力，认为其由瞄准能力（能够有效辨识环境变化并形成高质量决策方案从而使企业战略与外部环境动态适配的能力）和统协能力（战略调整方案形成后，TMT 成员相互协调和配合并指向共同目标的能力）构成，前者由 TMT 的异质性认知能力决定，后者则受到 TMT 成员对战略调整方案认同程度的影响（承诺）。瞄准能力和统协能力的两维组合决定了 TMT 战略调整能力的四种不同状态。TMT 成员间的认知冲突和情感冲突在战略调整能力的优化转变过程中起着不同的作用，增强成员间的信任则是强化认知冲突的积极作用和消解情感冲突的负面作用的重要途径。

梁彤缨等（2009）研究了高管团队管理能力对 IPO 抑价的影响，发现高管团队管理能力对企业价值有证明效应，管理能力强的团队可以更好地将企业真实价值传递给外部人，减少企业在股票市场信息不对称的程度，降低 IPO 抑价。

樊耘、门一和于维娜（2014）基于组织即兴能力，提出了高管团队即兴能力的概念及其三个基本属性，包括抽象性、风险性与可习得性。认为高管团队即兴能力对组织即兴能力、高管团队其他能力、高管团队与组织重塑等都有重要影响，并对高管团队即兴能力的影响因素进行了研究，主要包括高管团队成员的个体柔性及控制点、高管团队信任状况及凝聚力、高管团队共享心智模式及组织文化特征。

潘清泉、唐刘钊、韦慧民（2015）基于对 83 家企业的调查与统计分析，运用团队断裂带理论，对高管团队断裂带、创新能力和国际化战略三者间的关系展开实证研究，发现：高管团队任务相关断裂带与国际化战略呈负相关关系；生理特征断裂带与国际化战略间呈正相关关系。创新能力对生理特征断裂带与国际化战略间的关系起负向调节作用，对任务相关断裂带与国际化战略间的关系的调节作用还不明确。

陈璐、柏帅皎与王月梅（2016）研究了变革型领导与高管团队创造力之间的关系，基于对 90 家企业高管团队的调查与统计分析，发现高管团队学习行为是变革型领导与高管团队创造力的中介变量，外部社会资本的高低与团队学习行为发挥的中介作用的强弱呈正相关关系。团队创造氛围不是变革型领导与团队创造力的中介变量，外部社会资本是团队创造氛围与团队创造力间关系的调节变量，外部社会资本越高，团队创造氛围对团队创造力的影响越大。

1.2.3 高管团队能力影响因素研究综述

Hambrick 和 Mason 于 1984 年最先提出了“高层梯队理论”，随后，国内外学者针对高管团队进行了探索性研究。1994 年，Hambrick 在整合高层管理团队的相关研究时，提出了“构成、结构、过程、激励和团队领导者”是高层管理团队的五个核心要素，后续研究者也从这五大方面进行了深入研究，形成了丰富的研究成果，而这五方面也是影响高管团队能力的重要因素。

1.2.3.1 高管团队传记特征研究

早期的关于高管团队的研究是从高管团队人口统计特征进行的，试图用 TMT（Top Management Team）背景特征，包括年龄、性别、任期、专业背景、教育水平等来作为反映高管团队认知和价值观的可观测变量，并用以研究这些变量对组织结果的影响。近年的研究还关注了团队规模及高管团队社会资本。

研究认为年长的高管人员倾向于回避风险，而年轻的高管人员更愿意冒风险。高管团队平均年龄越大，所制定的企业战略就会越保守，通常也比较少地对所执行的企业战略进行调整，因而会使企业丧失更多的市场机会，而风险规避可能意味着低报酬率。有实证研究认为高管人员的平均年龄较高有利于组织绩效的提高。但也有结论相反地发现，认为高管团队平均年龄对企业短期绩效有显著负向影响，朱治龙和王丽（2004）将其归因于企业处于变革的环境中，年轻人喜欢变革和创新适应了时代要求，并指出经营者年龄在 33 ~48 岁之间，公司绩效最优。焦长勇和项保华（2003）的研究则认为，不同企业发展阶段需要不同年龄段的高管团队与之匹配，成长期企业年轻高管占的比例要大一些，有利于高管团队保持充分的旺盛精力和冒险精神；成熟期企业年长者高管占的比例要大一些；衰退期企业要增加中年高管。

针对性别的研究发现，女性管理者比男性管理者更倾向于寻求战略改变，更愿意采用新方法和有所改变，由于男性和女性性格的差异使他们对问题的认知和处理采用不同方式，进而影响决策制定和组织产出。

有研究认为个人的教育水平与灵活应变、信息处理能力存在正相关关系，高学历的高管团队执行变革时更成功。高教育水平的高管团队倾向于采取有利于企业长期发展的战略决策，所以对应更好的企业绩效。高管团队成员的受教育水平会影响到决策过程的全面性。学历不同，教育经历不同，思维方式也会有差异，因此，学历相近的成员更易于合作和信任。李焕荣（2009）针对国际化制造业企业，研究高管团队领导特质与公司国际化的关系问题，发现高国际化公司的高管成员通常国际化经验更丰富、教育水平更高，一般有着较短的组织任期，且这种关系在高绩效公司中关联度更强。

针对专业背景的研究发现，高管团队成员专业背景，尤其是主要领导的专业背景，会使公司战略倾向于其专业领域，高管团队成员中具有 MBA 学位的更倾向于战略变革，也有研究认为，具有科学、工程专业背景的高管人员更倾向于战略改变及采取产品多元化战略，原因是科学、工程领域更关注流程、创新和持续改进。

Hambrick 和 Mason（1984）的研究认为，管理者的行业、企业或部门工作经历会影响其知识、信念和工作取向，职能背景不同及任职经历丰富程度的差异会使高管团队对企业战略产生不同倾向，具有生产型职能背景的管理人员可能更倾向于选择企业自动化、生产设备更新、工艺改进等战略，职业经历单一的高管团队适合完成例行任务，但战略视角可能过于狭窄。有技术背景的高管团队倾向于选择密集型的研发战略；高管团队中有财务背景的人数与企业多元化程度正相关，并且更愿意采取并购战略，高管团队中国外任职经历人数比例越高、国际化经营经验越丰富，越倾向于选择跨国经营，高管团队中有从政经验者有助于私营企业绩效的提高。

研究发现高管团队任期对组织战略、绩效有显著影响。任期长的高管团队通常已经建立起了关于信息和知识分享、交流和沟通的规范及程序，团队凝聚力较强，团队成员改变组织现状的倾向和意愿降低，不利于组织战略的调整和变革，公司绩效趋于行业平均水平，任期短的高管团队在战略决策的制定中则容易产生失误。最新研究还发现高管任期还会对 CEO 的集权程度、IPO 之前的高管团队重组及公司政治行为产生影响。孙海法等（2006）的实证研究还发现，平均任期与公司短期绩效正相关，对公司的长期绩效有负向影响，任期异质性对公司长期业绩有正向影响。

孙海法等（2006）的研究发现，团队规模与公司短期绩效正相关，与公司长期绩效负相关。贺远琼和陈昀（2009）的研究发现，高管团队规模与企业绩效之间存在倒“U”型曲线关系。高管团队规模的扩大会提升企业资源与能力，同时也可能增加团队内部冲突。高管团队规模与企业绩效之间的关系受到了外部环境不确定性的显著影响。

高管团队社会资本在近年来也受到了较多关注。社会资本使高管团队在与外界的联系中掌握获取稀缺资本的机会，使其在社会网络中掌控商机，并利用信息、机会和资本进行商业运作。高管团队成员是企业营销能力建设的重要角色并承担重要责任，高管团队社会资本涉及管理关系的运用、信任、团结程度等，是企业营销能力的强驱动因素。高异质性的高管团队比低异质性的高管团队能整合更丰富的社会资本，高管团队规模越大，社会资本及信息越多，解决问题的能力也越强，能更好地促进企业绩效。提高团队成员受教育程度和社会地位也是提高高管团队社会资本的有效途径。

1.2.3.2 同质性与异质性的研究

对高管团队传记特征的研究所得出的结论不尽一致，学者们又将研究视角转移至对高管团队结构——同质性与异质性的研究上。

高管团队异质性会对团队内的沟通、凝聚力和决策等产生重要影响。异质性高管团队因其成员背景不同、经验多样，综合能力更强，视野更开阔，在处理非结构化问题时，更有优势，有利于创新，并能识别和抓住机遇。团队异质性高会对团队内的交流频率、质量、方式等产生重要影响，团队内冲突也会增加，将导致团队不稳定和团队绩效降低，高异质性的高管团队更倾向于首先选择进攻型战略，且战略复杂性与团队异质性正相关。David 和 Frank（2007）研究了高管团队构成的异质性如何通过管理会计系统的设计和使用来直接和间接的影响战略改变，发现高管团队异质性显著的影响战略改变的程度和方向，而且管理会计系统的运用在这两者关系中起着部分的中介作用。Julian，Wachter 和 Mueller（2009）的研究发现人口统计特征的异质性对团队成员的开放性有显著影响，进而影响到团队凝聚力，文化特征（受教育国别、国籍、第一语言等）异质性对团队成员的开放性和凝聚力有显著影响。

Smith（1994）、Knight（1999）针对教育水平异质性的研究发现，教育水平异质性能带来更多信息，且高管团队对信息有更深的理解和洞悉，同时也会产生更多的战略制订程序、战略目标、战略计划等方面的冲突，但有助于提高决策质量和企业绩效。谢凤华和姚先国（2008）的研究发现，高管团队成员的教育水平异质性与R&D绩效、生产制造绩效和创新过程绩效显著正相关，与营销绩效相关性不强。

Wiersema（1992）针对教育专业异质性的研究发现，高专业异质性有利于促进企业成长，因为这样的团队通常经验更丰富且技能更强，对问题的解析更多样化，能更好地进行风险管理，也有利于提高决策效率、决策质量和团队效能。而黄晓飞和井润田（2006）的研究却发现教育背景的差异性与公司绩效呈负相关。Jun Li（2008）实证研究的结果显示，高管团队专业异质性与IPO之前的高技术企业的高管团队重组呈负相关。高管团队专业异质性对IPO之前的高管团队重组的影响在公司成长快时比慢时更强。

Hambrick发现高管团队成员不同的工作经历会影响整个高管团队的知识、能力和价值观等。Weick认为高管团队职业经验背景的异质性有利于增强对外部环境中多种事件的关注，能产生多样化的认识，能更加有效地整合信息，更有利于企业发展。Alexiev和Jansen（2010）的研究显示高管团队异质性有助于企业对内部意见做出反应，梳理不同观点和开发新产品与服务，但异质性的高管团队对外部建议反应不太有效，也不能很好地用其来进行探索式创新。

还有学者发现，行业环境影响了高管团队异质性与企业绩效间的关系。Richard（2004）以财富“500强”工业企业为样本的研究发现，在高稳定性行业中高管团队教育背景、职业经验异质性和企业全球化战略定位之间存在正相关关系，而在高不确定性行业中，任期和职业经验异质性与全球化经营负相关。Nielsen（2009）研究证实了被新任命的高管团队成员通常与其他成员比较相似，而这种趋势在行业环境比较复杂或多变时降低。

张平（2006）的研究指出，企业多元化经营程度不同需要不同类型的高管团队与之匹配：异质性的高管团队在多元化程度较高的企业中能实现更好的绩效；同质性高管团队在多元化程度低的企业中会实现更高的效率。

古家军和胡蓓（2008）的研究认为，高管团队成员的任期异质性对战略决策的准确性没有显著影响，有研究发现高管团队任期异质性与创新绩效显著正相关。Jaw 和 Lin（2009）的研究发现 CEO 任期、高管团队规模、高管团队任期异质性三者与公司国际化之间皆存在倒“U”型关系。

黄晓飞和井润田（2006）的研究发现年龄的差异性与公司绩效呈负相关，谢凤华（2008）的研究发现年龄异质性与 R&D 绩效相关性不强，但与生产制造绩效、营销绩效、创新过程绩效显著负相关。

白云涛、郭菊娥和席酉民（2007）的研究结果发现，高管团队的风险偏好异质性与成员决策过程和结果满意度负相关，与决策时间正相关，与决策一致性呈正“U”型关系。

姚冰湜、马琳与王雪莉（2015）基于对上市公司的调查研究与统计分析，在考虑 CEO 四种权力（结构权力、所有权权力、专家权力和声誉权力）的调节作用下，研究了高管团队职能异质性对企业绩效的影响。发现我国上市公司高管团队职能异质性与企业绩效间呈负相关关系，而 CEO 的前三种权力能较好地减弱两者之间的负相关关系，但是 CEO 的最后一种权力（声誉权力）会强化两者间的负相关关系。

许秀梅（2016）对比研究了国有企业与民营企业中技术资本、高管团队异质性与企业成长间的关系，发现不论国有企业还是民营企业，技术资本投入与企业成长间具有明显正相关关系；在国有企业中，高管团队受教育水平异质性、职业背景异质性在技术资本与企业成长间的调节作用较明显；在民营企业中，高管团队职业背景异质性、任期异质性在技术资本与企业成长间的调节作用较明显。

1.2.3.3 高管团队运作过程研究

高管团队在传记特征与结构上的不同不必然导致组织绩效差异，只有对高管团队成员进行有效管理，并将他们的行为进行有效整合，使他们产生良好互动时，才会有助于获得较好的组织绩效。从 20 世纪 90 年代以来，研究者开始将研究视角转向高管团队的运作过程。研究的核心问题是高管团队成员行为的整合与协调，这种整合表现在团队内信息交流的数量和质量、合作行为及共同参与决策等方面。对高管团队运作过程的研究主要集中于沟通与冲突、信任、行为整合等方面。

（1）高管团队冲突方面的研究。

学术界倾向于把冲突分为认知冲突和情感冲突。认知冲突指与任务有关的冲突，也称任务导向冲突，由决策时的不同意见或分歧引起；情感冲突是指由个性与人际关系方面的摩擦、误解以及挫折等引起的冲突。大量研究表明，高管团队内部冲突与组织绩效间不存在单一线性关系，一般认为中等程度的认知冲突有利于促进组织绩效，因为这种冲突使高管们多角度地认识和分析问题，有利于促进知识和经验的共享及能力的提高，并激发创新；情感冲突不利于组织绩效，因为情感冲突会使成员间敌对，并使整个团队产生裂变，并形成小群体意识，严重降低团队凝聚力。也有不同的结论，范明、肖璐（2009）针对一个大型国有企业集团的研究认为团队认知冲突和情绪冲突均与组织绩效负相关。

高管团队构成异质性是团队内部冲突的重要原因，价值观一致性和价值观匹配与认知冲突和情感冲突存在负相关关系，高管团队内聚力与情感冲突负相关，与认知冲突正相关。Amason 和 Jun（2010）的研究认为，如果高管团队具有高的价值观一致性和高的传记特征异质性，将会同时出现高的任务冲突和低的关系冲突，高管团队成员的价值观将会影响他们对分歧的解释和反应。

张必武（2005）的研究指出频繁处理团队内部冲突，会导致管理成本上升，并有可能导致团队不稳定。Tjosvold（2006）指出信任对于解决团队冲突非常重要。信任能使团队成员为了共同利益来解决冲突，而且能积极整合不同资源和观点来产生新的解决方案。刘军、刘松博（2008）的实证研究表明，合作方式有利于任务型冲突发挥正面作用，抑制负面效应；回避方式会加剧两类冲突的负向作用，妥协方式有利于抑制关系型冲突的负面效应。李懋、王国锋、井润田（2009）发现高管团队沟通规范会增加团队内认知冲突。

王道平、陈佳（2004）指出在高管团队成立之初，成员间通常缺乏沟通和交流，容易产生冲突，而且多为情感性冲突，随着时间的进展，情感性冲突将减少。

（2）高管团队信任方面的研究。

信任对于高管团队具有重要作用，能像润滑剂一样使组织运作更有效。信任能增加合作，有助于减少冲突及解决冲突，信任有利于加强团队学习，并进一步增强解决问题的能力，能提高决策速度，并有利于决策质量的提高，加强执行力。另外，信任还有利于组织公民行为的增多。

有学者研究了阻碍高管团队信任发展的障碍：一是环境的不确定性；二是高管人员掌握信息的专门性。Devaki（2005）指出，高管团队在制定战略决策时通常面临强的不确定性和高风险，高管们为了保护共同利益和自我利益，不会轻易相信其他人。Mayer 等（2005）指出，高管成员通常各自掌握着专门的信息，并且高管人员也可能会将其用于政治行为，从而保护自己的利益，这些也不利于信任在高管团队中的发展。

还有学者研究了信任与冲突的相互关系和影响，认为团队信任有利于激发认知冲突，使成员更愿意自由地交流信息和意见，以保证团队最终的决策是经过充分讨论后形成的。团队内的相互信任还有利于减少情绪冲突，因此，信任能使团队形成有利的冲突模式。范明、肖璐（2009）针对一个大型国有企业集团的研究认为高管团队工作导向信任、关系导向信任均与组织绩效显著相关；认知冲突在工作导向信任与组织绩效的关系中充当了部分中介作用，工作导向信任利于降低认知冲突，进而提高组织绩效。

邓靖松、刘小平（2009）从信任发展的过程入手，分析了高层管理团队信任发展过程经历的三个阶段，包括谋算型信任、知识型信任和认同型信任，较深入地讨论了三个阶段信任中团队成员的心理互动过程。

刘喜怀、葛玉辉和王倩楠（2015）通过实证研究发现不论是高管团队内部团队过程，还是高管团队外部团队过程，与决策质量、满意度都呈正相关关系。高管团队信任是团队过程（不论是内部团队过程，还是外部团队过程）与决策质量和满意度的部分中介变量。

（3）高管团队行为一体化与行为整合研究。

Smith 等（1994）将社会一体化定义为团队成员行为的一致性程度，其研究结论认为高管团队的社会一体化程度与组织绩效正相关。Zeki Simsek（2005）的研究指出CEO任期长有利于高管团队的一体化进程，团队规模太大及受教育背景差异太大都不利于行为一体化，研究还发现高管团队行为一体化程度与企业规模负相关，但与组织绩效正相关。Chen和Lin（2010）的研究以104家中国台湾企业为样本，发现超竞争环境和高管团队社会行为整合对企业的行为进取性（action aggressive）有直接和交互影响。而且在超竞争环境下，行为进取性是高管团队行为整合与公司绩效的重要中介变量。

刘鑫和蒋春燕（2015）基于对327家企业的654名高管的调查，研究高管团队行为整合、长期薪酬、战略决策周密性及组织双元性（指组织内利用式创新与探索式创新并存的模式）之间的关系。结果表明，高管团队行为整合与组织双元性间呈显著正相关关系；战略决策周密性是高管团队行为整合与组织双元性关系的部分中介变量，长期薪酬通过战略决策周密性对高管团队行为整合与组织双元性的关系产生调节作用。

1.2.3.4 对高管团队领导的研究

Annebel和Deanne（2008）研究了高管团队领导对高管团队的影响，发现有高社会责任感的领导通常是高伦理性、低专制性的领导，而且伦理式领导与高管团队效能及下属对组织未来的预期乐观程度正相关。Abraham，John和Asher（2011）的研究发现CEO的授权式领导与高管团队行为整合正相关，且促进了高管团队效能和公司绩效。刘海山、孙海法（2008）的研究发现民营企业CEO个性及在此基础上形成的领导风格，直接影响高管团队的组成、结构以及决策、领导、沟通、冲突等运作过程，进而影响企业绩效。Ling和Simsek（2008）在研究变革型领导对公司企业家精神的影响时，将CEO与高管团队的接触看作重要的中介机制，指出变革型CEO影响高管团队的行为整合、风险偏好、职责分配及长期的报酬分配，而这些高管团队特征又会影响公司企业家精神。Qing和Zeki（2010）的研究认为CEO的网络关系有利于组织两面性（organizational ambidexterity），而如果CEO－TMT的互动（包括沟通的丰富性、职能的互补性及分权）能使整个高管团队处理获得两面性所必需的不同的信息，则CEO网络关系对组织两面性的有利影响会得到充分支撑。

束义明、郝振省（2015）基于对140家企业高管团队的调查与分析，在考虑环境动态性的调节作用下，研究高管团队沟通对决策绩效的影响和作用机制。研究发现，非正式沟通、沟通氛围、沟通频率与决策绩效间均有显著的正相关关系；环境动态性对于前两者与决策绩效间的关系起了正向调节作用，但对于沟通频率与决策绩效两者来说是负向调节变量。

1.2.3.5 对高管团队激励的研究

对高管团队激励的研究主要集中于高管团队薪酬制度及薪酬差距方面的研究。沈正宁、林嵩（2007）基于创业团队的激励及新管理者的吸收，构建了一个综合考虑创业机会、企业战略、资源禀赋以及风险投资因素的新创企业高管团队薪酬制度安排的综合模型。

林浚清、黄祖辉、孙永祥（2003），黄维、余宏（2009）的研究发现我国上市公司高层管理人员薪酬差距与公司未来绩效之间有显著的正向关系，支持薪酬激励的锦标赛理论而不是行为理论。而张正堂（2007）的研究发现高管团队薪酬差距对于企业绩效的影响是负向的，不支持竞赛理论的预期。

1.2.4 综合述评

（1）专门针对高管团队能力的系统性研究仍然较少。

虽然学者们已经认识到了高管团队对于企业发展的重要作用，但专门针对高管团队能力的研究仍然较少，相关的文献大部分也是研究高管团队某个方面的能力，包括高管团队的领导能力、战略执行能力、战略调整能力、管理能力及其专业技能等，而对高管团队能力进行整体性、系统性研究的很少。

（2）针对高级管理者能力的理论研究已经比较完善。

关于高级管理者能力已经形成了丰富的研究成果，主要包括三类：对具有通用性的关键能力要素的研究、结合具体情境对关键能力要素的研究、对能力与企业绩效及企业成长间关系的研究。

(3)对高管团队构成、运作过程等的研究日益丰富。

当前，对高管团队的研究主要着眼于其对组织产出的影响，经历了高管团队传记特征研究阶段、高管团队结构（同质性和异质性）研究阶段、高管团队运作过程研究阶段和高管团队整合式研究阶段。

(4)针对煤炭企业转型升级背景下高管团队能力的研究很少。

学者们针对企业及资源型企业转型升级的概念、路径、障碍、关键影响因素、可以采取的措施等进行了研究。也有对资源型企业转型期企业家能力的研究，但是针对煤炭企业转型升级背景下高管团队能力的研究很少。

(5)已有文献采用的研究方法主要包括实证研究方法和案例研究方法。

近年来对高管团队的主流研究方法主要有两类：一类是实证研究方法，主要采用相关分析和回归分析方法；另一类是案例研究方法，主要包括：单一案例纵向跟踪研究方法，是针对一个案例企业跟踪多年，研究其高管团队的变化及与绩效的关系；多案例比较分析方法，针对多个案例企业，比较其高管团队状况及其企业绩效，以说明什么样的高管团队组成及如何运作才能使团队更有效。

综上所述，国内外已有的研究成果为转型期煤炭企业高管团队能力的研究奠定了重要基础。转型期煤炭企业高管团队能力的研究是基于发展方式转型的具体情境下，研究作为煤炭企业战略决策层和执行层的高管团队，具备什么样的能力才能应对挑战，引领企业实现顺利转型，这是本书关注的关键问题。同时，本书拟在前人研究的基础上，运用理论研究与实证研究相结合的方法，研究转型期煤炭企业高管团队能力对绩效的贡献，并对其影响因素进行实证分析，为处于转型期的煤炭企业高管团队关键能力要素的识别、能力培养与提升、高管选拔与更替等提供直接的理论参考。

1.3 研究的理论基础

本书研究煤炭企业转型问题，相关理论基础主要涉及企业战略规划理论、资源基础战略理论、动态能力理论等。

1.3.1 战略规划理论

安德鲁斯建立了战略规划的基本框架，把战略管理分成战略制定与战略实施两个部分。企业在制定战略时要考虑四个因素：市场机遇、内部资源与能力、个人抱负、社会责任。市场机遇决定了企业可以做什么，内部资源与能力决定了企业能做什么，个人抱负意味着企业想做什么，社会责任则意味着企业该做什么，制定战略时应将四者有效结合。战略实施则是通过组织、领导与控制等来保证既定战略的实现。

战略规划谋求提高组织的长远经营业绩。战略规划包括三个层次：公司战略、业务战略与职能战略。公司战略是为实现整个公司的长远增长与盈利目标，确定所需要的业务经营单位。业务战略是战略经营单位为实现长期赢利目标，确定如何创立与维持独特的竞争优势。职能战略是各职能部门的战略，用来支持公司战略和业务战略的实施与实现。战略规划就是通过选择竞争领域，并配置相应企业资源，以获得竞争优势，从而确保长期盈利目标的过程。战略规划过程的本质就是不断地对企业资源进行优化配置的过程，也是不断地将外部市场机会、威胁与企业内部资源、能力相匹配的过程。

战略规划的步骤通常如下：

（1）研究企业外部环境条件与趋势及公司内部的独特能力。

外部环境分析主要指对企业的竞争环境的分析、企业发展的外部机遇现状及趋势的分析与预测，包括政治、经济、社会与技术等宏微观环境，还包括竞争对手分析、客户分析等。内部能力分析主要包括公司的资金实力、财务状况、技术水平、人员素质、管理及组织方面的能力及公司的声誉和历史等。

（2）分析外部环境中公司面临的机遇与风险。

（3）分析公司内部资源与能力的优势与劣势。

（4）分析公司外部机遇与风险及公司内部优势与劣势的匹配关系。

战略规划最核心的任务是将外部机会与企业内部资源与能力相匹配。被经常使用的匹配分析方法有波士顿矩阵、SPACE 矩阵、IE 矩阵、大战略矩阵、SWOT 分析等。通过 SWOT 分析可以匹配出四种战略：SO 战略（优势—机会战略）、WO 战略（劣势—机会战略）、ST 战略（优势—威胁战略）及 WT 战略（劣势—威胁战略）。

（5）进行战略选择。

SWOT 分析提供了四种战略选择，企业管理者可以根据情况进行选择。另外，安德鲁斯将战略划分为两大类：第一大类是低速成长战略，包括保持不变、收缩、专注于有限的特殊业务；第二类是强制成长战略，包括兼并竞争对手、垂直一体化、地理扩张、多元化经营等。

1.3.2 资源基础战略理论

1.3.2.1 资源基础战略的核心观点

组织是资源与能力的集合体，资源是企业赖以生产产品、提供服务、创造价值的各种要素与投入；能力是运用相应资源完成任务或活动的可能性。资源基础论从企业内部来寻找企业竞争优势的来源，用企业内部资源与能力的差异来解释企业差异，并认为企业独特的资源与能力是企业竞争优势的来源。企业资源的积累、能力的成长不可能一蹴而就，企业的战略选择受制于当前企业的资源存量及其获取新资源的可能性及速度。企业内部独特的能力、资源与知识积累是企业获得超额利润和保持竞争优势的关键。因此，资源的种类、质量与数量从根本上决定了企业战略的选择与实施，是企业获取持久竞争优势的源泉。

资源基础论将企业看成是一系列独特资源的组合。企业内部的资源包括有形的和无形的，这些资源可转变成独特的能力；独特的资源与能力是企业持久竞争优势的源泉。当一个企业拥有的有价值的、独特的、难以复制的、难以替代的资源越多时，它越可能拥有竞争优势。

1.3.2.2 资源的特性

能给公司带来竞争优势的资源具有三个特性：一是能满足需求；二是具有稀

缺性；三是成果的可占有性。

首先，资源能创造顾客需要的价值。从顾客需求的角度来讲，只有当公司的资源能比竞争对手的资源更好地满足客户需求，公司的资源才具有价值。

其次，这种资源具有稀缺性，无法被竞争对手模仿。一般来说，以下四种特征可以使资源难以模仿：一是物理上的独特资源，如很好的房地产位置、矿物开采权或受法律保护的药品专利权等；二是路径依赖性，指有些资源是经企业长期发展积累而形成，难以复制且不可能立刻获得，要想获得和复制，就必须重复这个长期过程，从而延迟模仿进程，保护先行者优势；三是因果含糊性，指潜在复制者弄不清楚资源的价值何在，找不出准确的复制方法，具有因果含糊性的资源是组织中最常见的一种能力；四是经济制约，指竞争对手拥有复制资源的能力，但由于市场空间太小不足以支撑两个竞争者的盈利，则潜在的模仿者只能放弃复制这种资源。在企业竞争中，若同时存在多种模仿壁垒，资源就越独特、越稀缺，其价值也越大。要想成为可持续竞争优势的源泉，则资源必须长期具有稀缺性。

最后，这种资源产生的利润必须能够被公司实际占有。

1.3.2.3 资源的分类

（1）流量资源与存量资源。

流量资源与存量资源是企业资源的两种形式。流量资源具有动态性和暂时性，可以在短时间内进行调整。存量资源则需长时间积累才能形成，如企业品牌等。流量资源随着时间在企业中被不断运用，可以逐渐演化、整合而成企业的存量资源。存量资源对企业持久竞争优势的形成来说，具有更关键的作用。存量资源的差异构成战略不对称（strategic asymmetries）。

（2）有形资源、无形资源和企业能力。

有形资源包括资金、厂房、设备、原材料等。虽然有形资源也是公司战略所必需的，但它们本身所具有的标准化属性，使其很少成为竞争优势的来源。但有些有形资源如位置极好的地产，也能为企业带来超常利润。

无形资源主要指知识产权、人力资源或主观的各种资源，包括公司的声望、品牌、文化、网络、技术知识、专利和商标以及日积月累的知识和经验等。无形资源通常更难理解、购买、模仿或替代，因而对公司更具价值，更容易帮助公司获得竞争优势。

企业能力不同于有形资源和无形资源，是将一组资源组合起来使用的方法与技能，是资源、人员与组织投入产出过程的复杂结合。企业能力反映企业的运营效率和效果，体现在公司的所有活动和环节中，从产品设计与研发、生产到营销等无处不在。企业能力是企业赢得竞争优势的重要源泉。能力的差异使得即使运用同样的资源，但由于配置方法的不同，会产生完全不同的效果。能力体现为组织中部门之间、员工之间、各种资源（包括人力资源、物力资源、财力资源）之间的协调程度。协调的实现依赖重复与强化，慢慢就成为组织路径。组织路径是常规性的、经常出现的、可以预测的活动模式，由一系列个人的协调活动构成，是一系列的资源协调关系网。组织路径强调积累与学习的作用，包括经验曲线与学习效应，是通过长期学习获得的一种行为方式，是企业能力的重要组成部分。

1.3.2.4 企业核心能力

（1）核心能力的内涵。

企业能力包括核心能力和非核心能力，核心能力决定企业竞争优势。普拉哈拉德和哈默尔定义核心竞争力为“组织中的累积性学识，特别是关于怎样协调各种生产技能和整合各种技术的学识”。巴顿认为核心能力是一种知识体系，能够识别和提供竞争优势，具体内容包括：①组织成员个体掌握的知识和技能；②基于成员知识系统整合产生的企业技术系统包含的知识，如企业的工艺流程、信息管理系统等；③组织管理系统；④组织价值系统。

企业的核心能力是人与物、人与人相互关联构成的复杂集合体，具有路径依赖性，必须长期积累才能形成，不可能一蹴而就。还可能包括很多不可扭转的专用性资产投资。企业竞争力通常具有很强的隐匿性，难以弄清前因后果，具有难以模仿性。相对于市场吸引力，企业在多元化时更应该根据核心能力考虑如何多元化及进入哪个市场。

（2）核心能力的特征。

核心能力是一组相互关联的技术、知识、能力的整合体，具有整体性，这种整合性构成了核心能力的根本特征。核心能力产生于无序的知识积累活动，包括显性知识和隐性知识。

核心能力是保证公司能向顾客提供根本利益、满足其根本需求的技术整合体，在企业为顾客提供产品或服务的过程中发挥最关键的作用。

核心能力可以支撑企业进入新市场、开展新业务。核心能力是一组技术整合体，能支撑多种产品和多项业务。通过把现有产品或业务中的核心能力应用于新的市场机会，可以大大降低企业进入新市场的成本，因此，核心能力是企业不断开拓新市场、不断发展的奠基石。核心能力的独一无二性、不可模仿性、不可替代性和稀缺性，可以保证企业利用它来开展能获得超额利润的活动。因此，核心能力是实施差异化战略的基础。

（3）核心能力的管理。

核心能力的识别、培育、扩散与应用是企业核心能力管理的关键环节。在鉴别方面，普拉哈拉德和哈默尔认为核心能力必须能使企业占领广阔多数市场、能使企业顾客明显受益、能使竞争对手无法模仿。核心能力具有资源的稀缺性、资产的专用性和知识的方法性等特征。

在培养方面，企业可通过长期的学习与积累形成自身核心能力，也可通过兼并其他企业来获取。但内部学习与积累是形成难以模仿或难以替代的核心能力的主要途径。

在应用上，核心能力能支撑企业的多元化，使企业提供更多的产品和服务，进入更多的市场。相关研究证明，一般地，相关多元化企业的业绩要好于非相关多元化的企业、在多元化经营中战略相关性优于市场相关性。企业持久竞争优势不是来源于市场相关的多元化经营，而是来源于所涉行业的战略性资产具有相关性的多元化经营。

1.3.2.5　基于资源的战略制定

科利斯和蒙哥马利提出了基于资源的战略包括四个重要环节：识别宝贵的资

源、对资源进行投资、资源升级、运用资源。战略制定的核心就是开发与利用企业的独特资源与能力。

基于资源的战略制定步骤如下：

第一，分析企业资源，分析企业相对于竞争对手的优势与劣势；

第二，分析企业能力，分析什么能力使企业做的比竞争对手更好；

第三，分析企业资源与能力的潜力，确定企业的竞争优势；

第四，选择有吸引力的行业，分析利用企业的资源与能力可以开发的市场机会；

第五，选择能够充分利用资源与能力去开发市场机会的战略。

1.3.3 动态能力理论

战略管理的最基本任务就是获取和维持竞争优势，由于外部环境日益动荡、竞争日趋激烈，企业竞争优势很多时候都是暂时的。停留在已有竞争优势基础上的企业，很快就被进取和开拓型的竞争对手超越，因此，在超竞争和动荡的环境下，企业不应努力维持长期竞争优势，而应通过创新与变革不断赢得一系列短期暂时优势。企业资源与能力理论及核心能力理论的刚性缺陷及路径依赖缺陷日益显现，在这种背景下，动态能力理论被提出和发展。

1.3.3.1 动态能力的内涵

动态能力理论由 Teece 等在 1994 年的《企业动态能力：概述》中首先提出。3 年后，在《动态能力与战略管理》一书中对其进行了进一步完善，此后，掀起了学术界对动态能力的研究热潮，学者们对动态能力进行了多角度的研究。关于什么是动态能力，主要存在三种观点：整合观、惯例观和资源观。

整合观认为动态能力就是对企业普通能力的整合，为适应外部多变的环境，企业培育、整合与重新配置内外部能力的能力，是对企业当前能力的整合。主要涉及三个关键要素：过程、位置和路径。过程指的是企业的组织与管理过程，又包含三个方面：协调与综合（强调静态的概念）、学习（强调动态的概念）、重新配置（强调转化的概念）；位置指企业当前的状态，包括技术状况、知识产权、独特资产、客户情况、与供应商和分销商的关系等方面；路径指企业能力提升与发展的轨迹。

惯例观将动态能力与组织惯例相联系，指的是扩大、改变或创造组织惯例的能力。而组织惯例则代表了组织的能力。动态能力是一种集体活动模式，可以帮助组织学习，促进生成新的组织惯例或改变旧的组织惯例。组织竞争优势来源于组织能力，而被改变、扩大、整合和重新配置的组织惯例构成了组织能力，而动态能力是保证组织获得持续竞争优势的来源。

资源观把动态能力与对资源的优化配置紧密相连，是为了适应外部环境的变化而对企业资源的获取、整合、利用和剥离的能力，是为了应对市场变化或创造市场变化，而不断重新配置资源的组织过程和战略过程。这些可识别的、明确的资源整合过程、资源重新配置过程、资源获取或剥离过程就构成了动态能力。

1.3.3.2 动态能力的形成机理

关于动态能力的形成机理，主要存在4种观点：组合观、知识观、技术观和学习观。

组合观认为企业能力系统主要包括元件能力和构架能力，具体由技术整合层能力、企业层能力和经营环境层能力支撑。动态能力是组织现有能力要素经过学习探究、重新整合与重构，经进一步应用和反思而形成，一旦形成动态能力，就可以为企业带来新的竞争优势。

知识观认为动态能力是伴随着知识获取、应用和演变而形成的。知识的形成与演变包含五个阶段：知识获取、传递、共享、应用和更新。企业在前三个阶段中将已拥有的知识储存在组织惯例中，形成企业现有的能力，对知识的应用与发挥也伴随着知识更新，然后，新的知识将逐渐转化成新的组织惯例，发展成新的组织能力，因此，企业动态能力的形成，就是企业在追求新知识的过程中独特的经营性惯例和学习性惯例的形成过程。在组织的经营性惯例、学习性惯例、知识的说明以及知识的编码四种因素共同发展作用下，组织内的隐性知识与显性知识相互转化，组织动态能力得以出现和发展，并随着新知识的形成，组织能力得到整合与重构。企业动态能力的形成过程通常交织着认知性过程和行为性过程，并通过学习知识说明和知识编码而学会创造或调整企业惯例，企业惯例包括经营性惯例和学习性惯例，经营性惯例为学习性惯例提供支持，学习性惯例则反馈、改变经营性惯例。知识说明与知识编码这两种活动及其之间的交流共同支撑与推动着组织动态能力的形成与发展。基于知识的演变过程，组织动态能力的产生与演变可经历如下阶段：产生变异（环境变化，对组织产生刺激）—内部选择（组织根据环境变化改进现有惯例，或者建立新惯例）—传播（在组织内部推广新惯例或改进后的惯例）—保持（重复运用新知识，转化为缄默知识或隐性知识）。

技术观认为动态能力的发展过程实质上正是组织技术能力的演化过程、组织技术轨道及技术范式的形成过程，技术范式是解决技术经济问题的一种模式，是新技术体系的规范化，企业的动态能力就是在不断模式化的过程中形成，进而为技术创新、产品创新和工艺创新提供技术基础与平台。

学习观认为组织内部的学习机制尤其是企业家学习是动态能力形成的关键要素。学习机制包括隐性经验的积累、知识外在化和知识编码活动，后两个机制将组织的隐性知识转变为显性知识，指导组织对现有惯例进行调整，这个过程同时伴随着知识变异，变异过程嵌套了动态能力的形成。而开放的、组织形式灵活的学习型组织能更好地适应快速变化的外部环境，学习速度更快，从而更好地发展自身动态能力。组织的学习机制不仅促进动态能力的演化，也使组织产生路径依赖。与别的企业进行合作，构建虚拟组织、战略联盟等网络组织形式，将自身资源、能力与外部资源、能力充分整合，是组织克服路径依赖，发展动态能力，赢得竞争优势的重要途径。影响组织动态能力的另一个关键要素是企业家的学习能力，企业家不断获取新知识，并不断运用，促使企业原有组织模式与惯例、流程的不断调整、完善与变革，促成组织动态能力的形成与发展。有人将企业家能力称为企业动态能力的“助产婆”。

1.3.4　路径依赖与路径创造理论

1.3.4.1　路径依赖理论

（1）路径依赖的发展及应用领域。

路径依赖理论最早出现在生物学领域，生物学家在研究物种进化分叉和物种进化等级次序时，发现除了基因的随机突变和外部环境会影响物种进化外，基因本身的等级序列控制也会影响物种进化。偶然性随机因素启动基因等级序列控制机制，从而产生各种物种进化路径，它们彼此之间互不重合，互不干扰。生物学家古尔德（S. J. Gould）首次明确了路径依赖的概念，并指出了生物物种演进的路径机制，并同时指出这种演进路径具备的可能非最优的性质。后来，路径依赖被引入经济学领域。20 世纪 80 年代以来，布莱恩·阿瑟（W. B. Arthur）运用路径依赖分析技术变迁问题，得到了广泛关注。20 世纪 90 年代以来，道格拉斯·诺斯（D. C. North）将路径依赖从技术变迁领域扩展到制度变迁领域，还因此获得了诺贝尔经济学奖。

当前路径依赖理论被广泛应用于各个领域，包括技术进步、制度变迁、经济转型、资本市场、城市化、企业管理、国际贸易、区域经济增长、产业发展等。

（2）路径依赖的含义。

诺斯指出，路径依赖就像物理学中的惯性，一旦进入某一路径就会对其产生依赖，不论这种路径是好的还是坏的。由于路径依赖，人们过去的选择决定了其今天可能的选择，即今天的选择受历史因素的影响。沿着既定路径，制度变迁既可能进入良性循环，被称为诺斯路径依赖 I，也可能进入恶性循环，被称为诺斯路径依赖 II。由于路径依赖，一旦一个社会选择了某种制度，不论其效率好坏，都决定了其难以从该制度中轻易摆脱。路径依赖，根源于两种机制，包括报酬递增和自我强化。

路径依赖，具有四个重要特点，包括多重均衡、锁定、潜在非效率和不可预测性。

多重均衡指的是系统演进存在多种结果。锁定指的是一旦某一个方案在偶然性因素的作用下被采纳，则报酬递增机制会保护其不受其他外部因素的干扰，也不会轻易被其他方案替代。潜在非效率是指报酬递增机制和其他因素会阻止人们对其他方案持续探索和开发，使已采纳方案陷入锁定的非最优状态。不可预测性指的是路径依赖使事件锁定在多重均衡结果中的一种，到底哪一种结果会出现具有不可预测性，且锁定的结果很可能是非效率的。

（3）路径依赖理论的分析框架。

在分析事件演化是否存在路径依赖时，有以下关键点需要关注：

首先，分析系统是否具有正反馈机制。在自然科学领域可以利用定量方法计算路径依赖参数，从而判断系统是否具有正反馈机制。在社会系统中，则难以准确判断系统中是否存在正反馈机制。

阿瑟在分析技术变迁时指出，正反馈机制中通常存在四种自我强化机制，包括规模效应、学习效应、协作效应和适应性预期。

规模效应指的是一种技术或者制度在推广之初，通常会伴随大量的固定成本或初始成本，随着产量的增加，或者是应用范围的推广，则会出现单位成本下降。

学习效应指的是随着技术的流行，人们会对其不断改进，从而实现产品成本的降低。制度在推行过程中也会得到不断完善，从而降低各种成本。

协作效应指的是随着技术的流行，人们会采取其他相配合的行为，从而产生合作利益。而一项制度在推行过程中也会产生一系列与之相配套的其他制度，进而形成制度矩阵相互依赖的结构，产生巨大的报酬递增机制。

适应性预期指的是技术在市场上越普及，应用范围越广，则越有利于其进一步扩展。而一项制度不断推广也会增强人们对他的信心。

然后，剖析正反馈机制的形成、内容及作用形式。分析启动并决定路径选择的外部随机性事件，如战争、气候变化等，并分析系统演进的过程及性质。

最后一步是找出打破闭锁的方式，即探讨如何进行路径替代。诺斯等新制度经济学家认为社会系统要打破对次优路径的路径依赖，主要受制于自我强化机制中各因素的性质。如果报酬递增的强化机制来源于固定成本和学习效应，则打破闭锁状态，实现路径替代就会很难。首先，固定成本具有专用性，通常在别的路径中的适用性会很低，或根本无法利用，从而导致高沉没成本。其次，学习效应中的隐性知识（默会知识）会导致极大的认知阻力，使相关主体更容易沉浸在既定路径中，难以向别的路径变迁。如果各种网络效应（包括协作效应和适应性预期）构成了自我强化机制，那么各相关主体只要加强沟通，采取一致行动，就可能实现路径替代。因此，政府的干预、一致性行动通常在打破闭锁状态、实现路径替代时起着非常关键的作用。

（4）路径依赖理论的缺陷。

第一，忽视相关主体的有意识行为，认为随机性和不可完全控制的选择是路径依赖的核心特点，强调偶然性对路径选择的关键作用。实际上除了偶然事件外，行动主体的有意识的选择策略和行为也会决定路径的选择和路径依赖。

第二，认为路径依赖中的锁定只能依靠外部力量来打破。单一技术可能存在严格的锁定。而复杂系统中的锁定，未必一定成立。当某种技术的使用者或企业超过一定数量时（这个数量被称为“临界容量”），企业或使用者为了进一步获得高额利润，会采取以创新为内涵的各种行为来打破这种已有的均衡状态。这种已有的均衡状态产生于先前的路径依赖过程，并且在随后的经济发展路径中被企业内生力量打破。因此，锁定的打破未必一定要依靠企业外部力量。

第三，未涉及路径创造和路径替代问题。路径依赖理论忽视相关经济主体的有意识行为及经济活动中的新奇性。认为偶然因素决定了某一经济路径被选择，而自我强化机制导致该经济路径被锁定，但是新路径如何产生、锁定路径如何被打破和替代都没有论及。

1.3.4.2 路径创造理论

路径依赖理论忽略经济主体的有意识行为，而路径创造理论则强调通过经济主体的有意识行为来打破锁定路径，这个打破路径锁定的过程被称为路径创造。

路径创造理论认为，人的行为不仅在各种路径依赖过程中发挥作用，在创造路径的过程中更发挥着关键作用。“有意识的偏离”是路径创造理论的重要概念。“有意识的偏离”指的是行为主体采取的深思熟虑的、偏离常规程序和原有规则的有意识的行为，目的是开辟一条新的路径。在企业组织中，卓越的企业家能通过不断学习，主动采取相关策略来打破企业的路径锁定，从而将企业推向新的发展路径。

路径创造理论的主要观点包括：第一，经济主体能通过有意识的偏离行为创造路径；第二，路径依赖中的报酬递增机制与路径锁定会受经济主体的有意识的行为影响，且可能会受其他社会动力机制影响；第三，路径创造与替代未必一定要依靠外部力量来实现，还可以通过内生力量（如企业家的有意识的偏离行动）来实现。

1.4 研究内容

本书的主要研究内容如下：

（1）煤炭企业转型目标与高管团队关键任务分析。本部分首先分析煤炭企业的转型背景、煤炭企业转型目标与转型路径，然后对高管团队进行界定，并分析转型期煤炭企业高管团队面临的关键任务。实现转型目标与任务是本书研究大型煤炭企业高管团队能力的根本着眼点。

（2）基于转型目标的大型煤炭企业高管团队能力结构分析。本部分首先根据转型期煤炭企业高管团队面临的关键任务，对高管团队需要具备的能力要素进行逐一分析，然后通过问卷调查与因子分析方法对能力结构进行检验，最后构建基于转型目标战略实现过程的能力结构整合框架。

（3）基于转型目标的大型煤炭企业高管团队能力测度及分析。本部分首先给出大型煤炭企业高管团队能力测度方法，然后对样本企业高管团队能力进行调查，并对其能力进行测度与分析，最后对转型期煤炭企业高管团队能力的影响因素进行实证分析。

（4）大型煤炭企业高管团队能力对企业转型目标贡献的实证分析。本部分首先指出贡献度分析的前提条件与思路，然后利用转型绩效衡量转型目标实现程度，并对样本企业转型绩效进行综合测度，最后利用面板数据模型分析高管团队能力对企业绩效的贡献度，来验证高管团队各能力要素对煤炭企业转型的促进作用。

（5）基于转型目标的大型煤炭企业高管团队能力提升路径。针对前面的研究结论，分析转型期煤炭企业高管团队能力提升路径。

1.5 研究方法与技术路线

1.5.1 研究方法

本书采取的主要研究方法包括：

（1）规范研究的方法。在梳理、总结和分析相关文献资料的基础上，构建煤炭企业高管团队能力结构框架，分析高管团队能力的影响因素及高管团队能力对各维度绩效的作用。

（2）实证研究的方法。在网上广泛搜集相关资料的基础上，深入煤炭企业进行访谈，了解转型期煤炭企业所处的制度环境的变化、企业目标的调整、企业的各种绩效指标及高管团队的能力状况及对高管团队能力的新要求。运用文献查阅法、问卷调查法搜集煤炭企业高管团队的能力状况数据等。同时，运用电话调查法作为补充。

基于搜集的数据，运用因子分析方法修正能力测度指标体系，运用功效系数法、综合指数法测度高管团队能力，运用 topsis 法对煤炭企业转型绩效进行综合测度。

运用面板数据模型，针对样本企业，对高管团队能力对转型绩效的贡献及能力影响因素进行实证分析。

1.5.2 技术路线

本书的研究思路如图 1.1 所示。

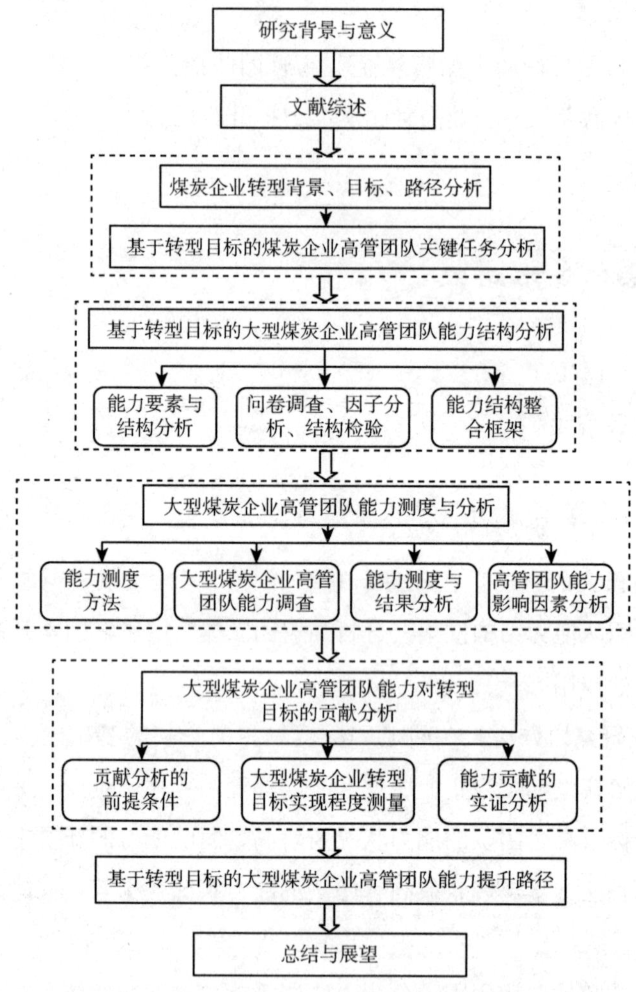

图 1.1　本书的技术路线

第 2 章

煤炭企业转型目标与高管团队关键任务分析

本章是研究的起点，指明本书进行高管团队能力研究的着眼点及具体情境，即在发展方式转型的大背景下研究煤炭企业高管团队能力问题，目标是保证煤炭企业转型任务的完成及企业转型目标的实现。本章共包括两部分内容：一是煤炭企业转型背景、转型目标与转型路径分析；二是转型期煤炭企业高管团队面临的关键任务分析。

2.1 煤炭企业转型背景与转型目标分析

2.1.1 煤炭企业转型背景分析

(1) 中国政府正大力推进经济发展方式的转变。

经济发展方式是以科学发展观为指导思想，注重经济质量的提高与经济结构的改善，强调经济、社会、环境等全面协调可持续发展。经济发展方式转变的内在要求，第一是由主要依靠增加物质资源消耗向主要依靠科技进步、劳动者素质提高、管理创新转变；第二是由环境破坏型、资源消耗型向环境友好型、资源节约型转变；第三是向以人为本，注重民生，全面协调可持续发展转变。

当前，“转变经济发展方式”已经上升为中国的国家战略。自 1978 年以来，中国的经济体制改革不断深入。1995 年党的十四届五中全会提出了“经济增长方式”从粗放型向集约型转变。2007 年党的十七大提出了将转变“经济发展方式”当作“关系国民经济全局紧迫而重大的战略任务”。2012 年党的十八大进一步强调，以科学发展为主题，以加快转变经济发展方式为主线，是关系我国发展全局的战略抉择。新常态下，我国经济由高速增长转入中高速增长，通过供给侧改革实现发展方式转变，成为当前政府的关键任务。高污染、高耗能及产能过剩的行业将成为供给侧改革的重要着力点，能源行业将面临结构调整、优胜劣汰的艰巨任务。

（2）中国煤炭行业亟须转变经济发展方式。

煤炭是中国最重要的一次能源，煤炭产业是中国重要的能源产业和基础产业，在国民经济发展中居于战略地位。然而，传统的煤炭行业发展方式的特点是高投入，低产出，平均资源回收率低，且安全事故多，环境破坏大。中国平均采煤机械化程度为65%左右（煤炭工业发展十二五规划），而美、俄、德等国家采掘机械化程度都达到或接近 100%。我国行业平均百万吨死亡率由 2005 年的 2.81 下降到了 2012 年的 0.374（2013 年全国安全生产工作会议），安全状况有了极大改善，但仍与世界主要产煤国有较大差距，美国、波兰、南非等主要产煤国都已下降到 0.1 以下。尤其是随着煤炭开发战略西移，西部脆弱的生态环境及其承受能力，使煤炭行业转变经济发展方式更为迫切。且随着我国国民经济的发展，煤炭需求总量将不断增加。而资源、环境和安全压力也随之加大，煤炭行业亟须进一步转变发展方式。2016 年 4 月，中国煤炭工业协会发布了《关于推进煤炭工业“十三五”科技发展的指导意见》，意见明确提出，到 2020 年我国将建成中国特色的创新型煤炭行业科技体系，煤炭工业自主创新能力大幅提升，拥有众多具有国际竞争力的创新型企业，在安全绿色开采、清洁高效利用、煤炭高效转化的基础理论研究及核心关键技术方面要实现重大突破，实现煤机开采、洗选、加工、煤化工等设备的关键零部件和控制系统的国产化、整机装备的高端化、重大成套技术与装备的出口化，建成 100 家国家级工程中心、重点实验室和行业工程研究中心。

总之，煤炭行业在中国国民经济和社会发展中的战略地位及其现状，决定了其必须尽快转变发展方式，向集约内涵型、本质安全型、资源节约型和环境友好型转变。

（3）在转型期我国大型煤炭企业之间的竞争日趋激烈，且煤炭产能过大趋势日益显现，市场不确定性不断增强。

一方面，面对能源危机、环境恶化、气候多变等世界性难题，我国煤炭行业的制度环境不断变迁，环境保护、职工健康与安全、资源综合利用等的相关政策、规章制度不断增加与完善，将煤炭企业推向了转型升级之路。

另一方面，为尽快实现发展方式的转变，我国煤炭行业的兼并、整合与重组不断推进，强强联合成为煤炭资源整合的新方向，随之形成了很多大型煤炭企业。重组整合后的产业升级和技术改进，对煤炭行业来说，既是机遇，也是挑战。为提高企业自身的核心竞争力和寻求可持续发展，很多大型煤炭企业开始实施“走出去”战略，甚至走出国门，为企业发展储备战略资源，同时着力延伸发展煤基产业链，目前跨地区、跨行业的煤炭大集团的发展格局基本形成。

煤炭企业间的竞争已由简单的“大对小”、产品市场争夺，转向“大对大”及资源和人才争夺，竞争的对抗性和复杂性更强，竞争程度更加激烈。同时，煤炭产能过大趋势日渐突出，市场不确定性增强，竞争环境恶化。为了生存发展及获得竞争优势，煤炭企业将越来越多地依靠技术进步、管理创新及员工素质的提升来实现企业的转型升级，进而提高经营效率和效益。

总之，随着煤炭行业的资产重组、并购整合、改革改制的不断加快，大型煤炭企业进入了发展转型的战略机遇期，其面临的主要任务就是调整产业结构，转变发展方式，实现资源节约，绿色经营与安全生产，进而实现可持续发展。

2.1.2　大型煤炭企业经营效率现状分析

2.1.2.1　基于 DEA 方法的煤炭企业经营效率分析

（1）DEA 方法简介。

本书采用数据包络分析方法对经营效率进行评价。数据包络分析（Data Envelopment Analysis，DEA）方法可以对多投入、多产出的多个同类决策单元（DMU）的效率进行评价，能够较好地避免主观因素，减小误差。

DEA 方法中有两个重要概念：决策单元（DMU）与生产前沿面。

决策单元（DMU）指的是能将投入转化为产出的组织实体，当管理部门或评价主体要对某些同类的生产部门或单位进行评价和比较，分析其效率状况时，这些被评价的生产部门或单位就是决策单元，简记为 DMU。在运用 DEA 方法进行效率评价时，对决策单元 DMU 的选择有诸多限制，主要有以下条件需要满足：

① 被选择的所有决策单元 DMU 必须属于相同的类型；

② 决策单元的数量要多于投入指标与产出指标的总数量；

③ 必须通过客观的方法确定权重。

生产前沿面指的是根据已知的一组输入、输出（即投入、产出）的观测值，构建出一个外部边界，使一切可能的投入、产出组合都落在这个边界内部，并与该边界尽量接近。

（2）DEA 模型。

① C^2R 模型。C^2R 模型是 DEA 的一个重要模型。设有 n 个决策单元（DMU），每个决策单元的“输入”都有 m 种类型，每个决策单元的“输出”有 s 种类型。效率指的是产出与投入的比值，构造线性规划，然后进行 Chames-Cooper 变换，在线性规划中引入松弛变量 s^- 和剩余变量 s^+，构建一个带有非阿基米德无穷小，评价各 DMU 相对有效性的线性规划的对偶规划如下：

$$\min[\theta - \varepsilon(\hat{\ell}^T S^- + \ell^T S^+)]$$

$$\text{s. t.} \begin{cases} \sum\limits_{j=1}^{n} x_j\lambda_j + s^- = \theta x_0, \\ \sum\limits_{j=1}^{n} y_j\lambda_j - s^+ = y_0, \\ \lambda_j \geqslant 0, j = 1,2,\cdots,n, \\ s^- \geqslant 0, s^+ \geqslant 0. \end{cases} \tag{2.1}$$

其中，$\hat{\ell}^T = (1, 1, \cdots, 1) \in E^m$,
$\ell^T = (1, 1, \cdots, 1) \in E^s$.

ε 是非阿基米德无穷小量，它是大于零但同时小于任何正数的数；s^- 是松弛变量向量，与投入相对应；s^+ 是剩余变量向量，与产出相对应；λ 为相对于某个 DMU 重新构造一个有效 DMU 组合中某个决策单元的组合比例，即决策单元线性组合的系数，θ 为决策单元的有效值。

在评价各 DMU 是否 DEA 有效时，利用对偶规划求得的解中，如果存在最优解 θ^*、s^{*-}、s^{*+} 满足 $\theta^* = 1$，且 $s^{*-} = s^{*+} = 0$，则 DEA 有效；若 $\theta^* < 1$，则非 DEA 有效。同时，可利用分析模型求得最优解 λ^* 来分析特定 DMU 相对的规模收益。如果 $\sum_{j=1}^{n} \lambda^* = 1$，意味着规模收益不变；如果 $\sum_{j=1}^{n} \lambda^* < 1$，意味着规模收益递减；如果 $\sum_{j=1}^{n} \lambda^* > 1$，则规模收益递增。

② BC^2 模型。C^2R 模型以规模效益不变为假设前提，模型的效率值是技术效率和规模效率的综合效率值。在实际的经济活动中，企业规模效益一般表现为“先递增、再不变、后递减”的规律，所以规模效益不变的假设有时不能成立。因此，Charnes、Cooper 和 Banker 基于 C^2R 模型，增加了一个凸性假设 $\sum \lambda = 1$，使规模收益不变假设被修正为规模收益可变的假设，提出了 BC^2 模型，具体如下：

$$\min\theta$$

$$\text{s. t.} \begin{cases} \sum_{j=1}^{n} x_j\lambda_j + s^- = \theta x_0, \\ \sum_{j=1}^{n} y_j\lambda_j - s^+ = y_0, \\ \sum_{j=1}^{n} \lambda_j = 1, \\ s^- \geqslant 0, s^+ \geqslant 0, \lambda_j \geqslant 0, j = 1, 2, \cdots, n. \end{cases} \tag{2.2}$$

该模型的最优值，即纯技术效率，记为 θ^*，企业的规模效率等于总技术效率与纯技术效率的比值。当规模效率值 $\rho^*=1$ 时，该企业为规模有效；当 $\rho^*<1$ 时，该企业为规模无效。

（3）投入产出指标选择。

本书选择的投入产出指标如表 2.1 所示。

表 2.1　　　　投入产出指标的设置

项　目	投入指标	产出指标
资源方面	总资产、营业成本、员工人数	煤炭产量、净利润
环境方面	环境保护费用	煤矸石综合利用率
安全方面	安全投入费用	1－百万吨死亡率

（4）样本企业选择。

根据数据的可获得性及可比性原则，本书从 41 家上市煤炭企业中选择了主营业务为煤炭开采的 16 家煤炭企业，将其作为研究决策单元 DMU_i，如表 2.2 所示。全部数据来源于 2011～2013 年各企业年报及社会责任报告。其中，部分企业的安全投入、环境保护费用及煤矸石综合利用率等方面的数据没有披露，本书用 16 家企业的平均值代替。又 DEA 要求输入输出指标必须大于 0，因此，将有些净利润小于 0 的煤炭企业净利润调整为非常小的正数，如 0.01 元。

表 2.2　　　　煤炭企业的 DEA 分析结果

编号	企业名称	2011 年				2012 年				2013 年			
		技术效率	纯技术效率	规模效率	规模效益	技术效率	纯技术效率	规模效率	规模效益	技术效率	纯技术效率	规模效率	规模效益
DMU_1	国投新集	0.641	0.707	0.907	drs	0.940	1.000	0.940	drs	0.387	0.510	0.757	irs
DMU_2	冀中能源	0.422	0.615	0.685	drs	0.861	1.000	0.861	drs	1.000	1.000	1.000	—
DMU_3	兰花科创	0.934	0.938	0.995	irs	1.000	1.000	1.000	—	1.000	1.000	1.000	—
DMU_4	潞安环能	0.970	1.000	0.970	drs	0.556	0.575	0.965	drs	0.466	0.470	0.991	irs
DMU_5	中煤能源	1.000	1.000	1.000	—	0.707	1.000	0.707	drs	1.000	1.000	1.000	—
DMU_6	中国神华	1.000	1.000	1.000	—	1.000	1.000	1.000	—	1.000	1.000	1.000	—
DMU_7	露天煤业	1.000	1.000	1.000	—	1.000	1.000	1.000	—	1.000	1.000	1.000	—

续表

编号	企业名称	2011 年				2012 年				2013 年			
		技术效率	纯技术效率	规模效率	规模效益	技术效率	纯技术效率	规模效率	规模效益	技术效率	纯技术效率	规模效率	规模效益
DMU_8	西山煤电	0.438	0.629	0.696	drs	0.567	1.000	0.567	drs	0.456	0.459	0.994	irs
DMU_9	兖州煤业	0.815	1.000	0.815	drs	1.000	1.000	1.000	—	1.000	1.000	1.000	—
DMU_{10}	平庄能源	1.000	1.000	1.000	—	1.000	1.000	1.000	—	1.000	1.000	1.000	—
DMU_{11}	大同煤业	0.635	0.683	0.931	drs	0.379	0.387	0.979	irs	0.468	0.497	0.941	irs
DMU_{12}	开滦股份	0.405	0.406	0.999	drs	1.000	1.000	1.000	—	0.719	0.748	0.961	irs
DMU_{13}	煤气化	1.000	1.000	1.000	—	1.000	1.000	1.000	—	1.000	1.000	1.000	—
DMU_{14}	平煤股份	0.448	1.000	0.448	drs	1.000	1.000	1.000	—	1.000	1.000	1.000	—
DMU_{15}	上海能源	0.737	1.000	0.737	drs	1.000	1.000	1.000	—	0.415	0.629	0.660	irs
DMU_{16}	神火股份	0.419	1.000	0.419	drs	0.347	0.394	0.882	irs	0.226	0.228	0.990	irs
	平均值	0.742	0.874	0.850		0.835	0.897	0.931		0.758	0.784	0.956	

注：irs 表示规模报酬递增，drs 表示规模报酬递减，—表示规模报酬不变，技术效率 = 纯技术效率 × 规模效率。

（5）大型煤炭企业经营效率评价实施及结果分析。

① 效率分析。本书选择以投入为导向的 C^2R 模型和剔除了规模效率不变假设的以投入为导向的 BC^2 模型作为分析手段来求解线性规划问题。用 DEAP 2.1 软件对 16 家煤炭企业的技术效率、纯技术效率和规模效率进行分析，结果见表 2.2。

纯技术效率指的是 DMU 在最优生产规模时的投入产出效率。其影响因素主要有管理与技术等方面，具体包括人员的数量、高层管理人员的比例、研发费用等。规模效率反映实际规模与最优生产规模的差距，规模效率的影响因素主要是企业规模因素；一般认为，（综合）技术效率 = 纯技术效率 × 规模效率。技术效率，即综合技术效率，是对 DMU 的资源配置能力、资源使用效率等多方面能力的综合衡量与评价；其影响因素有资本投入多少、资金投入合理性、企业规模、产业结构、管理制度等。综合技术效率 =1，表示该决策单元的投入产出是综合有效的，即同时技术有效和规模有效。规模效率 =1，表示当前的规模为最优生产规模。纯技术效率 =1，表示在目前的技术水平上，投入资源的使用是有效率的，未能达到综合有效的根本原因在于其规模无效，因此关键工作是更好地发挥其规模效益。

结果分析：

第一，通过观察表 2.2 中 16 家上市煤炭公司的效率值可以看出，令人高兴的结果是规模效率均值三年来不断提升，由 2011 年的 0.85 一直上升为 2013 年的 0.956。这与中国煤炭行业三年中大规模兼并、收购，不断提高集中度的事实相一致，且定量计算结果证明中国煤炭行业的整体规模效率确实提高了。但纯技术效率均值三年来先升后降，且 2013 年的纯技术效率均值要低于 2011 年。纯技术效率主要受管理和技术等因素影响，其提升不高的原因可能是大部分煤炭公司在兼并、收购后主要致力于公司内部各方面资源与力量的整合，整合后的管理效果与技术力量还未充分发挥，纯技术效率在未来几年有望有较大提升。

第二，2011 年有 5 家企业达到规模有效，2012 年与 2013 年分别有 9 家企业达到规模有效。2011 年有 10 家企业达到技术有效，2013 年达到技术有效的企业有 9 家。可喜的是，综合技术效率有效的企业数从 2011 年的 5 家上升到了 2013 年的 9 家。可见，较多的煤炭企业不仅规模效率提升了，技术与管理水平也在不断提升。

第三，聚焦 2013 年，16 家上市煤炭企业的规模效率均值达到了 0.956，离规模有效距离越来越小；但技术效率及纯技术效率都低于 0.8。上市煤炭企业作为中国煤炭行业先进力量的代表，其技术效率及纯技术效率仍有待于提高。2013 年除了 9 家技术效率为 1 的企业外，其他 7 家技术效率大多在 0.5 以下，只有开滦股份的技术效率为 0.719，超过了 0.5。且技术效率最小的仅为 0.226，对应神火股份。与 2011 年、2012 年相比，16 家企业间的差距拉大了。

第四，规模效益状况方面，2011 年未达到规模有效的 11 家煤炭企业除了一家企业外，均为规模效益递减状态。只有兰花科创进入了规模效益递增状态，且可喜的是其在后两年均达到了规模有效。至 2012 年，在 7 家未达到规模有效的煤炭企业中有 5 家的状态为规模效益递减，有 2 家进入规模效益递增状态。至 2013 年，未达到规模有效的 7 家企业都进入了规模效益递增状态。

② 投影分析。2013 年 16 家样本企业中有 7 家未达到 DEA 有效，对其进行投影分析，判断其投入冗余状况。投影分析结果见表 2.3。

表 2.3　　投影分析—产出不变

序号	企业	总资产（亿元）			员工人数（万人）			环境保护费用（亿元）			安全投入（亿元）			营业成本（亿元）		
		实际值	投影值	调整幅度	实际值	投影值	调整幅度	实际值	投影值	调整幅度	实际值	投影值	调整幅度	实际值	投影值	调整幅度
DMU_1	国投新集	269	73	73%	3.2	0.9	72%	0.32	0.16	50%	6	1.9	68%	64.2	32.8	49%
DMU_4	潞安环能	456	214	53%	3.5	1.6	54%	2.3	0.9	61%	13	2.2	83%	122.3	59.7	51%
DMU_8	西山煤电	462	212	54%	2.9	1.3	55%	1.68	0.77	54%	13.4	6.2	54%	212.3	97.4	54%
DMU_{11}	大同煤业	202	100	50%	2.3	0.71	69%	1.93	0.32	83%	6	0.5	92%	72.3	35.9	50%
DMU_{12}	开滦股份	205	85	59%	1.2	0.66	45%	0.26	0.2	23%	1.3	1	23%	151.5	39.6	74%
DMU_{15}	上海能源	131	101	23%	2.1	0.49	77%	2.18	0.26	88%	2.6	0.3	88%	72.3	45.5	37%
DMU_{16}	神火股份	434	99	77%	3.5	0.8	77%	1.19	0.27	77%	0.4	0.1	75%	258.6	59	77%

由表 2.3 可知，在原煤产量、净利润、煤矸石综合利用率、百万吨死亡率等产出维持不变的情况下，7 家企业的总资产、员工人数、环境保护费用、安全投入、营业成本都存在较大的投入冗余，都可以做较大调整。其中，总资产投入方面，神火股份可以做出最大调整，减少幅度可达 77%，上海能源可做的调整最小，但仍可以减少 23%；员工人数方面，上海能源与神火股份可做出的调整最大，可减少 77%，开滦股份可做出的调整最小，仍可减少 45%；环境保护费用方面，上海能源可做出的调整最大，可减少 88%，开滦股份可减幅度最小，为 23%；安全投入方面，大同煤业可减幅度最大，为 92%，开滦股份可减幅度最小，为 23%；营业成本方面，神火股份可减幅度最大，为 77%，上海能源可减幅度最小，为 37%。综上所述，以上企业在资源、环境与安全等各方面的投入都未被充分利用。

2.1.2.2　与国外先进煤炭企业的比较分析

面对能源危机、环境恶化、气候多变等世界性难题，中国煤炭行业的制度环境不断变迁，环境保护、职工健康与安全、资源综合利用等的相关政策、规章制度不断增加与完善，将煤炭企业推向了转型升级之路；为尽快实现发展方式的转变，中国煤炭行业的兼并、整合与重组不断推进，形成了很多大型煤炭企业。很多煤炭企业开始实施“走出去”战略，为企业发展储备战略资源，同时着力延伸发展煤基产业链，目前跨地区、跨行业的煤炭大集团的发展格局基本形成。2013 年 120 万吨以上的大型煤矿 850 处，比 2005 年增加 560 处，产量占全国总产量的比重由 35.7% 提高到 65%（其中年产千万吨级煤矿 50 处，产量占全国的 17% 左右）；建成安全高效矿井（露天）406 处，产量占全国的 1/3 左右。煤炭行业的集中程度在不断提高。

煤炭企业的经营效率不断提高、安全生产状况不断改善，资源综合利用程度越来越高，节能减排力度不断增强。我国大型煤炭企业在经营效率、安全管理、环境治理等方面明显优于其他中小煤炭企业，但与世界先进煤炭企业相比仍有不少差距。

Peabody 是总部位于美国的世界上最大的煤炭企业，也是世界上最大的私营煤炭企业，现经营范围已扩张至澳大利亚、中国、印度尼西亚及蒙古国等多个国家。本书选取了两个在国内实力雄厚的上市央企——中国神华及中煤能源，其中，中国神华是我国最大的煤炭企业，在世界煤炭企业中排名前列；还从各产煤大省中随机选出一个省属煤炭企业（共 9 家大型上市煤炭企业，如表 2.4 所示），与 Peabody 进行比较，以分析我国煤炭企业在转型过程中存在的薄弱环节。

表 2.4　国内大型煤炭企业与 Peabody 的经营效率对比

公司	指标	2008 年	2009 年	2010 年	2011 年	2012 年	2013 年
Peabody（美国）	总产量（百万吨）	239	244	246	251	229	222
	净利润（百万美元）	960	460	800	950		
	年末员工总人数（人）	7200	7300	7200	8300	8200	8300
	人均实现净利润（万美元/人）	133.3	63	111.1	114.5		
	人均实现产量（万吨/人）	3.4	3.3	3.4	3.02	2.79	2.68

续表

公司	指标	2008 年	2009 年	2010 年	2011 年	2012 年	2013 年
中国神华（央企）	总产量（百万吨）	185.70	210.30	224.80	281.90	304	368
	净利润（百万元）	29815	34745	42506	51507		
	年末员工总人数（人）	59543	62286	65154	82260	89144	91487
	人均实现净利润（万元/人）	50	55.8	65.2	62.6		
	人均实现产量（万吨/人）	0.32	0.34	0.35	0.34	0.34	0.40
中煤能源（央企）	总产量（百万吨）	100.37	108.56	122.53	129.16	145	119
	净利润（百万元）	7650	7093	7571	10305		
	年末员工总人数（人）	50805	55614	56013	54948	54964	55261
	人均实现净利润（万元/人）	13.4	11.9	12.3	17.3		
	人均实现产量（万吨/人）	0.20	0.20	0.24	0.24	0.26	0.21
兖州煤业（山东）	总产量（百万吨）	36.07	35.76	49.40	55.67	68.66	73.80
	净利润（百万元）	6481	3906	9013	8644	—	—
	年末员工总人数（人）	47389	49633	50909	56103	73046	11126
	人均实现净利润（万元/人）	13.68	7.87	17.70	15.41	—	—
	人均实现产量（万吨/人）	0.07	0.07	0.09	0.10	0.09	0.66

续表

公司	指标	2008 年	2009 年	2010 年	2011 年	2012 年	2013 年
潞安环能（山西）	总产量（百万吨）	25.77	29.97	33.22	34.23	33.34	37.04
	净利润（百万元）	3052	2180	3342	3339	—	—
	年末员工总人数（人）	25344	26612	28556	31652	33755	35003
	人均实现净利润（万元/人）	12.04	8.19	11.70	10.55	—	—
	人均实现产量（万吨/人）	0.10	0.11	0.11	0.10	0.10	0.11
开滦股份（河北）	总产量（百万吨）	7.49	7.71	8.29	8.44	8.85	8.75
	净利润（百万元）	858	859	875	795	—	—
	年末员工总人数（人）	12855	12661	12570	12456	12203	11844
	人均实现净利润（万元/人）	6.67	6.79	6.96	6.38	—	—
	人均实现产量（万吨/人）	0.05	0.06	0.06	0.07	0.07	0.07
神火股份（河南）	总产量（百万吨）	4.81	5.72	7.11	7.12	8.21	7.70
	净利润（百万元）	1156	590	1031	1111	—	—
	年末员工总人数（人）	24417	25307	34020	35317	36466	34888
	人均实现净利润（万元/人）	4.73	2.33	3.03	3.15	—	—
	人均实现产量（万吨/人）	0.02	0.02	0.02	0.02	0.02	0.02

续表

公司	指标	2008 年	2009 年	2010 年	2011 年	2012 年	2013 年
露天煤业（内蒙古）	总产量（百万吨）	—	—	42.43	44	45	46.50
	净利润（百万元）	743	1030	1539	1656	—	—
	年末员工总人数（人）	4192	4206	4416	4378	4431	4416
	人均实现净利润（万元/人）	17.73	24.5	34.86	37.82		
	人均实现产量（万吨/人）	—	—	0.96	1.01	1.02	1.05
盘江股份（贵州）	总产量（百万吨）	2.37	9.31	11.40	12.30	—	—
	净利润（百万元）	639	987	1345	1719	—	—
	年末员工总人数（人）	9124	27380	27556	30300	—	—
	人均实现净利润（万元/人）	7.00	3.61	4.88	5.67	—	—
	人均实现产量（万吨/人）	0.03	0.03	0.04	0.04	—	—
国投新集（安徽）	总产量（百万吨）	11.81	12.53	15.11	15.34	19.02	19.9
	净利润（百万元）	1186	836	1249	1344	—	—
	年末员工总人数（人）	21856	23369	24576	31284	30215	31868
	人均实现净利润（万元/人）	5.43	3.58	5.08	4.30	—	—
	人均实现产量（万吨/人）	0.05	0.05	0.06	0.05	0.06	0.06

注：以上所有数据均来自上市公司年报，或根据年报数据计算得到。

（1）经营效率方面的比较分析。

本书选取各煤炭企业的总产量、净利润、员工人数及人均实现净利润、人均实现产量等指标，来对比分析各企业经营效率。因为劳动生产率更能体现一个企业的技术、组织与管理等方面的综合水平，所以本书重点关注了近年来的劳动生产率的状况。具体数据如表 2.4 所示。

从表 2.4 可见，中国煤炭企业的年产量皆低于 Peabody；净利润方面，中国神华、中煤能源及兖州煤业三个企业高于 Peabody，其他企业都低于 Peabody；员工总人数方面，所列 9 家中国煤炭企业中只有露天煤业的员工人数少于 Peabody，其他 8 家煤炭企业都远远多于 Peabody；但在“员工人均实现净利润”及“员工人均实现产量”方面，Peabody 的指标值远远高于表中所列的所有中国煤炭企业（见图 2.1 及图 2.2），说明 Peabody 的经营效率远高于我国煤炭企业。

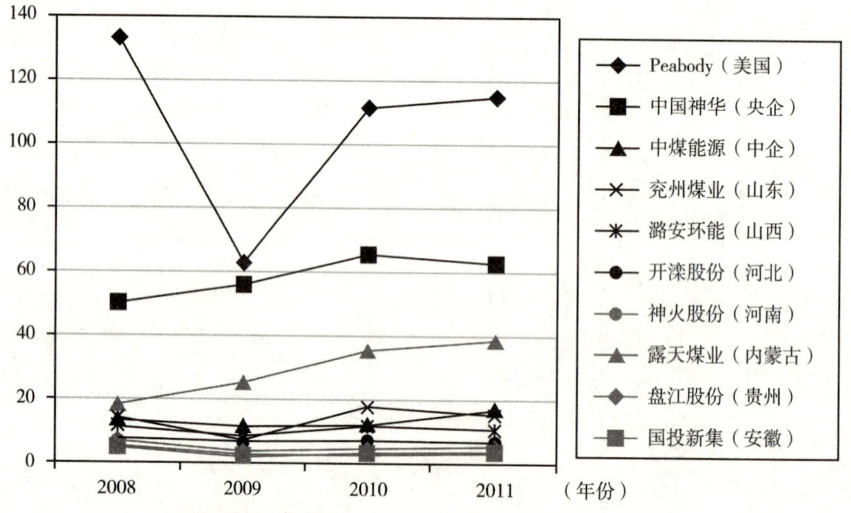

图 2.1 国内大型煤炭企业与 Peabody 的“人均实现净利润”对比

注：Peabody 的人均实现净利润单位为“万美元/人”，其他中国煤炭企业的单位为“万元/人”。

（2）安全生产方面的比较分析。

本书选取了国内几家在公司年报或社会责任报告中披露了百万吨死亡率数据的煤炭企业，与 Peabody 的安全状况进行比较。有关数据如表 2.5 及图 2.3、图 2.4所示。

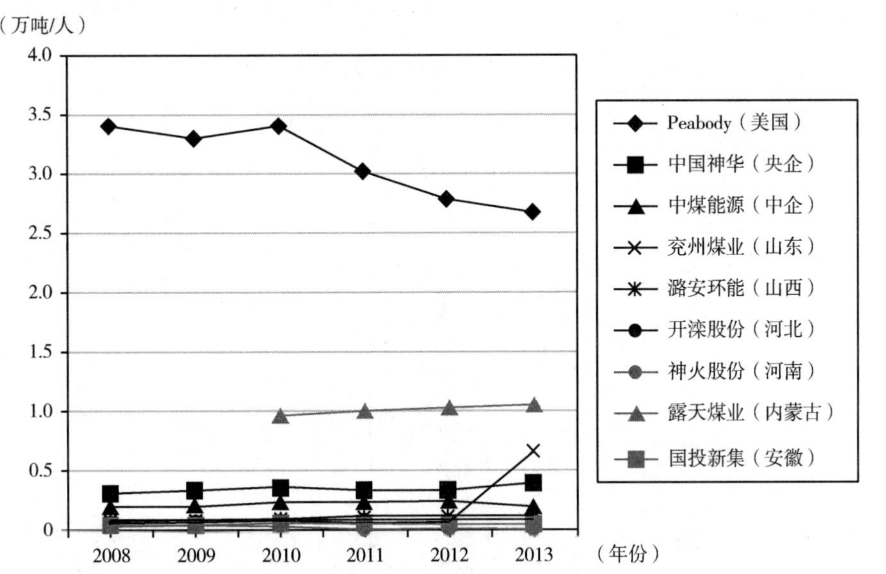

图 2.2　国内大型煤炭企业与 Peabody 的“员工人均实现产量”对比

表 2.5　国内大型煤炭企业与 Peabody 的安全状况对比

公司	指标	2009 年	2010 年	2011 年
Peabody（美国）	每 20 万工时事故率（美国境内）	2.160	1.980	1.370
	每 20 万工时事故率（全球范围）	2.920	2.710	1.920
	工亡率	0	0	0
中国神华（央企）	百万吨死亡率	0.017	0.012	0.018
中煤能源（央企）	百万吨死亡率	0.082	0.100	0.117
兖州煤业（山东）	百万吨死亡率	0	0	0
潞安环能（山西）	百万吨死亡率	0.066	0.067	0
冀中能源（河北）	百万吨死亡率	0.082	0.100	0.117
阳泉煤业（山西）	百万吨死亡率	0.090	0.200	—
恒源煤电（安徽）	百万吨死亡率	0.450	0.081	—
盘江股份（贵州）	百万吨死亡率	—	0.620	—
国投新集（安徽）	百万吨死亡率	—	0.330	—

注：所有数据均来自公司年报。

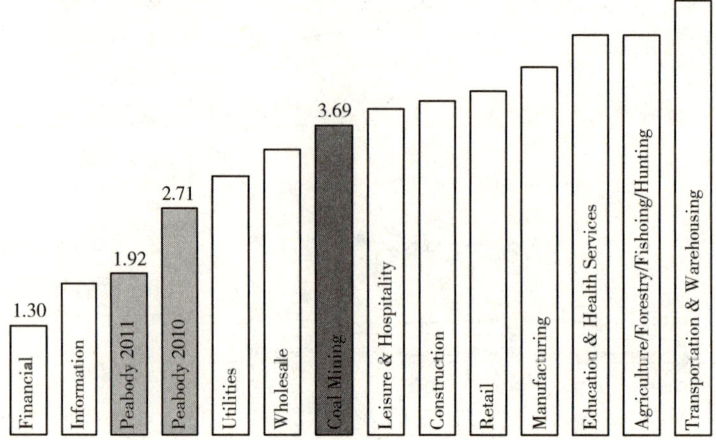

图 2.3　2011 年 Peabody 事故率与美国其他行业的对比

注：该图截自 Peabody Energy 2011 年社会责任报告。

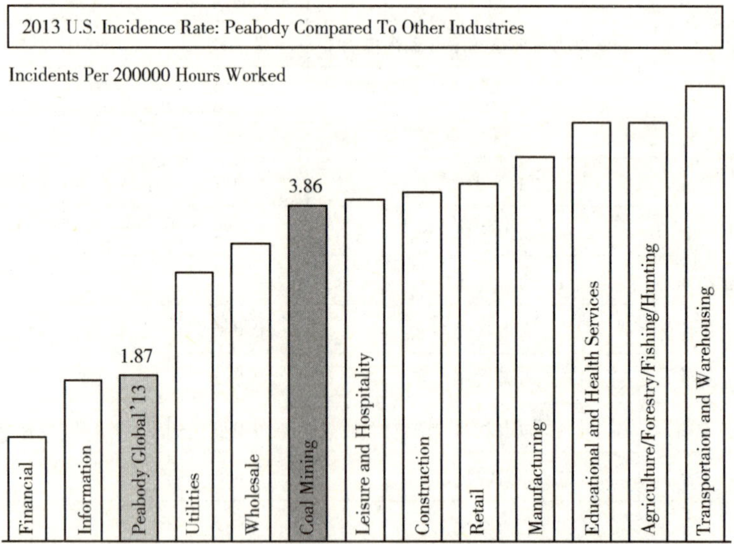

图 2.4　2013 年 Peabody 事故率与美国其他行业的对比

美国职业安全健康统计主要使用三个指标：一是工亡人数（number of fatal work injuries）；二是工亡率（rate of fatal work injuries）；三是事故率，通常用20万工时事故率（incidence rate per 200000 work hour）表示，指每20万工时中发生的工伤或患职业病（但未引起死亡）的员工人次数。Peabody在2009~2011年的社会责任报告中均未提及工亡人数及工亡率（我们通过google搜索英文网页，也未见有关Peabody的工亡率报道），而只提及了事故率指标（见表2.5与图2.3），且Peabody将“零事故率”（而非零死亡率）作为企业的安全目标，综合以上信息，我们推测Peabody的工亡率为0。

2010年，中国煤炭行业百万吨死亡率为0.749，重点矿百万吨死亡率为0.289。2012年全国煤矿百万吨死亡率为0.374，首次降至0.5以内（2013年全国安全生产工作会议）。2013年全国煤矿百万吨死亡率降至0.293，首次降到0.3以下，但仍是先进产煤国家的10倍。而发达国家的煤炭百万吨死亡率在0.02~0.03之间。美国作为世界第2大产煤国，煤矿年死亡人数30人左右，百万吨死亡率长期在0.1以下。近几年其百万吨死亡率降到了0.03以下，2011年仅为0.019。澳大利亚作为世界上第4大产煤国和最大的煤炭出口国，百万吨死亡率仅为0.014左右（国家煤矿安监总局）。表2.6显示了我国煤炭行业百万吨死亡率状况，国有煤炭企业安全水平明显优于整个煤炭行业的平均水平，但与世界先进水平仍有较大差距。

表2.6　　煤炭行业百万吨死亡率均值

年份	2009	2010	2011	2012	2013
国有煤炭企业均值	0.258	0.149	0.121	0.118	0.105
煤炭行业均值	0.892	0.749	0.564	0.374	0.293

由图2.4可见，美国煤炭采掘业已经成为比较安全的行业，其安全状况甚至优于娱乐酒店业、零售、教育与医疗保健业、农业等。而Peabody的安全状况则优于大部分行业，其事故率只比金融业与信息技术业高。

（3）环境保护、资源综合利用等方面的比较分析。

在煤炭资源回收率方面，中国神华、中煤能源、兖州煤业、潞安环能、神火股份等煤炭企业已经超过80%；在环境治理、节能减排等方面，中国神华、中煤能源、兖州煤业等表现较好，但其他煤炭企业与世界先进水平仍有差距。Peabody以“零排放”（Near-Zero Emission）为减排目标，并在美国政府1977年正式颁布与煤炭采掘土地复垦相关的法案20年之前就已经开始实施土地复垦活动（Peabody 2011年社会责任报告）。

根据国际能源署预计，未来中国煤炭需求总量将呈平稳上升趋势，煤炭占一次能源消费的比重将缓慢下降，但作为主体能源的地位难以改变，未来十年煤炭在能源生产中的比重将在50%左右。按照2012年煤炭产量和煤炭储量比例分析，世界现已探明的煤炭储量可供开采112年。其中，美国已探明煤炭储量可开采240年，澳大利亚185年，哈萨克斯坦290年，俄罗斯超过470年，印度100年，德国216年，匈牙利174年，整个欧盟整体煤炭可采年限有97年，而中国仅有33年。

综上所述，我国大型煤炭企业在经营效率、安全管理、环境保护及资源综合利用等方面仍与世界先进煤炭企业有较大差距。大型煤炭企业在我国煤炭行业中的关键地位、对国民经济的推动作用及对社会、环境与气候的重大影响，都使得其必须尽快转变发展方式。

2.1.3 煤炭企业转型障碍分析

路径依赖理论指出，路径依赖就像物理学中的惯性，一旦进入某个路径，就会对其产生依赖，使相关主体被锁定在非效率状态下。中国煤炭企业在长期的发展过程中也形成了路径依赖，当前煤炭企业就是要通过打破路径依赖障碍，实现转型发展，从而进入新的发展路径。

当前，煤炭企业发展转型的路径依赖障碍主要表现在以下几个方面：

（1）煤炭企业高管团队认知与学习方面。

诺斯等新制度经济学家指出能否打破路径依赖，主要看自我强化机制中各因素的性质。如果报酬递增的强化机制来源于固定成本和学习效应，则打破闭锁状态，实现路径替代就会很难。学习效应中的隐性知识（默会知识）会导致极大的认知阻力，使相关主体更容易沉浸在既定路径中，难以向别的路径变迁。煤炭企业高管团队成员长期从事煤炭企业运营相关工作，积累了大量煤炭企业运营的专业知识，在解决问题时，通常会在本领域或邻近领域内进行局部搜索。

（2）企业文化方面。

煤炭企业在长期的经营过程中形成了独特的企业文化，企业文化是组织成员共享的价值观、思维方式、行为方式的总和，企业文化包含大量的组织惯例，限定了组织及其成员在解决问题时的搜索区域，从而形成路径依赖。

（3）固定资产方面。

煤炭企业拥有着大比例的专业化的固定资产，导致其在其他领域很难适用，一旦企业转型到别的领域，必然造成大量沉没成本，导致组织转型的惰性。

（4）专有技术与专业技术人员方面。

煤炭企业拥有大量的专业化的专有技术，只适用于煤炭企业，这就限制了其应用的广泛性，对转型造成障碍。煤炭企业的人才队伍中有很大一部分是掌握了与煤炭采掘、煤炭机械加工与维修等相关的专业性技术，这类技术人才在其他行业中的适用性也较弱，不利于转型。

（5）制度环境障碍。

煤炭企业与产业转型受体制环境制约，很多省份的政府体制改革、政府管理的改进跟不上经济发展；煤炭企业在建立现代企业制度的过程中，由于政府一元所有权的基本前提，企业难以建立真正的产权清晰、权责明确的现代企业制度；国有煤炭企业“一股独大”现象普遍，社会资本进入困难，不利于接续或替代产业的发展，这成为煤炭企业转型的制度性约束。

自我强化机制除了固定成本、学习效应外，还有协作效应和适应性预期。想要打破路径依赖，政府的干预起着非常关键的作用。近年来，中国政府大力推进发展方式的转变，从制度层面推出相关政策法规，推进煤炭行业与煤炭企业的发展转型。在煤炭企业中引入私人战略投资者，改善企业治理结构，正在发挥着积极作用。

（6）煤炭企业历史遗留问题形成的障碍。

国有煤炭企业始终承担着过多的功能，随着行业低迷，很多煤炭企业经营遇到困难，曾经被“黄金十年”掩盖的历史遗留问题，包括企业机构繁杂、管理层级多、人浮于事、社会负担沉重等问题又显现出来。如何在保持稳定的前提下实现转型，对煤炭企业又是一大挑战。

2.1.4 煤炭企业转型目标与转型路径分析

(1) 煤炭企业转型目标分析。

具体来说，煤炭企业的转型目标主要表现为以下方面：

第一，由外延扩大式向内涵式发展转变。传统的煤炭企业经营模式主要依靠要素与资源投入以及规模扩张来获得发展。转型发展的首要目标就是实现发展驱动力的置换即实现创新驱动。创新驱动主要表现为依赖企业内生动力实现发展，包括技术进步、技术创新、管理创新，还有掌握高技术的高素质员工。当前，兼并、重组等煤炭资源向大型煤炭企业积聚，在企业规模增长的同时，企业必须依靠管理创新与技术创新及高素质的员工来有效整合企业，提高效率与效益。

第二，向本质安全型企业转变。传统的煤炭企业在安全管理方面，主要关注死亡指标，煤炭企业转型发展就是要实现本质安全，除了充分降低伤亡率指标外，还要关注广大员工的职业健康与安全问题，彻底转变煤炭企业事故多发、作为不安全企业的形象。当前，煤炭企业安全生产被提高到了前所未有的高度。国家关于煤炭企业安全生产的文件、法律法规不断出台并实施，安全生产问责力度不断加大，对煤炭企业来说，最大的问题就是企业安全生产问题，安全已经成为煤炭企业高管层的最佳政绩与最高责任。同时，在建设和谐社会及煤炭行业劳动力不足的背景下，员工职业健康与安全问题备受关注，也成为影响企业形象、吸引优秀劳动力的重要因素。

第三，向资源节约型企业转变，提高煤炭资源的综合利用效率。煤炭资源属于不可再生资源，终究会枯竭，煤炭企业在进行资源战略储备的同时，必须对现有可开发资源有效利用，切实提高回采率与资源的综合利用效率。

第四，向环境友好型企业转变。党的十七大、十八大均强调要把建设资源节约型和环境友好型社会放在工业化、现代化发展战略的突出位置，增强国民经济可持续发展的能力。今后较长时期内，我国煤炭消费还将保持适度增长，温室气体排放总量大、增速快，我国经济社会发展将面临区域性生态环境保护和全球温室气体减排的双重压力。清洁发展、节约发展和可持续发展是煤炭企业发展的必由之路。尤其是大型煤炭企业必须承担起社会责任，依靠技术创新等尽可能地节能减排，保护生态环境，并对矿区环境进行有效治理。

总之，煤炭企业转型的目标就是在发展过程中要兼顾好效益的数量与质量；同时，还要平衡好短期效益与长期效益。该目标实现的根本就在于依靠高素质员工及其技术创新与管理创新来实现低消耗、低污染、低事故、高产出、高附加值、高效益的“三低三高”型发展模式，进一步实现煤炭企业在经济绩效、安全绩效、环境与可持续发展绩效及社会绩效四维度的高水平协调发展。

从长期来看，煤炭企业的转型要经历如图 2.5 所示的过程。图 $O_1B_1C_1A_1$、$O_2B_2C_2A_2$和 $O_3B_3C_3A_3$分别表示处于不同时间点上的“数量—质量”剖面图。在当前阶段，用图形 $O_1B_1C_1A_1$来表示，$O_1B_1 < O_1A_1$，说明当前阶段的煤炭生产仍处于效益的质量小于效益的数量阶段，表现为经济效益高，但生态环境的破坏程度大、资源浪费严重。图形 $O_2B_2C_2A_2$表示从 O_1到 O_2的阶段，随着国民经济的发展，煤炭生产的数量达到了峰值，而煤炭生产的质量也有所提高，企业转型见到成效；图形 $O_3B_3C_3A_3$表示从 O_2到 O_3的阶段，随着新型能源的开发和利用，煤炭的生产和消费量逐渐降低，但质量 O_3B_3远高于前两个阶段，到此阶段，由于技术的发达，煤炭生产将对生态环境造成很小的破坏，环境治理率也无限提高。

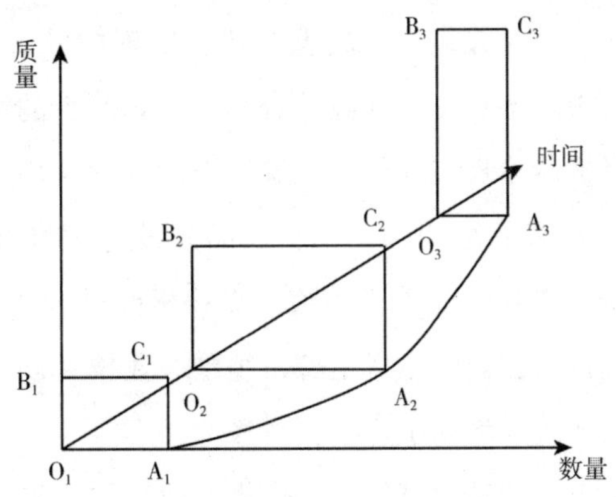

图 2.5　煤炭企业转型过程

从前面的分析可以看出，煤炭企业转型是一个漫长的过程，同时也是一个无限逼近理想状态的过程，技术不断进步，生产效率可以不断提高，资源的利用率将不断接近 100%，环境的破坏力将不断降低，环境治理率将不断提升。

当前，煤炭企业转型正处于攻坚阶段，而且是在煤炭需求量和产量不断增加的阶段（O_1到 O_2阶段），转型显得更加迫切，意义更加深远。

（2）煤炭企业转型路径分析。

煤炭企业的转型升级主要依靠三个路径来实现：

第一，产业结构调整。在煤炭平稳发展的基础上，延伸产业链条，从以煤炭生产与销售为主，逐步转向煤炭的深加工和清洁转化，既提高煤炭附加值，又实现低碳化。煤炭企业应结合自身实际情况，进行科学预测和充分论证，选择适合自身特色并具有市场竞争力的产业延伸方式。宏观环境的多变性和煤炭资源的耗竭性，决定了多元化是煤炭企业转型的重要方向之一，因此，煤炭企业还要积极发展非煤产业，剥离劣势产业，做强做大优势产业，引入新的具有竞争优势的替代产业，例如，面向中心城市，发展第三产业；在复垦的矿区土地上开展现代农业和生态旅游产业等；有的大型煤炭企业，还利用前期积累的资本力量进入金融领域，为企业进一步转型升级、做大做强积累资本。

第二，转变管理模式。优化企业治理结构，建立现代化的企业经营管理模式，强化企业各层面的激励机制，充分释放优秀高素质员工的积极性、主动性与创造性，是煤炭企业转型升级的重要支撑。

第三，技术创新。这是煤炭企业转型升级，实现内涵式发展的最根本支撑。煤炭企业生产涉及煤炭采掘、资源回收综合利用、矿井水的重复利用、安全生产与员工健康、环境保护与治理、煤层气和煤矸石的开发利用、煤制油等，不论传统生产领域的升级还是产品结构调整、新产品开发等都涉及技术问题，降低能耗、减少污染、提高效率的主要手段必须依靠技术改进和生产工艺水平的提高。煤炭企业必须要确立科技创新的主体地位，组建产业技术创新战略联盟，加大科研投入，重视科技人才的培养与引进。

综上所述，煤炭企业的转型升级主要依靠产业结构调整、管理模式的转变及企业技术创新来实现，而这三个路径都属于企业战略层面的内容，需要依靠煤炭企业高管团队的智慧与能力来推动实施，煤炭企业转型目标与转型路径如图 2. 6 所示。同时，煤炭企业的转型升级是一项复杂的系统工程，涉及政策、资金、资源、环保、生态、人员素质等诸多方面，需要煤炭企业高管团队来统筹把握、协调发展。

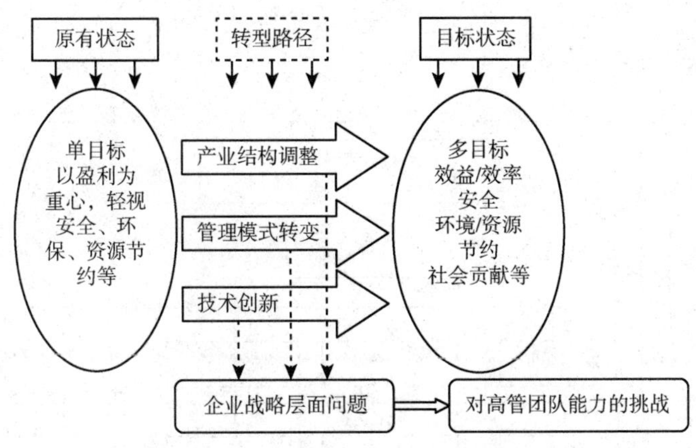

图 2. 6　转型目标与转型路径示意

2. 2

基于转型目标的大型煤炭企业高管团队关键任务分析

2. 2. 1　概念界定

（1）大型煤炭企业界定。

2011 年 9 月，国家统计局颁布了《统计上大中小微型企业划分办法》（国统字〔2011〕75 号），办法规定采矿业中大型企业应该满足两条标准：一是从业人员数超过 1000 人，二是营业收入超过 4 亿元。本书研究的大型煤炭企业同此标准。大型煤炭企业相对于中小型煤炭企业来说，更多的实施多元化战略、跨区域扩张战略，经营复杂性更强，其生产经营对社会、经济、环境、气候等的影响更大，从社会长远发展角度来看，大型煤炭企业必须承担起发展转型的历史使命。

(2) 高管团队界定。

高管团队是企业的最高决策层和最高执行层，本书研究的高管团队的具体组成如图 2.7 所示的虚线框内部分。本书研究的大型煤炭企业高管团队包括董事长和副董事长（或董事局主席和副主席）、CEO（或总经理）及其他直接向 CEO 汇报的其他高级经理们，包括副总经理、总工程师、财务总监及处于本管理层次的其他高级主管。

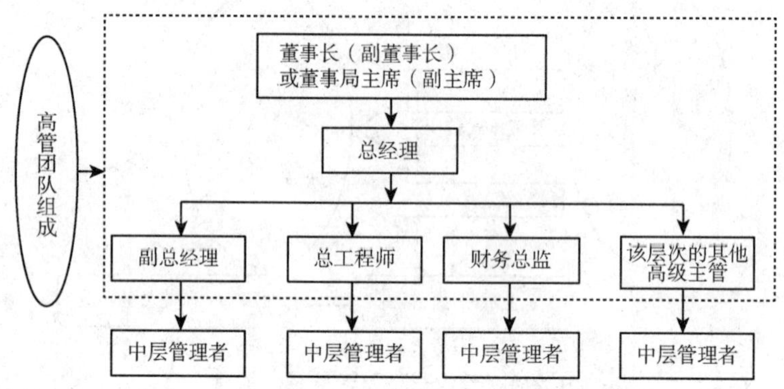

图 2.7　煤炭企业高管团队构成

2.2.2　关键任务分析

高管团队是煤炭企业的最高决策层和最高执行层，高管团队的综合能力是决定煤炭企业能否在战略机遇期顺利实现发展和转型的关键因素。

转型期煤炭企业高管团队的关键任务包括以下几种：

(1) 根据转型要求，调整或转变企业经营理念，重塑企业文化。

煤炭企业发展方式的转型以企业经营理念的转型为先导，安全经营理念、资源与能源节约理念、环境保护理念及依靠技术创新与管理创新发展企业的理念等是当前大型煤炭企业正在逐步确立的企业经营理念。而这些企业经营理念的确立首先需要高管团队成员们的认可与接受，然后通过正式（如集体学习文件等）和非正式的方式（如言传身教、榜样行为等）至上而下地传递给其下属乃至整个企业所有员工，进而形成一种与煤炭企业发展方式转型升级相匹配的企业文化。Sharma 和 Vredenburg 针对加拿大能源产业的研究发现，能源企业在经营中主动地实施环境保护战略与组织能力发展间有显著的相关关系。

另外，转型期煤炭企业不断兼并重组，兼并主体企业与兼并客体企业间的组织文化难免存在冲突或不一致之处，对兼并重组后的企业文化进行有效整合对煤炭企业高管团队提出了巨大挑战。

（2）根据转型环境重新定位，调整已有战略或制定新战略，并跟踪环境变化，对战略进行动态调整。

制定战略并执行战略是任何企业高管团队的基本职责与任务，而在转型期，战略制定与调整的重要性与迫切性更加突出。大型煤炭企业的产业结构调整势在必行，管理模式必须转变，技术创新战略必须实施。

能源是经济发展的基础，我国当前较快的国民经济发展速度为煤炭企业提供了难得的发展机遇。在当前的战略机遇期，需要煤炭企业高管团队站在宏观经济运行和国家政策的高度，结合煤炭企业内外环境，对未来的发展精心进行全局谋划，制定科学的发展战略，突出“转方式，调结构”的大目标。同时，还要根据政策环境、竞争环境和市场环境等的动态变化，对已有战略进行相应调整。

（3）通过组织再造、资源整合、管理控制等确保战略实现。

高管团队中的总经理及直接向总经理汇报的高级主管是企业战略的最高执行层。高管团队的这些成员参与战略的制定过程，对战略意图能充分理解，同时又要求高管团队成员创新性的采取各种策略推动战略的执行，确保战略有效实现。

煤炭企业战略的制定、调整与实现过程，受企业经营理念与企业文化的影响，同时这个过程又使得经营理念和企业文化不断巩固与强化，如图 2.8 所示。

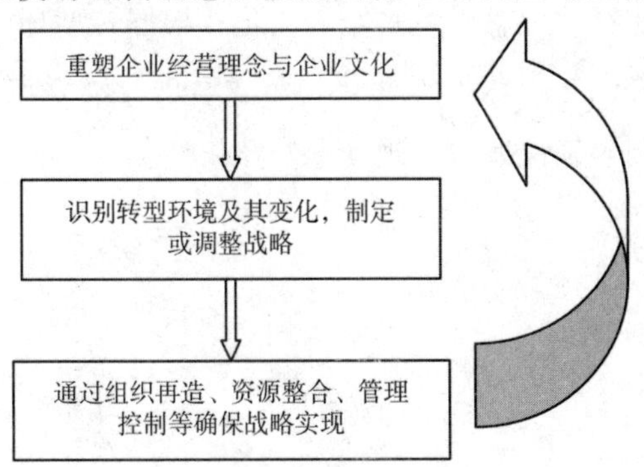

图 2.8　基于转型目标的煤炭企业高管团队关键任务

需要指出的是，转型期煤炭企业高管团队的关键任务有着明确的目标定位，不论是经营理念的重塑、战略的制定和战略的执行，都必须紧紧围绕“转方式，调结构”来进行，目标就是实现由产量速度型向质量效益型转变，由单一煤炭生产型向煤炭综合利用、深加工转变，由粗放型的煤炭开采向以高新技术为支撑的安全高效开采转变，由资源制约型向环境友好型转变，由粗放式向精细化、现代化、科学化转变，最终实现煤炭企业的可持续发展。

2.3 小　结

本章详细分析了煤炭企业面临的转型背景，指出面对能源危机、环境恶化、气候多变等世界性难题，转变经济发展方式成为国家和社会发展的必由之路，我国煤炭行业与环境保护、职工健康与安全、资源综合利用等的相关政策、规章制度不断出台，将煤炭企业推向了转型升级之路，且“十二五”时期是我国实现科学发展，转变经济发展方式的攻坚时期。兼并重组形成了很多大型煤炭企业，煤炭企业间竞争的对抗性和复杂性更强，程度更加激烈。煤炭企业必须通过产业结构调整、管理模式的转变及技术创新等来实现安全经营、集约经营和绿色经营，进一步实现可持续发展。在此转型背景下，指出煤炭企业转型目标主要包括向本质安全型、资源节约型、环境友好型及内涵式发展转变。

本部分还对高管团队的组成进行了界定，并分析其关键任务：根据转型要求，调整或转变企业经营理念，重塑企业文化；根据转型环境重新定位，调整已有战略或制定新战略，并跟踪环境变化，对战略进行动态调整；通过组织再造、资源整合、管理控制等确保战略实现。

第 *3* 章

基于转型目标的大型煤炭企业高管团队能力结构分析

本章首先对转型期煤炭企业高管团队能力结构及其要素进行理论分析，然后对能力结构进行验证，最后结合煤炭企业转型过程构建转型期煤炭企业高管团队能力整合架构。

3.1 大型煤炭企业高管团队能力要素与结构分析

高管团队能力指的是高管团队为了实现企业目标，成功完成工作中各项任务所应具备的素质总和，直接决定了完成某项任务的可能性。因此，本书在分析转型期煤炭企业高管团队能力时，基于以下思路：首先分析煤炭企业转型目标及转型路径；其次分析基于转型目标，高管团队面临的关键任务；最后分析“关键任务的实现需要煤炭企业高管团队具备什么样的能力要求”，分析思路如图 3.1 所示。

第 2 章已经对煤炭企业转型目标、路径及煤炭企业高管团队面临的关键任务进行了详细分析，本部分分析转型期煤炭企业高管团队需要具备的能力要素。由前可知，转型期煤炭企业高管团队面临三项关键任务：一是根据转型要求，调整或转变企业经营理念，重塑企业文化。这就要求煤炭企业高管团队具备高水平的煤炭企业转型文化重塑能力。第二项关键任务是根据转型环境重新定位，调整已有战略或制定新战略，并跟踪环境变化，对战略进行动态调整，因此需要煤炭企业高管团队具备高水平的转型战略规划能力。第三项关键任务是通过组织再造、资源整合、管理控制等确保战略实现，因此，需要煤炭企业高管团队具备高水平的战略执行能力，应该包括两大能力要素：资源整合能力、管理控制与创新能力。另外，在转型期，煤炭企业会涉足新的经营领域、也需要不断进行管理模式的创新、组织结构与规章制度的调整等，这就需要煤炭企业高管团队具备高水平的持续学习能力。因此，为了实现企业转型目标，大型煤炭企业高管团队需要具备以下五大能力要素：企业转型文化重塑能力、转型战略规划能力、资源配置能力、管理控制与创新能力、持续学习能力。

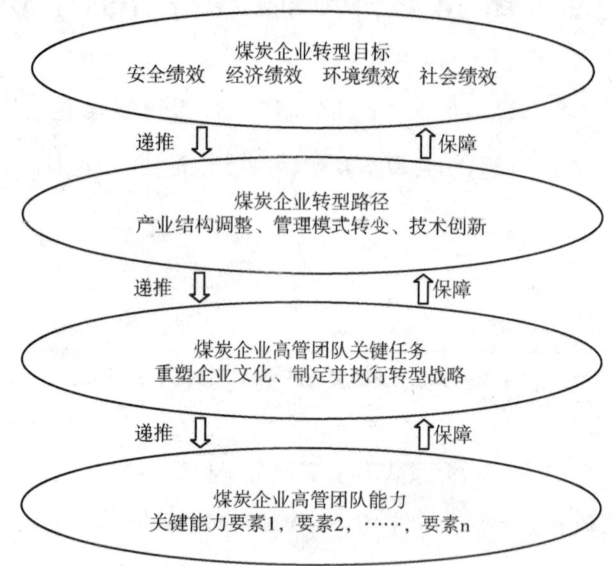

图 3.1　基于转型目标的大型煤炭企业高管团队能力分析思路

煤炭企业转型是一个渐进的过程，需要经历很多个阶段，每个阶段的重点可能不同，如有的阶段是以技术创新为重点，有的阶段可能是管理创新等，还有的阶段可能是对多种手段的整合，在这个实现转型目标无限逼近的过程中，高管团队要善于将企业转型的长期目标分解为多个阶段的战略目标，并采取措施逐步推进每个阶段性战略的实现，从而不断向企业转型目标靠近。本书结合转型期煤炭企业高管团队的三大关键任务，包括重塑有利于转型的企业文化、制定转型战略并执行战略，将转型期煤炭企业高管团队五大能力要素归为三大板块：企业转型战略规划能力板块、企业转型战略执行能力板块与企业转型基本支持能力板块，如图 3.2 所示。

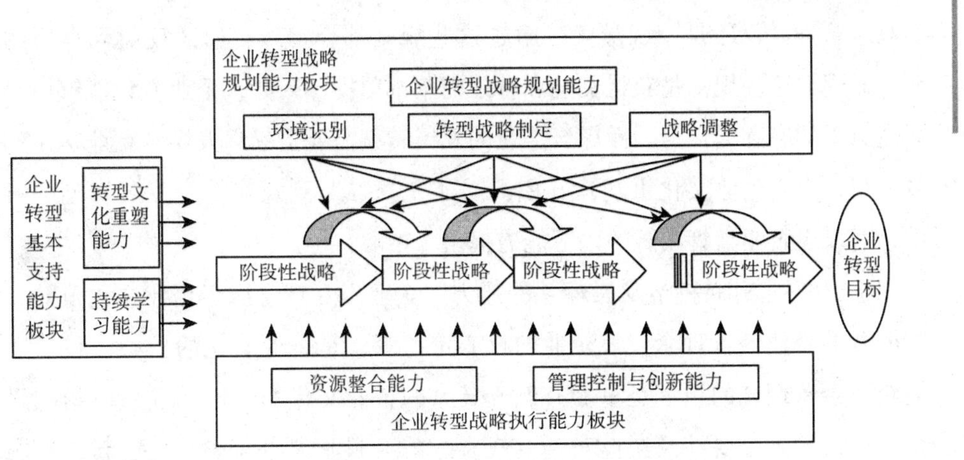

图 3.2　转型期大型煤炭企业高管团队能力整合架构

企业转型战略规划过程包括环境识别、转型战略制定和调整等紧密相连的三个环节，因此，企业转型战略规划能力板块对于阶段性战略的制定与调整发挥着直接且关键的作用；企业转型战略执行能力板块，包括资源整合能力、管理控制与创新能力两大能力要素，共同作用于每个阶段性战略的执行与实现；企业转型的基本支持能力板块，包括转型文化重塑能力和高管团队持续学习能力两大能力要素，前者为企业转型营造整体氛围，后者是企业在转型过程中不断获取竞争优势的重要源泉。以上构成了基于转型目标的“三大板块，五大要素”的大型煤炭企业高管团队能力整合架构。

下面对转型期煤炭企业高管团队需要具备的五大能力要素逐一进行分析。

（1）转型文化重塑能力。

高管团队的煤炭企业转型文化重塑能力指的是塑造有利于转型的企业文化的能力。企业文化是企业在长期的实践活动中所形成的并且为组织成员普遍认可和遵循的具有本企业特色的价值观念、团体意识、工作作风、行为规范和思维方式的总和。企业文化相当于一个人的个性特征，使每个企业区别于其他企业，并为企业成员创造归属感，一旦个体接受了企业文化，就会主动适应，最终产生强烈的归属感，使个体成员积极地奉献于自身利益以外的更多的东西，并能增强组织凝聚力。每个企业都有一套核心假设、理念和隐含的规则，用以规范员工日常行为，企业新员工必须学会按这些规则做事，否则不会真正成为企业的一员。不管是高层管理者，还是一线员工，逾越这些规则都会招致普遍的反对和严厉的惩罚，而遵守这些规则是获得奖励和升迁的基本前提。因此，企业文化能够引导和塑造员工的态度和行为。而煤炭企业的发展转型需要依赖广大煤炭企业员工的全员参与，煤炭企业文化重塑旨在引导员工全员参与到煤炭企业发展转型的过程中，对煤炭企业高管团队的以下能力提出了挑战：

① 为企业树立科学发展理念的能力。企业经营理念属于企业文化范畴，高管团队的企业经营理念代表企业的核心价值观，是企业文化的核心，科学发展的企业经营理念的树立是重塑有利于转型的企业文化的关键。本书所指的煤炭企业经营理念主要涉及企业对企业效益、员工职业健康与安全、创新、资源节约与环境保护、社会责任、可持续发展等各要素的重要性程度及其关系的认识与判断。

煤炭企业，尤其是大多数的国有煤炭企业，由于经营历史悠久，已经形成了根深蒂固的传统企业文化。其文化中既包含积极内容，也包含一些需要摒弃的部分。如大部分国有煤炭企业的文化中都包含一定程度的安全生产、社会责任、不断发展、谋求创新的积极要素，但同时也包含着重数量轻质量、重企业自身经济利益而忽视资源节约与环境保护等的消极要素。在当前转型期，煤炭企业文化中的原来就已经蕴藏的安全经营理念、近年来不断萌生的依靠技术创新与管理创新谋发展的经营理念、资源节约与环境保护理念、社会责任理念等需要进一步巩固、强化，并大力提升其在整个企业文化和经营理念中的地位。可见，在根深蒂固的传统煤炭企业文化中，一些理念是有利于企业转型的，但有一些理念需要抛弃，还有一些需要再强化，对于一些企业而言还需要在已有企业文化中植入全新的理念。

企业经营理念关系到商业伦理问题。企业经营理念由煤炭企业高管团队确立，然后通过企业内部宣传，并配合人力资源管理程序与相关制度文件等，逐渐形成为广大员工认可并自觉遵循的企业经营理念。企业高管团队要为企业树立符合伦理规范、高水平的企业经营理念，高管团队的所有决策过程都会涉及企业伦理问题。煤炭企业高管团队需要对转型环境有深刻和正确的认识和判断，包括对国民经济和社会发展大势的认识和把握，对转型环境的判断和对转型目标的深入思考，在此基础上形成高层管理团队一致认可的能有效促进转型的企业经营理念。

② 高管团队认知与行为领导能力。一旦煤炭企业高管团队形成了一致认可的有利于企业转型的企业经营理念，其在言行举止方面的模范带头作用的重要性就凸显出来。高层管理者的言行为企业文化设置了一种总体氛围。高管团队核心领导总是带头谈转型，高管团队成员和中层管理者就会关注转型，然后转型目标与转型理念、企业新的经营理念等就会至上而下地传递给一线员工。高管团队在员工中的权威程度及其言行一致性程度会影响到经营理念的传递效率和质量。经营理念的沟通与传递方式也会影响到经营理念的传递效率和质量。当正式方式与非正式方式相结合时才会产生好的效果，正式沟通方式包括灌输和集体培训，而非正式方式则包括言传身教及非正式场合的沟通。高管团队如果能始终保持各种重大决策、日常经营行为与其倡导、宣扬的经营理念一致，则整个高管团队会拥有高的行为领导能力。当煤炭企业高管团队拥有高水平的认知与行为领导能力时，一旦高管团队形成某种统一认知和经营理念，这些认知和理念就会迅速被企业全体员工接受和认可，并对其行为模式产生影响。

(2) 转型战略规划能力。

企业战略涉及企业的永续经营和发展壮大问题，煤炭企业高管团队是煤炭企业战略的制定者，其战略规划能力至关重要。煤炭企业的高管团队需要站在全局和长远的角度，以发展转型为目标，不断地审视企业内外部环境，深入思考企业经营范围、产品和业务结构及资源配置模式，在洞察机会和威胁的基础上进行战略定位，并制订战略目标及战略方案。因此，将煤炭企业高管团队的转型战略规划能力分解为以下能力：转型环境识别能力、转型战略制定能力和战略调整能力。

① 转型环境识别能力。环境是企业生存的土壤，既能给企业带来机遇，也能使企业面临威胁，战略就是为了主动适应环境而进行的“筹划和谋略”，以化解危机并充分利用机会。为了成功转型，煤炭企业高管团队必须对环境有深入准确的认识和判断，并能敏锐地感知环境的变化，这种能力就是环境识别能力。任何优秀战略的制定都是基于对环境的深刻认识和正确把握及对环境变化的敏锐洞

察。对环境的认识包括对企业内、外部环境及其变化的认识。对企业外部环境的认识包括对当前转型期环境的特点、国民经济和社会发展大势、煤炭行业发展环境和趋势、市场供求情况、行业竞争情况等的认识。对企业内部环境的认识包括对企业资源、企业能力、企业竞争优劣势等的判断。为了对企业内外部环境进行深入认识、有效分析和正确判断，煤炭企业必须建立战略信息系统，对各种信息进行动态收集、跟踪和分析，以便于煤炭企业高管团队从企业持续成长的角度思考企业未来所应该具备的资源和能力，这是煤炭企业持续获得竞争优势的必备前提。

高管团队对环境进行识别的目的就是发现企业可能面临的机会与威胁。煤炭企业高管团队在对企业内、外部环境及其变化进行有效识别和分析的基础上，洞察企业面临的机会和威胁。机会和威胁是企业内部资源、能力等与企业外部环境匹配对比的结果。有些“机会”，对于一些煤炭企业来说可能是真正的机会，对于别的煤炭企业可能就是“陷阱”。因此，机会和威胁洞察能力是建立在对企业内部条件和外部环境清醒的认识和准确的把握基础之上。不断地识别、监测和评价机会和威胁是企业成功的必要条件。

② 转型战略制定能力。转型战略制定能力指煤炭企业高管团队根据内外部环境，为企业制定清晰愿景与战略目标的能力。煤炭企业高管团队战略设定能力指的是企业高管团队根据企业成长阶段，有效应对外部环境变化，协调两者关系的能力，对企业的发展方向和成长空间有重大影响，也是决定企业绩效差异化的关键因素。

首先，煤炭企业高管团队要制订煤炭企业发展转型的阶段性目标及其战略实现方案。

对于一般企业来说，战略目标可能包括以下内容：企业未来某个时点的总体规模、销售收入和利润增长状况、投资回收率、所占的市场份额、行业地位、技术能力、竞争优势及企业形象等；对于煤炭企业以发展转型为导向的战略目标而言，还应该包括企业产品和业务结构调整、技术创新、环境保护与资源节约等方面的目标。战略方案是实现战略目标的手段，应该包括煤炭企业发展转型的路径和步骤及相应阶段的产品结构和业务规划、管理转型方案和技术创新规划等。

其次，将煤炭企业战略转型目标分解为多个阶段性目标和短期目标。

战略目标分解能力是影响战略执行效果的重要因素。转型战略除了包含战略目标和战略方案外，还应将其分解为阶段性目标和实现策略。煤炭企业高管团队要通过科学的方法把战略目标分解到每个部门、阶段，甚至每个员工身上，要确定明确的计划和目标的优先顺序。企业战略不能有效执行的关键原因之一是经营活动与战略脱节，既定战略不能渗透到企业的日常经营活动中。因此，战略被有效执行的前提是通过一套系统的方法，将模糊的愿景和战略转换为清晰的可供执行的目标和策略，以确保战略能够被转换为切实行动。

③ 战略调整能力。煤炭企业的发展转型是不断演化、渐进发展的漫长过程，煤炭企业转型战略也必定是一个动态调整的过程。当根据对企业内外部环境及条件变化的监控发现机会或面临威胁时，企业高管团队需对企业战略及战略目标及时调整。

（3）资源整合能力。

资源是企业在生产经营过程中的各种投入，是企业的战略基础和回报的基本来源。资源是战略的实质，是持久竞争优势之本。若企业资源贫乏或处于不利境地，企业经营范围会受到极大限制，竞争优势也会丧失，这对依赖自然资源发展的煤炭企业来说尤其重要。

依对企业竞争优势作用的不同，资源可划分为传统资源和新资源。传统资源包括自然资源、物质资源和一般人力资源，作为煤炭企业，其生存和发展的依托就是煤炭资源，因此，近年来煤炭企业间“跑马圈地”储备战略资源的竞争愈演愈烈。新资源指传统资源之外的呈边际收益递增的诸如知识、信息和教育等资源（吕立志，2001），是企业获得持续竞争优势的源泉。

高管团队作为企业最高管理层，是资源整合模式的最高决策者和实施者。转型期煤炭企业面临经济、安全、社会、环境等多重目标，如何将有限的资源进行有效配置和整合，关系到多重目标的实现程度及协调程度。高管团队的资源整合能力包括资源选择能力和资源配置能力。

① 资源选择能力。在进行资源选择时，高管团队需要根据转型期煤炭企业

的战略目标对企业所需资源进行产业定位、业务定位及产品与市场定位，产业定位指确保选择的资源与企业经营的产业领域相匹配，业务定位指选择的资源与企业的业务相匹配，产品与市场定位指选择的资源与企业生产的某一产品相匹配（王玲等，2005；邓艳等，2004）。在进行资源选择时，还要考虑资源的可获得性和可接受性，资源的可获得性指资源获取的成本高低，需预计资源给企业带来的效用，比较成本和效用，最后做出决策；资源的可接受性指预获取资源能否与企业既有资源充分融合，直接决定了该资源可能发挥的效用。在进行资源选择时，除了要考虑企业当前的产品和业务种类外，同时，还要根据企业的战略规划提前进行资源储备，如对可开采煤炭资源的储备、关键行业和新兴领域关键人才的储备等。转型期煤炭企业高管团队在进行资源选择时，还要考虑到所选择的资源是否有利于煤炭企业的发展转型。

② 资源配置能力。资源配置能力是指高管团队有效地感知、把握失衡状态及时地对失衡状态反应并重新配置资源达到均衡状态的能力。资源配置力求物尽其用，人尽其能，将资源配置到最能发挥效能、创造最大价值的地方。资源配置的对象包括企业内部资源与企业外部资源，对外部资源的配置主要包括资源联盟和资源重组，资源联盟指基于共同利益，与其他企业建立战略联盟关系以实现对某些稀缺资源的共享；资源重组一般指通过股权转让或资产并购等方式将企业外部资源内部化。煤炭企业高管团队的资源配置能力主要表现在其配置的资源数量、资源质量及资源结构上。资源结构包括企业各种物力资源、人力资源及新资源的组合结构，还包括资源在企业不同经营领域、业务和产品中的分配。经过配置后形成的资源结构与转型期企业战略的匹配程度是转型期高管团队资源配置能力强弱的重要表征。

资源配置的最高境界是资源融合和资源协同，资源融合指将选择和获取的资源投入经营过程并在运营中不断磨合，最终实现资源间的互相匹配；在资源融合的基础上进一步产生资源协同，即资源互相匹配融合后产生的效用放大作用。不同企业实现资源融合和资源协同的时间和历程不同，高管团队的资源整合能力强，在正确的资源选择的基础上，将其合理的配置到不同运营领域，会较快地实现资源融合，并达到资源协同。而高管团队资源整合能力弱的企业，达到资源融合与资源协同的历程会较长。同时，资源融合和资源协同具有动态性和相对性，资源融合和资源协同的平衡状态会随着业务的调整或战略的改变等而被打破，继而形成新的平衡点。

（4）管理控制与创新能力。

转型期煤炭企业高管团队的管理控制与创新能力是指由高管团队实施的对组织及员工行为的管理与控制，以实现转型期煤炭企业的战略安排及多重目标的能力，包括结构控制与创新能力、制度控制与创新能力。

① 结构控制与创新能力。组织结构是对企业部门、科室和岗位的划分和设置，是对管理层次和管理幅度的综合安排，是为实现组织战略，在职责、权力和利益方面形成的结构体系。组织结构的功能在于分工、协调，是保证战略实现的必要手段。通过组织结构的设计与调整，企业的目标和战略转化成一定的体系或制度，规范和约束着企业的日常生产经营活动，使企业朝着既定目标前进。组织结构是实现企业战略的重要工具，组织结构应该追随企业战略，根据战略目标的变化及时调整。

企业内外部环境影响战略，战略影响结构，而组织结构塑造员工行为，行为则产生结果。企业的高管团队必须在既定的企业战略的基础上合理地确定与调整企业组织结构，即通过结构的设置与创新，控制员工行为，使其有效地分工协作，确保组织目标的达成。

企业战略具有先导性，即企业高管团队一旦意识到外部环境和内部条件的变化为企业提供了新机会，就会首先在战略上作出反应。但企业组织结构的变化通常滞后于战略的变化，即结构的滞后性。滞后的原因包括结构必须根据新战略来调整、新旧结构交替必然有一个过程、员工对新战略新结构的执行心存顾虑。战略的先导性与结构的滞后性使在环境变化与战略转变的过程中总有一个利用旧结构推行新战略的阶段，即交替时期，这会使组织内部各部门和机构的职责在变革过程中出现模糊。因此，作为企业的高管团队，在转型期做战略调整时，既要认识到组织结构反应滞后的特点，不能对结构变革操之过急，又要尽量缩短组织结构变化的滞后时间。

因此，结构控制与创新能力指企业高管团队通过对组织结构的有效设置、调整和变革来确保战略目标实现的管理控制与创新能力的一个子能力。

② 制度控制与创新能力。制度控制与创新能力指通过制度的安排和调整，实现既定转型战略和目标的能力。制度的基本内涵是人类相互交往的规则，使人们的行为更可预测并由此促进劳动分工和财富创造。企业制度必须解决资源配置、权利分配、激励制衡以及闭环监督等重大问题。企业产权制度和组织管理制度是企业制度的重要组成部分，产权制度规定了企业的资源配置、权利和利益分配规则，组织管理制度指企业内部生产和经营活动的规范，使员工依据共同的制度处理事务，使企业运行规范化和标准化，以增强高管团队对企业运营的控制力。依靠制度来实现对企业运营的管理控制，对大型煤炭企业来说更为迫切。

煤炭企业必须建立一套完善的制度来规范管理与业务流程，并建立相应的激励、监督约束和反馈制度来保证转型期既定战略的有效执行和转型目标的实现。管理与业务流程明确规定了业务的完成部门、完成方式与步骤，管理部门的责权利情况等，规定了企业生产与经营的分工合作方式。激励制度设置了绩效评价标准和奖惩规则，用于调动员工积极性，约束与规范员工行为。激励制度的建立与调整需始终以企业当前战略目标为导向。监督约束和反馈制度的建立是为了监控企业战略的执行状况，随时向企业高管团队反馈信息。

同时，应该注意企业既有制度体系必须与当前战略匹配，既有制度体系必须支持和有利于当前战略的实现，若有冲突之处，则必须对既有制度作出及时调整与创新。制度创新指的是对既有制度、规则与规范的变革与创新，转型期煤炭企业需要在企业员工与企业的利益捆绑方面积极进行制度创新，为员工努力工作提供制度激励。制度创新是解决企业难题最持久有效的措施。煤炭企业高管团队的制度创新能力也为企业技术创新与管理创新提供了最根本的推动力，决定了煤炭企业创新能力的高低。

（5）持续学习能力。

张瑞敏认为企业家最重要的能力就是学习能力。高管团队学习是一个持续动态的过程，永不停歇，其持续学习能力是企业竞争优势的重要来源。企业高管团队必须善于学习，在学习的基础上扬弃已有经验，并进行创新。

在转型背景下，煤炭行业环境与市场的不确定性增强，煤炭企业将不断涉足新领域，要求煤炭企业高管团队将战略过程视为学习过程，持续进行战略学习，使企业能够适应环境变化并获得持续竞争优势。

关于团队学习，Senge 将其看作是建立在共同愿景和自我超越基础之上，培养和提升团队内部协作能力以实现共同目标的能力过程。Edmondson 将团队学习行为界定为持续的反思和行动，具体表现为发现并提出问题、团队内部讨论和反馈、实验性探索、反思结果并讨论等。Argote（2001）等认为团队学习是团队成员获取知识、分享知识并在此基础上整合各自行为的过程。Gibson 等认为对知识进行实验性探索，团队成员不断反思与沟通并进行有效整合，将所学知识编码化和具体化是团队学习行为的主要内容。Ellis 等认为团队学习是团队层面知识、技能和行为相对持久性的变化，变化产生的主要动力是团队成员间的经验分享。Wong 认为群体学习是一种过程，如深度会谈、群体反思和头脑风暴等。

基于以上分析，本书将高管团队的持续学习和创新能力划分为获取知识的能力、内部共享能力、反思能力及将新知识用于实践的能力。

① 获取知识的能力。指高管团队能够根据企业发展需要持续的辨识、获取和吸收外部知识的能力。

② 内部共享能力。指高管团队成员获取的知识能够通过内部沟通讨论等多种方式快速地推广到整个团队，为整个高管团队所共享并影响高管团队成员行为的能力。转型期煤炭企业面临着高不确定性的外部环境，面对着高复杂性的决策问题，决策者在制定决策时必须以足够多的多元化信息和异质性的信息为基础进行，高管团队决策的质量和效率优于高管个人的关键是成员之间能否真正地共享资源与信息，并对不同观点和方案进行坦诚沟通、讨论与合作，最终形成协调统一的行为。

③ 反思能力。指煤炭企业高管团队在总结经验和教训的基础上，学习新知识，并对企业现行模式持续深入的思考，归纳形成规律和知识的能力。

④ 将新知识用于实践的能力。指高管团队在知识获取、内部共享、反思过去的基础上，将新知识用于企业管理与运营实践的能力。用于实践是高管团队学习的最后环节，是高管团队及其影响下企业行为的相对持久的改变。

综上所述，转型期煤炭企业高管团队能力结构如表3.1所示。

表3.1　　转型期煤炭企业高管团队能力结构

一级指标	二级指标
转型文化重塑能力（CC）	经营理念重塑能力
	认知与行为领导能力
转型战略规划能力（SC）	转型环境识别能力
	转型战略制定能力
	转型战略调整能力
资源整合能力（RC）	资源选择能力
	资源配置能力
管理控制与创新能力（MC）	结构控制与创新能力
	制度控制与创新能力
持续学习能力（LC）	知识获取能力
	内部共享能力
	反思能力
	知识运用能力

3.2 大型煤炭企业高管团队能力结构检验

3.2.1　问卷设计

本部分基于问卷调查，调查受访者对能力要素重要性程度的认识，基于此对能力结构进行检验，并建立高管团队能力测度的指标体系。

在前面转型期煤炭企业高管团队能力结构分析的基础上，通过理论分析、课题组人员间的讨论及对专家的访谈确定了对每个能力要素的测量项目，如表3.2所示。

表 3.2　　能力测量项目的初步设置

一级指标	二级指标	测量项目
转型文化重塑能力（CC）	经营理念重塑能力	CC1 对“转方式，调结构”的重视程度
		CC2 对环境保护的重视程度
		CC3 注重资源节约
		CC4 对技术创新的重视程度
		CC5 对员工健康与安全的重视程度
	认知与行为领导能力	CC6 高管团队成员是“转方式，调结构”的践行者
		CC7 高管团队在“转方式，调结构”方面的言行为员工树立了良好榜样
		CC8“转方式，调结构”已经融入煤炭企业文化中
转型战略规划能力（SC）	转型环境识别能力	SC1 能对煤炭企业转型面临的外部环境做出准确判断
		SC2 能清楚地认识与准确的判断企业内部资源与能力状况
		SC3 能够准确识别煤炭企业转型面临的机会与威胁
	转型战略制定能力	SC4 能清晰地规划煤炭企业转变发展方式的目标，并有相应的战略规划与安排
		SC5 对煤炭企业产业结构调整优化，有清晰的目标与战略安排
		SC6 能把战略目标分解为阶段性目标，长期目标分解为短期目标
	战略调整能力	SC7 能及时调整转型战略，以应对环境变化
资源整合能力（RC）	资源选择能力	RC1 在资源选择时能进行准确的产业定位、业务及产品定位
		RC2 煤炭资源储备情况
		RC3 人才储备状况
	资源配置能力	RC4 能够坚持根据转型目标配置人力、物力、财力资源
		RC5 企业从外部获取资源的能力（采用兼并、重组或联盟等方式）
		RC6 能使煤炭企业保持合理的资源结构
		RC7 能使煤炭企业获得高的资源配置效率
管理控制与创新能力（MC）	结构控制与创新能力	MC1 企业现有组织结构、部门、科室及岗位设置能保证转型目标的实现
		MC2 能够调整组织结构，以实现对转型战略的支持
	制度控制与创新能力	MC3 现有制度体系能够保障煤炭企业实现盈利目标
		MC4 煤炭企业有完善的安全制度保障体系
		MC5 煤炭企业有完善的节能减排与环保制度保障体系
		MC6 煤炭企业有完善的技术创新制度保障体系
		MC7 能根据战略的变化调整制度体系，如对绩效考核制度的修改等
		MC8 激励机制能使广大员工积极参与到“转方式，调结构”中
		MC9 高管团队能够通过设计新的制度来创新性的促进企业“转方式，调结构”

续表

一级指标	二级指标	测量项目
持续学习能力（LC）	获取知识能力	LC1 本团队能够通过积极主动地学习最新的管理知识和行业知识来促进煤炭企业转型
	内部共享能力	LC2 本团队能够积极分享转型知识与经验
		LC3 团队成员的个人观点和知识能够快速在团队内共享
	反思能力	LC4 本团队善于对以前的企业转型工作进行反思，总结出经验或教训
	知识运用能力	LC5 本团队善于在企业转型实践中运用新知识

基于表 3.2 设计了预测试问卷（见附录表 A.1）。每个测量题目按李克特五点计分，“1、2、3、4、5”表示各能力测项对煤炭企业转型的重要性程度，分别代表“非常不重要、不太重要、一般重要、比较重要和非常重要”。考虑到问卷回收后，需对问卷进行效度与信度分析。而在信度分析时，用于衡量信度的 Cronbach 一致性系数（α 系数）与量表题目数量有关。如果量表含 10 个左右的题目，Cronbach 一致性系数应能达到 0.8 以上。若题目增加，Cronbach 一致性系数会随之升高，当题目数量超过 20 时，Cronbach 一致性系数会较容易地升至 0.9。若量表题目数减少，Cronbach 一致性系数会降低。含 4 个题目的量表，Cronbach 一致性系数可能会低于 0.6 或 0.5。因此，当测量维度下面设的问题项数太少时，Cronbach 一致性系数会很小，不容易判断该量表的信度系数是否可以被接受。因此，本书在设计调查量表时，尽量使被测量的每个维度题目数多于 4 个。

3.2.2 预测试及信效度分析

首先对问卷进行预测试，以判断问卷的信度与效度情况，以便进一步修改完善形成最终的调查问卷。预测试调查对象主要包括熟悉煤炭企业，并与煤炭企业有合作科研项目的学校教师与学者，还有一部分是煤炭企业的中高层管理者。问卷调查采取访谈、电子邮件、电话调查等形式，共发放问卷 120 份，回收 107 份，剔除不完整问卷及明显区别度低的不合格问卷，剩余有效问卷 96 份，问卷回收率为 89.2%，有效率为 80%。

（1）信度分析。

有多种信度分析的方法，本书采用Alpha信度系数法，主要用于判断量表的内在信度，即量表中各题项得分间的一致性。该方法适用于态度、意见式问卷（量表）的信度分析。

通常，信度系数在0～1之间，系数越大说明该变量的各题项相关性越大，即内部一致性程度越高。本书运用Cronbach's α系数分析问卷信度，一般地，若Cronbach's α大于0.7为高信度（Peterson，1994），低于0.35为低信度（Cuieford，1965），0.5为最低可以接受的信度水平（Nunnally，1978）。问卷的α系数大于0.8时才具有使用价值，当达到0.85以上时，说明问卷信度良好。

预测试问卷回收后，本书运用SPSS软件对问卷的信度情况进行分析，其计算结果如表3.3所示。

表3.3　信度结果分析

维度	Item	Corrected Item-Total Correlation	Cronbach's α if Item Deleted	N of Item	Cronbach's α
高管团队综合能力ZH	—	—	—	36	0.923
转型文化重塑能力CC	CC1	0.556	0.778	8	0.843
	CC2	0.667	0.801		
	CC3	0.502	0.821		
	CC4	0.514	0.807		
	CC5	0.676	0.798		
	CC6	0.684	0.765		
	CC7	0.736	0.813		
	CC8	0.574	0.825		
转型战略规划能力SC	SC1	0.554	0.754	7	0.812
	SC2	0.567	0.769		
	SC3	0.645	0.801		
	SC4	0.652	0.758		

续表

维度	Item	Corrected Item-Total Correlation	Cronbach's α if Item Deleted	N of Item	Cronbach's α
转型战略规划能力 SC	SC5	0.498	0.796	7	0.812
	SC6	0.568	0.736		
	SC7	0.709	0.798		
资源整合能力 RC	RC1	0.677	0.869	7	0.854
	RC2	0.569	0.823		
	RC3	0.623	0.819		
	RC4	0.524	0.806		
	RC5	0.715	0.818		
	RC6	0.631	0.870		
	RC7	0.665	0.832		
管理控制与创新能力 MC	MC1	0.715	0.851	9	0.886
	MC2	0.698	0.864		
	MC3	0.701	0.858		
	MC4	0.569	0.849		
	MC5	0.574	0.868		
	MC6	0.605	0.861		
	MC7	0.712	0.899		
	MC8	0.677	0.867		
	MC9	0.754	0.859		
持续学习能力 LC	LC1	0.569	0.865	5	0.897
	LC2	0.538	0.859		
	LC3	0.654	0.912		
	LC4	0.609	0.861		
	LC5	0.716	0.871		

由表 3.3 可见，问卷总体信度为 0.923，大于 0.8，五个能力维度的 Cronbach's α 值分别为 0.843、0.812、0.854、0.886 与 0.897，均大于 0.8，说明从总体上来看，问卷的信度水平较高。但测项 RC1、RC6、MC7 与 LC3 对应的 "Cronbach's Alpha if Item Deleted" 数值均大于其所在维度整体的 Cronbach's α 值，意味着如果删除此四项题目，其所在维度的 Cronbach's α 值将会增大，因此，在进一步修改测项设置时将删掉这四项题目。

删掉RC1、RC6、MC7与LC3后，对问卷信度重新分析，发现问卷总体信度水平提升至0.935，五大能力维度的Cronbach's α值分别为0.843、0.812、0.878、0.893与0.906，其中RC、MC与LC三个维度Cronbach's α值均有所提高，且所有测项对应的“Cronbach's Alpha if Item Deleted”数值均小于其所在维度整体的Cronbach's α值。

（2）问卷的效度分析。

通常用问卷的效度来衡量问卷的有效性，主要反映对问卷系统误差的控制程度。效度越高表示问卷测验的结果代表要测验的行为的真实度越高，越能达到问卷测验目的。评估测量效度的指标主要包括表面效度、内容效度、准则效度和结构效度。

表面效度指研究者通过审视所要测量的变量或者概念，判断问卷题项能否在表面上反映出所要测量的概念或变量。

内容效度衡量的是问卷题项是否反映了被测量概念或变量的所有方面。通常做法是，请别的专家对问卷题项的设置及陈述进行评估，判断其能否反映所要测量概念或变量的所有方面。

本书问卷题目的设置，首先在理论分析的基础上将转型期煤炭企业高管团队能力划分成5个大维度，然后再将各大维度分解成几个小维度，最后再在小维度下面设置测量题目，这样可以较好地确保问卷所设题目能覆盖所要测量概念的所有方面。同时问卷设计完成后，与相关领域的专家、学者就能力维度的划分、问卷题目的设置及陈述进行了深入讨论，并修改多次，能够保证问卷具有较好的内容效度。

准则效度指当用一个量表测量某个变量所得到的结果能与一个仪器测量值比较，或与一个已经被证明有效的、测量同一变量的量表的测量结果相比较，且结果具有较高的一致性，则称所用量表是准则有效的。该处的准则指的是仪器或已经被证明有效的量表。当不存在已被证明有效的量表时，通常不用准则效度来衡量问卷效度。因为，本书是对转型期煤炭企业高管团队能力的研究，在该领域尚无已经被证明有效的测量量表，故本书不用准则效度来衡量问卷效度。

结构效度用于衡量问卷能否反映所测变量的内部结构。测量整个问卷结构效度最理想的方法是因子分析方法。该方法是从量表全部变量（或题项）中提取公因子，每个公因子都与一些特定变量高度相关，量表或问卷的基本结构就由这些公因子代表。因子分析方法可以检验问卷能否测量出问卷设计时假设的某种结构。因子分析方法主要用累积贡献率（cumulative %）、共同度（communality）和因子负荷度（factor loading）三个指标来衡量结构效度。累积贡献率（累积解释变异量）衡量公因子对量表或问卷的累积有效程度；共同度用于衡量由公因子解释原变量的有效程度；因子负荷用于衡量原变量与某个公因子的相关程度。

删除 RC1、RC6、MC7 与 LC3 后，对预测试问卷进行效度分析，首先通过计算 KMO 值并进行 Bartlett's 球形检验，来确定是否适合进行因子分析。KMO 值越大，意味着变量间的共同因素越多，越适合因子分析。专家 Kaiser（1974）认为，若 KMO 的值小于 0.5，不宜进行因子分析。该处的 KMO 值为 0.795，且 Bartlett's 球形检验统计量的显著性水平 P 为 0.000，说明适合进行因子分析。

采用因子分析方法，为了验证理论假设转型期煤炭企业高管团队能力划分成 5 个能力维度，指定提取因子数为 5，结果显示 5 个公因子对总方差的解释累积贡献率为 70.2%，如表 3.4 所示。一般认为，在社会科学领域，累积贡献率达到 60% 以上为佳。旋转后的成分矩阵显示，5 个公因子与原假设的 5 个能力维度基本对应。且各题项指标因子说服力（共同度）皆大于 0.6，说明问卷的整体效度较好，且证明了前面能力维度的划分是合理的。因子分析结果如表 3.4 所示。

表 3.4　　因子分析结果

测项	% of Variance	Cumulative %	component					Communalities
			1	2	3	4	5	
CC5	15.22	15.22	0.884	0.245	0.211	0.124	0.263	0.905
CC2			0.851	0.207	0.132	-0.145	0.124	0.896
CC3			0.823	0.236	0.186	0.325	0.254	0.867
CC4			0.802	0.378	0.114	0.142	0.335	0.912
CC8			0.796	0.235	0.225	0.152	0.245	0.897
CC6			0.672	0.146	-0.004	-0.051	-0.033	0.856
CC7			0.665	-0.032	0.229	0.228	0.254	0.798
CC1			0.625	0.321	0.021	0.365	0.452	0.732

续表

测项	% of Variance	Cumulative %	component					Communalities
			1	2	3	4	5	
SC5	14. 78	30. 00	0. 311	0. 866	-0. 041	0. 246	-0. 016	0. 917
SC7			0. 401	0. 817	0. 403	-0. 072	0. 045	0. 869
SC6			0. 382	0. 794	0. 129	-0. 067	0. 331	0. 857
SC1			0. 381	0. 763	0. 266	0. 091	0. 202	0. 803
SC3			0. 377	0. 750	0. 331	0. 442	0. 335	0. 912
SC2			0. 372	0. 669	0. 123	0. 125	0. 217	0. 816
SC4			0. 311	0. 664	0. 242	0. 356	-0. 002	0. 786
RC4	14. 36	44. 36	0. 069	0. 102	0. 812	0. 147	0. 125	0. 927
RC5			-0. 055	0. 201	0. 786	0. 125	0. 257	0. 804
RC7			0. 361	0. 287	0. 749	0. 356	0. 256	0. 867
RC2			0. 328	0. 112	0. 738	-0. 016	0. 161	0. 845
RC3			0. 124	-0. 142	0. 667	-0. 207	0. 104	0. 779
MC5	13. 59	57. 95	0. 351	0. 223	0. 321	0. 836	0. 335	0. 823
MC8			-0. 147	0. 301	0. 412	0. 821	0. 423	0. 867
MC9			0. 342	0. 371	0. 145	0. 802	-0. 196	0. 856
MC2			0. 452	0. 229	-0. 021	0. 754	0. 334	0. 783
MC3			0. 254	0. 346	0. 446	0. 721	-0. 076	0. 794
MC1			0. 242	0. 157	0. 143	0. 698	0. 237	0. 805
MC4			0. 255	-0. 039	0. 321	0. 654	0. 198	0. 817
MC6			0. 208	0. 304	0. 142	0. 605	-0. 167	0. 781
LC2	12. 25	70. 20	-0. 084	0. 221	0. 174	0. 301	0. 728	0. 844
LC1			0. 211	0. 201	-0. 196	0. 048	0. 701	0. 802
LC4			0. 242	-0. 006	0. 334	0. 406	0. 697	0. 813
LC5			0. 402	0. 213	0. 265	0. 457	0. 646	0. 799

（3）能力结构检验结论及测项修正。

综合信度与效度分析，前面对于能力结构的分析及能力要素的设置整体上是合理的，验证了转型期煤炭企业高管团队能力由五大能力要素构成，分别是转型文化重塑能力、转型战略规划能力、资源整合能力、管理控制与创新能力、持续学习能力。另外，根据信度、效度分析结果，将原来的测项 RC1、RC6、MC7 与 LC3 删除，则得到修正后的正式的能力测量指标体系，如附录表 A. 2 所示。

3.3 小　结

本章结合转型期煤炭企业高管团队面临的关键任务，分析了转型期煤炭企业高管团队需要具备的五大能力要素，包括转型文化重塑能力、转型战略规划能力、资源整合能力、管理控制与创新能力和持续学习能力。并结合企业转型目标实现的战略过程，将五大能力要素归为三大能力板块，从而建立了基于转型目标的“三大板块，五大要素”的大型煤炭企业高管团队能力结构框架。最后通过问卷调查及因子分析方法对能力结构进行了验证，同时本章还形成了正式的能力测量问卷，为第 4 章高管团队能力测度奠定了基础。

第 4 章

基于转型目标的大型煤炭企业高管团队能力测度及分析

本章首先给出转型期大型煤炭企业高管团队能力的测度方法，然后对当前大型煤炭企业高管团队能力进行调查与测度，结合测度结果分析当前大型煤炭企业高管团队的能力状况，并对影响能力的因素进行实证分析。

4.1 大型煤炭企业高管团队能力测度方法

本书采用基于功效系数法的综合指数方法来对煤炭企业高管团队能力进行综合测度。首先计算各测项的个体指数。个体指数的确定通常有标准比值法和功效系数法。标准比值法需要知道行业标准数据，但在本书中，多个指标的行业标准数据没有统计。由于功效系数法以多目标规划原理为基础，能依据评价对象的复杂性，从多个角度进行评价，满足了本书对高管团队能力这个复杂系统的评价，因此本书选用功效系数法确定个体指数。先分别确定各项二级指标的阈值，再计算功效系数，将其作为每个指标的个体指数。

功效系数 d 的计算公式：

$$d_i = \frac{x_i - x_s}{x_h - x_s} \tag{4.1}$$

其中，x_i是指第 i 个企业在某项指标上的得分，x_h 和 x_s 分别为各项指标的满意值和不允许值，即阈值。确定满意值和不允许值时应遵循以下基本原则：

以某项指标可能达到的最佳值为满意值，以该项指标不应出现的最差值为不允许值。若满意值和不允许值的理论值难以确定，有两种简便易行的途径：①以某项指标曾出现的最好值及曾出现的最坏值分别作为满意值和不允许值；②以所有参评对象中某项指标的最大值和最小值分别作为该指标的满意值和不允许值，其中，正指标的满意值是最大值，不允许值是最小值，计算功效系数的公式为：

$$d_i = \frac{x_i - x_{min}}{x_{max} - x_{min}} \tag{4.2}$$

逆指标的满意值是最小值，不允许值是最大值，计算功效系数的公式为：

$$d_i = \frac{x_i - x_{max}}{x_{min} - x_{max}} \tag{4.3}$$

且用方法②计算的功效系数的取值范围在0~1之间。本书采用方法②来计算功效系并作为各测项的个体指数。各测项的个体指数确定后，则可通过层层加权平均法，求出各煤炭企业高管团队能力的综合指数。

对于某一家煤炭企业的高管团队来说，

转型文化重塑能力指数：

$$Z_{CC} = \sum d_{ij}w_{ij}, i = 1, j = 1,2,\cdots,8 \tag{4.4}$$

战略规划能力指数：

$$Z_{SC} = \sum d_{ij}w_{ij}, i = 2, j = 1,2,\cdots,7 \tag{4.5}$$

资源配置能力指数：

$$Z_{RC} = \sum d_{ij}w_{ij}, i = 3, j = 1,2,\cdots,5 \tag{4.6}$$

管理控制与创新能力指数：

$$Z_{MC} = \sum d_{ij}w_{ij}, i = 4, j = 1,2,\cdots,8 \tag{4.7}$$

持续学习能力指数：

$$Z_{LC} = \sum d_{ij}w_{ij}, i = 5, j = 1,2,\cdots,4 \tag{4.8}$$

转型期高管团队综合能力指数：

$$Z = \sum \left(\sum d_{ij}w_{ij}\right)w_i \tag{4.9}$$

其中 d_{ij} 对应该企业在指标 I_{ij} 上的个体指数，权重 w_{ij}、w_i 的确定采用问卷调查方法，问卷测项如附录 2 所示，由被调查者回答各测项对煤炭企业转型的重要性程度，“1、2、3、4、5”分别代表“非常不重要、不太重要、一般重要、比较重要和非常重要”。

问卷调查对象主要包括三类：一是熟悉煤炭企业经营情况的煤炭企业员工，包括高管团队成员及中层管理者。调查的企业主要包括兖矿集团、新汶矿业集团、新方矿业集团、临矿集团、济宁矿业集团及其下属单位，发放问卷共 180 份。二是对煤炭企业有深入了解的专家学者，主要分布于各大高校，包括山东科技大学、中国矿业大学、上海交通大学的教师及博士生等，发放问卷共 100 份。三是煤炭行业的管理部门，主要是山东省煤炭工业协会，发放问卷 20 份。

问卷采用现场发放、电子邮件、电话访问等方式，共发放 300 份，回收 248 份，剔除无效问卷，实际有效问卷共计 236 份，问卷有效回收率为 78.7%。

根据问卷数据，求得各题项的重要性程度的平均值，再将同一维度下的各指标均值进行归一化处理，得出各层指标的权重数值，如表 4.1 所示。

表 4.1　　高管团队能力测项及各测项均值、权重

能力维度	均值	权重	测　项	均值	权重	最终权重
转型文化重塑能力 CC	4.85	0.199	CC1 对“转方式，调结构”的重视程度	4.70	0.124	0.025
			CC2 对环境保护的重视程度	4.72	0.125	0.025
			CC3 注重资源节约	4.72	0.125	0.025
			CC4 对技术创新的重视程度	4.74	0.125	0.025
			CC5 对员工健康与安全的重视程度	4.74	0.125	0.025
			CC6 高管团队成员是“转方式，调结构”的践行者	4.72	0.125	0.025
			CC7 高管团队将自身言行作为员工榜样，积极践行“转方式，调结构”理念	4.72	0.125	0.025
			CC8“转方式，调结构”已融入煤炭企业文化中	4.75	0.126	0.025

续表

能力维度	均值	权重	测项	均值	权重	最终权重
转型战略规划能力SC	4.92	0.202	SC1 能对煤炭企业转型面临的外部环境做出准确判断	4.72	0.142	0.029
			SC2 能清楚地认识与准确的判断企业内部资源与能力状况	4.75	0.143	0.029
			SC3 能够准确识别煤炭企业转型面临的机会与威胁	4.65	0.140	0.028
			SC4 能清晰的规划煤炭企业转变发展方式的目标，并有相应的战略规划与安排	4.84	0.145	0.029
			SC5 对产业结构优化有清晰的目标与战略安排	4.88	0.146	0.029
			SC6 能把战略目标分解为阶段性目标，长期目标分解为短期目标	4.75	0.143	0.029
			SC7 能及时调整转型战略，以应对环境变化	4.73	0.142	0.029
资源整合能力RC	4.87	0.200	RC1 煤炭资源储备情况	4.91	0.206	0.041
			RC2 人才储备状况	4.82	0.202	0.040
			RC3 能够根据转型目标配置人力、物力、财力资源	4.78	0.200	0.040
			RC4 企业从外部获取资源的能力（采用兼并、重组或联盟等方式）	4.69	0.197	0.039
			RC5 能使煤炭企业获得高的资源配置效率	4.65	0.195	0.039
管理控制与创新能力MC	4.88	0.200	MC1 企业现有组织结构、部门、科室及岗位设置能保证转型目标的实现	4.71	0.122	0.024
			MC2 能够调整组织结构，以实现对转型战略的支持	4.75	0.123	0.025
			MC3 现有制度体系能够保障煤炭企业发展方式转型的同时实现盈利目标	4.85	0.126	0.025
			MC4 煤炭企业有完善的安全制度保障体系	4.85	0.126	0.025
			MC5 煤炭企业有完善的节能减排与环保制度保障体系	4.85	0.126	0.025
			MC6 煤炭企业有完善的技术创新制度保障体系	4.85	0.126	0.025
			MC7 激励机制能够使广大员工积极参与到“转方式，调结构”中	4.83	0.125	0.025
			MC8 能通过制度创新来促进企业“转方式，调结构”	4.86	0.126	0.025

续表

能力维度	均值	权重	测　　项	均值	权重	最终权重
持续学习能力 LC	4.90	0.201	LC1 本团队能够通过积极主动地学习最新管理知识和行业知识来促进煤炭企业转型	4.88	0.252	0.051
			LC2 本团队能够积极分享转型知识与经验	4.85	0.251	0.050
			LC3 本团队善于对以前的企业转型工作进行反思，总结经验和教训	4.76	0.246	0.049
			LC4 本团队善于在企业转型实践中运用新知识	4.84	0.250	0.050

4.2 大型煤炭企业高管团队能力状况调查与分析

4.2.1 能力状况调查

（1）指标选取及数据获取途径。

在对高管团队能力状况进行调查时，遵循客观指标与主观调查数据相结合的方式，并尽量地增加客观指标，以提高测度的客观性和准确性。能力测项、指标选取及数据获取途径如表 4.2 所示。

表 4.2　转型期大型煤炭企业高管团队能力测项、衡量指标及数据获取

指标	测量项目、衡量指标及数据获取
煤炭企业转型文化重塑能力（CC）	CC1 对“转方式，调结构”的重视程度，问卷调查打分
	CC2 对环境保护的重视程度，度量指标：单位产量的环保投入资金（环境保护投入/总产量），获取途径：公司年报
	CC3 注重资源节约，由研究者打分，打分原则如下：企业未对煤炭资源回收状况进行披露，0 分；企业对煤炭资源回收状况进行了简单的定性披露，1 分；企业对煤炭资源回收状况进行了比较详细和具体的定性披露，包括比较详细地介绍了提升煤炭资源回收率的措施的，2 分；企业对煤炭资源回收状况进行了定量的披露，3 分；在披露了资源回收率数据的企业中，如果资源回收率排名处于前 1/2 的位置，则 4 分

续表

指标	测量项目、衡量指标及数据获取
煤炭企业转型文化重塑能力（CC）	CC4 对技术创新的重视程度，度量指标：单位产量的技术创新投入资金（技术创新投入/总产量），获取途径：公司年报，在 2008～2011 年，部分企业未公布技术创新投入数据，则用其他样本企业相应年份的平均值代替；部分企业只披露了个别年份数据，则用其披露数据的平均值代替其未披露年份的数据
	CC5 对员工健康与安全的重视程度，度量指标：单位产量的安全投入（安全投入/总产量），获取途径：公司年报，未披露相关数据的就用其他样本企业均值替代
	CC6 高管团队成员是“转方式，调结构”的践行者，问卷调查打分
	CC7 高管团队将自身言行作为员工榜样，积极践行“转方式，调结构”理念，问卷调查打分
	CC8“转方式，调结构”已经融入煤炭企业文化中，问卷调查打分
转型战略规划能力（SC）	SC1 能对煤炭企业转型面临的外部环境做出准确判断，问卷调查打分
	SC2 能清楚地认识与准确的判断企业内部资源与能力状况，问卷调查打分
	SC3 能够准确识别煤炭企业转型面临的机会与威胁，问卷调查打分
	SC4 能清晰的规划煤炭企业转变发展方式的目标，并有相应的战略规划与安排，问卷调查打分
	SC5 对煤炭企业产业结构的调整与优化有清晰的目标与战略安排，问卷调查打分
	SC6 能把战略目标分解为阶段性目标，长期目标分解为短期目标，问卷调查打分
	SC7 能及时调整转型战略，以应对环境变化，问卷调查打分
资源整合能力（RC）	RC1 煤炭资源储备情况，度量指标：单位资产对应的煤炭可采储量（煤炭可采储量/总资产），显示煤炭企业的依托资源－煤炭资源的储备情况，获取途径：公司年报
	RC2 人才储备状况，度量指标：本科生及以上学历员工数所占比例，（最初拟用“研究生及以上学历职工数所占比例”来衡量企业对高知识型员工的储备情况，但经过数据搜集发现，很多企业未披露该数据且披露的企业该数据也很小，故改用“本科生及以上学历职工数所占比例”），获取途径：公司年报
	RC3 能够坚持根据转型目标配置人力、物力、财力资源，问卷调查打分
	RC4 企业从外部获取资源的能力（采用兼并、重组或联盟等方式），用“企业并购、联盟次数”来衡量，海外并购由于文化、国情、政策、法律、资源状况等方面的差异使并购难度加大，因此，如果煤炭企业进行了 1 次海外并购或联盟，则将其视为 3 次省内并购。同理，若煤炭企业进行了国内省外并购，将其视为 2 次省内并购。该数据在煤炭企业年报的“重大事项”中有披露
	RC5 能使煤炭企业获得高的资源配置效率，用“总资产收益率（净利润/平均资产总额）”与“全员劳动生产率（净利润/平均员工总人数）”两个指标来衡量，获取途径：公司年报

续表

指标	测量项目、衡量指标及数据获取
管理控制与创新能力（MC）	MC1 企业现有组织结构、部门、科室及岗位设置能保证转型目标的实现，问卷调查打分
	MC2 能够调整组织结构，以实现对转型战略的支持，问卷调查打分
	MC3 现有制度体系能够保障煤炭企业发展方式转型的同时实现盈利目标，问卷调查打分
	MC4 煤炭企业有完善的安全制度保障体系，问卷调查打分
	MC5 煤炭企业有完善的节能减排与环保制度保障体系，问卷调查打分
	MC6 煤炭企业有完善的技术创新制度保障体系，问卷调查打分
	MC7 激励机制能够使广大员工积极参与到“转方式，调结构”中，问卷调查打分
	MC8 高管团队能够设立新的制度来创新性的促进企业“转方式，调结构”，问卷调查打分
持续学习能力（LC）	LC1 本团队能够通过积极主动地学习最新的管理知识和行业知识来促进煤炭企业转型，问卷调查打分
	LC2 本团队能够积极分享转型知识与经验，问卷调查打分
	LC3 本团队善于对以前的企业转型工作进行反思，总结经验和教训，问卷调查打分
	LC4 本团队善于在企业转型实践中运用新知识，问卷调查打分

调查实施时，将表 4.2 拆成两个，见附录表 A.3 与表 A.4。其中附录表 A.3 的数据由研究者通过查阅公司年报、社会责任报告及公司网站等来搜集客观数据或判断打分。附录表 A.4 做成问卷，由被调查者根据自己所了解的企业高管团队的能力情况来打分，按照李克特（Likert）五点量表计分。1 ~ 5 能力大小依次递增，1、2、3、4、5 分别代表“非常不好”“不太好”“一般好”“比较好”“非常好”。

（2）样本筛选及问卷发放。

当前中国 A 股上市公司中有 36 家煤炭企业，为了有可比性，我们选择了主营业务为煤炭开采的煤炭企业作为研究样本。爱使股份虽涉及煤炭开采，但主营业务为计算机软硬件的技术开发、计算机网络系统工程等，因此从样本中删除。昊华能源 2010 年 3 月上市，可获得数据较少，因此从样本中删除。山煤国际 2009 年才以煤炭作为主营业务上市，之前主要经营精细化工、医药农药、机械制造等，数据较少，予以剔除。美锦能源主营业务为煤炭加工洗选及销售，四川圣达、山西焦化主营业务为焦炭及相关化工产品的生产及销售，新大洲A主营业务为摩托车工业村开发、摩托车及发动机配件的生产经营等，永泰能源主营业务为煤矿及其他矿山投资、电厂投资、新能源开发与投资等，黑化股份主营业务为生产销售焦炭、合成氨、尿素等化工产品，青海贤成矿业主营业务为矿产资源、天然气、水泥、水电、火电资源的投资与开发，安源煤业主营业务除了煤炭采掘销售外，还有非相关多元化业务浮法玻璃生产、玻璃深加工及客车制造等，因此，将其剔除。山西安泰集团主营业务为煤炭洗选、焦炭、生铁、水泥及其制品、电力的生产与销售，青海金瑞矿业主营业务为锶系列产品的研究、生产、开发、加工、销售和铸造产品的生产销售。运煤能源主营业务为焦炭、焦炉煤气、煤焦油深加工和苯加氢深加工等产品，大有能源原是南京新网视讯科技股份有限公司，于2010年与煤炭企业进行了重大资产重组，数据有限，予以剔除。因此，本书所选样本如表4.3所示，通过比对国家统计局（国统字［2011］75号）对大型企业的规定，本书所选21家上市煤炭企业2008～2011年皆符合大企业标准。

表4.3　　样本企业及基本信息

编号	公司简称	股票代码	煤炭企业全称	注册地
1	中国神华	601088	中国神华能源股份有限公司	北京
2	兖州煤业	600188	兖州煤业股份有限公司	山东
3	中煤能源	601898	中国中煤能源股份有限公司	北京
4	冀中能源	000937	冀中能源股份有限公司	河北
5	西山煤电	000983	山西西山煤电股份有限公司	山西
6	璐安环能	601699	山西潞安环保能源开发股份有限公司	山西
7	平煤股份	601666	平顶山天安煤业股份有限公司	河南
8	神火股份	000933	河南神火煤电股份有限公司	河南
9	阳泉煤业	600348	阳泉煤业（集团）股份有限公司	山西
10	开滦股份	600997	开滦能源化工股份有限公司	河北
11	国投新集	601918	国投新集能源股份有限公司	安徽
12	大同煤业	601001	大同煤业股份有限公司	山西

续表

编号	公司简称	股票代码	煤炭企业全称	注册地
13	兰花科创	600123	山西兰花科技创业股份有限公司	山西
14	恒源煤电	600971	安徽恒源煤电股份有限公司	安徽
15	盘江股份	600395	贵州盘江精煤股份有限公司	贵州
16	上海能源	600508	上海大屯能源股份有限公司	上海
17	露天煤业	002128	内蒙古霍林河露天煤业股份有限公司	内蒙古
18	煤气化	000968	太原煤气化股份有限公司	山西
19	郑州煤电	600121	郑州煤电股份有限公司	河南
20	平庄能源	000780	内蒙古平庄能源股份有限公司	内蒙古
21	靖远煤电	000552	甘肃靖远煤电股份有限公司	甘肃

本书向样本企业及其相关单位发放问卷（对应附录表 A.4）共 105 份，每个公司发放问卷 5 份，由了解情况的中高层管理者填写；个别企业由了解其情况的其他企业的中高层管理者或煤炭行业协会的人员代为填写。附录表 A.3，由研究者搜集各样本企业的公司年报、社会责任报告及公司网站等客观数据，并进行计算填写。

4.2.2　能力状况的描述性统计分析

（1）基于附录表 A.3 的描述性统计分析。

根据数据搜集和计算完毕的附录表 A.3，得出各测项的相关描述性统计指标，如表 4.4 所示。

表 4.4　　基于附录表 A.3 的能力状况的描述性统计指标

编号	题项	衡量指标	指标	2011 年	2010 年	2009 年	2008 年
1	CC2 注重环境保护	吨煤环保投入（元/吨）	均值	7.440	6.240	6.640	8.230
			标准差	6.650	3.530	3.670	4.920
			变异系数	0.894	0.565	0.553	0.598
2	CC3 注重资源节约	资源回收状况（分）	均值	2.714	2.619	2.286	2.286
			标准差	0.857	0.794	0.776	0.776
			变异系数	0.316	0.303	0.339	0.339

续表

编号	题项	衡量指标	指标	2011 年	2010 年	2009 年	2008 年
3	CC4 注重技术创新	单位产量科技投入（元/吨）	均值	13.560	备注：由于数据缺失较多，先根据已有数据计算每个公司四年期间的平均值，再计算所有公司的平均值、标准差及变异系数		
			标准差	10.490			
			变异系数	0.774			
4	CC5 注重员工健康与安全	吨煤安全投入（元/吨）	均值	23.700	21.860	19.930	18.870
			标准差	12.570	11.600	11.000	9.240
			变异系数	0.530	0.531	0.552	0.490
5	RC1 能根据战略规划提前进行煤炭资源储备	万元资产煤炭可采储量（吨/万元）	均值	909.520	备注：由于数据缺失较多，先根据已有数据计算每个公司四年期间的平均值，再计算所有公司的平均值、标准差及变异系数		
			标准差	680.580			
			变异系数	0.748			
6	RC2 能根据战略规划提前进行知识型员工的储备	本科及以上学历职工数所占比例	均值	9.04%	7.95%	7.20%	6.08%
			标准差	4.67%	4.41%	3.91%	3.23%
			变异系数	0.517	0.555	0.543	0.532
7	RC4 能够采取购买、联盟或重组等方式从企业外部获取所需资源	企业并购、联盟次数	均值	1.950	1.620	1.790	0.830
			标准差	2.360	2.350	1.140	1.070
			变异系数	1.209	1.451	0.638	1.280
8	RC5 能使煤炭企业获得高的资源配置效率	总资产收益率	均值	10.21%	10.66%	10.28%	16.19%
			标准差	3.53%	3.53%	3.83%	5.27%
			变异系数	0.346	0.332	0.373	0.325
		全员劳动生产率（万元/人）	均值	11.080	10.360	8.210	9.660
			标准差	8.460	8.750	6.670	6.280
			变异系数	0.764	0.844	0.812	0.649

针对测项 CC2，其衡量指标为吨煤环保投入，2009 年比 2008 年有显著降低，2010 年继续减少，到 2011 年开始回升。主要原因可能是 2008 年金融危机带来的宏观经济疲软，导致盈利状况降低，所以在环保投入方面降低了力度。吨煤环保投入的变异系数在 2011 年为 0.894，意味着各煤炭企业高管团队在环境保护方面的投入与意识差异较大。测项 CC3 显示，资源回收利用状况越来越好，说明煤炭企业高管团队资源节约意识与能力逐年增强；测项 CC4 显示 4 年间不同煤炭企

业的单位产量科技投入均值与变异系数分别为：13.56 元/吨、0.774，反映出不同企业间高管团队对技术创新的重视程度及投入能力有较大差异；测项 CC5 显示，虽然 2008～2010 年宏观经济不景气，煤炭企业收入状况不佳，但吨煤安全投入不断增加，突出了煤炭企业高管团队对安全的重视；测项 RC1 的衡量指标是万元资产煤炭可采储量，4 年间的均值与标准差分别为 909.52 吨/万元及 680.58 吨/万元，说明不同企业间差异很大，也突出了煤炭企业高管团队间的资源储备意识及战略高度的差距。测项 RC2 显示本科及以上学历员工数所占比例不断提高，2008 年对应的数据为 6.08%，2011 年对应的数据为 9.04%，说明煤炭企业员工素质不断提高，煤炭企业高管团队越来越看重人才储备问题；测项 RC4 显示企业并购、联盟行为日益频繁，但不同企业间差异极大，变异系数在 2011 年达 1.2，反映出煤炭企业高管团队间的外部资源整合意识与能力有很大差异；测项 RC5 对应两个指标，第一个指标是总资产收益率，该指标不断降低，结合第二个指标全员劳动生产率分析，主要原因应该是宏观经济形势不佳；第二个指标是全员劳动生产率，总体来看不断提高，说明煤炭企业经营效率越来越高。

（2）基于附录表 A.4 的统计分析。

问卷回收后，剔除无效问卷，每个样本企业保证至少有 3 份有效问卷，若不满足要求，则重新联系相关人员，采用电子邮件、电话调查等方式补充填写。最终回收有效问卷为 89 份，其中 61% 为样本企业高层管理者填写，30% 为样本企业中层管理者填写，9% 为煤炭行业协会人员及其他煤炭企业人员填写。

为反映各能力测项的情况，计算了 4 年间 21 家企业各测项的平均值，其中 2011 年的数据如表 4.5 所示。

表 4.5　　2011 年平均分值排序情况

分值排序	测　项	2011 年平均分值
1	MC4 煤炭企业有完善的安全制度保障体系	4.62
2	MC6 煤炭企业有完善的技术创新制度保障体系	4.60
3	MC5 煤炭企业有完善的节能减排与环保制度保障体系	4.43
4	LC1 本团队能够积极主动地学习最新的管理知识和行业知识	4.42
5	LC4 本团队善于在企业转型实践中运用新知识	4.40

续表

分值排序	测　　项	2011 年平均分值
6	CC1 对“转方式，调结构”的重视程度	4.37
7	LC3 本团队善于对以前的企业转型工作进行反思，总结出经验或教训	4.20
8	LC2 本团队能够积极分享转型知识与经验	4.18
9	SC6 能把战略目标分解为阶段性目标，长期目标分解为短期目标	4.10
10	MC3 现有制度体系能够保障煤炭企业发展方式转型的同时实现盈利目标	4.10
11	MC7 激励机制能够使广大员工积极参与到“转方式，调结构”中	4.10
12	SC2 能清楚地认识与准确的判断企业内部资源与能力状况	4.05
13	MC8 高管团队能运用新制度来创新性的促进煤炭企业“转方式，调结构”	4.05
14	SC4 能够准确识别煤炭企业转型面临的机会与威胁	4.01
15	RC3 能够坚持根据转型目标配置人力、物力、财力资源	4.00
16	CC6 高管团队成员是“转方式，调结构”的践行者	3.90
17	SC1 能对煤炭企业转型面临的外部环境做出准确判断	3.89
18	CC7 高管团队将自身言行作为员工榜样，积极践行“转方式，调结构”理念	3.88
19	MC1 企业现有组织结构、部门、科室及岗位设置能保证转型目标的实现	3.80
20	SC5 对煤炭企业转变发展方式有清晰的目标和战略安排	3.76
21	SC7 能及时调整转型战略，以应对环境变化	3.65
22	SC8 能根据企业内外部环境的变化做出战略调整	3.64
23	MC2 能够调整组织结构，以实现对转型战略的支持	3.61
24	CC8“转方式，调结构”已经融入煤炭企业文化中	3.50

在表4.5中，按分值高低，排在最前面的5个题项中包含3个MC（管理控制与创新能力）方面的测项，显示在当前转型期上市煤炭企业高管团队在安全管理、技术创新、环境保护与治理方面的能力比较突出。在得分最高的前5位的题项中，有两项是LC（持续学习能力）方面的测项，反映当前转型期上市煤炭企业高管团队积极学习转型知识，并积极应用，以谋求企业顺利转型。排在第6位的是CC（转型文化重塑能力）方面的题项，反映出当前上市煤炭企业很重视发展方式的转变以及产业结构调整问题。

按照分值排在最后面的 6 个题项包含 SC（转型战略规划能力）的 4 个题项，反映出煤炭企业高管团队对企业转型具体目标的设定、转型战略规划与安排、阶段性战略分解及安排以及战略调整方面的表现较弱，这也进一步印证了深入访谈时得出的结论。

得分排在后 6 位的还包括管理控制与创新能力方面的 2 个题项，两者皆显示转型期上市煤炭企业高管团队通过组织结构调整来促使企业转型的能力较弱。排在后 6 位的还包括转型文化重塑能力方面的 1 个题项，显示虽然煤炭企业高管团队对“转方式，调结构”重视程度不断增强，但“转方式，调结构”与煤炭企业文化的深入融合还有较大距离。

为了了解各个能力测项在 4 年间的增长情况，计算了几何增长率，作为年平均增长率，如表 4.6 所示。

表 4.6　　　　各能力测项得分的年均增长率

排序	测　　项	年均增长率（%）
1	MC7 激励机制能够使广大员工积极参与到“转方式，调结构”中	5.58
2	SC5 对煤炭企业转变发展方式有清晰的目标和战略安排	4.94
3	CC8“转方式，调结构”已经融入煤炭企业文化中	4.81
4	SC6 对煤炭企业产业结构的调整与优化，有清晰的目标与战略安排	3.30
5	MC2 能够调整组织结构，以实现对转型战略的支持	3.06
6	CC1 对“转方式，调结构”的重视程度	2.82
7	CC6 高管团队成员是“转方式，调结构”的践行者	2.74
8	MC5 煤炭企业有完善的节能减排与环保制度保障体系	2.52
9	MC8 高管团队能运用新的制度来创新性的促进煤炭企业“转方式，调结构”	2.15
10	CC7 高管团队将自身言行作为员工榜样，积极践行“转方式，调结构”理念	2.10
11	SC4 能够准确识别煤炭企业转型面临的机会与威胁	1.89
12	SC7 能把战略目标分解为阶段性目标，长期目标分解为短期目标	1.79
13	MC4 煤炭企业有完善的安全制度保障体系	1.52
14	SC2 能清楚地认识与准确的判断企业内部资源与能力状况	1.47
15	MC3 现有制度体系能够保障煤炭企业发展方式转型的同时实现盈利目标	1.19

续表

排序	测　　项	年均增长率（%）
16	SC1 能对煤炭企业转型面临的外部环境做出准确判断	1.12
17	LC2 本团队能够积极分享转型知识与经验	1.04
18	SC8 能及时调整转型战略，以应对环境变化	0.84
19	LC4 本团队善于在企业转型实践中运用新知识	0.81
20	RC3 能够坚持根据转型目标配置人力、物力、财力资源	0.70
21	MC6 煤炭企业有完善的技术创新制度保障体系	0.66
22	LC1 本团队能够积极主动地学习最新的管理知识和行业知识	0.46
23	MC1 企业现有组织结构、部门、科室及岗位设置能保证转型目标的实现	0.33
24	LC3 本团队善于对以前的企业转型工作进行反思，总结出经验或教训	0.06

由表 4.6 可知，年均增长率排在前 10 位的包括管理控制与创新能力方面的 4 个题项，显示 4 年间上市煤炭企业高管团队通过设计有效制度来促进节能减排与环保、产业结构调整与发展方式转型的能力及通过设立有效的激励机制促使员工在安全管理、环境保护、技术创新方面表现出积极行为的能力增长较快。年均增长率排在前 10 位的还包括转型文化重塑能力方面的 4 个测项，说明上市煤炭企业高管团队重塑有利于企业“转方式，调结构”的企业文化的能力增长较快。年均增长率排在前 10 位的还包括转型战略规划能力方面的 2 个测项，意味着上市煤炭企业高管团队的转型战略规划能力增长较快。

由前面两个表的对比可以发现，虽然煤炭企业高管团队转型战略规划能力、转型文化重塑能力、管理控制与创新能力的多个测项得分较低，但其增长趋势良好。

4.3 大型煤炭企业高管团队能力测度结果分析

本部分采用基于功效系数法的综合指数测度方法，得出 21 家上市煤炭企业高管团队能力指数及各维度能力指数如表 4.7 所示。

表 4.7　　2008～2011 年各上市煤炭企业高管团队能力指数及其排序

编号	企业	年度	CC 指数/排序		SC 指数/排序		RC 指数/排序		MC 指数/排序		LC 指数/排序		ZH 指数/排序	
1	中国神华	2011	0.691	5	0.672	1	0.581	1	0.702	2	0.666	2	0.663	1
		2010	0.666	5	0.667	1	0.577	2	0.712	2	0.681	1	0.661	1
		2009	0.591	5	0.624	4	0.566	1	0.720	1	0.672	2	0.635	2
		2008	0.684	5	0.635	4	0.553	1	0.710	2	0.563	4	0.629	3
2	兖州煤业	2011	0.604	7	0.606	3	0.540	2	0.690	5	0.682	1	0.625	2
		2010	0.576	8	0.605	3	0.450	4	0.720	1	0.631	3	0.597	4
		2009	0.485	10	0.648	2	0.495	4	0.720	1	0.648	3	0.600	4
		2008	0.492	10	0.672	1	0.510	4	0.720	1	0.574	2	0.594	4
3	中煤能源	2011	0.774	2	0.619	2	0.389	5	0.708	1	0.617	4	0.622	3
		2010	0.757	2	0.627	2	0.359	6	0.708	3	0.615	4	0.614	2
		2009	0.753	2	0.672	1	0.555	3	0.708	3	0.631	4	0.664	1
		2008	0.694	3	0.672	2	0.516	2	0.709	3	0.574	3	0.634	2
4	冀中能源	2011	0.701	4	0.567	4	0.328	9	0.695	3	0.633	3	0.586	4
		2010	0.808	1	0.582	1	0.255	12	0.695	4	0.665	2	0.602	3
		2009	0.778	1	0.624	3	0.280	15	0.696	4	0.682	1	0.613	3
		2008	0.878	1	0.649	3	0.319	9	0.697	4	0.682	1	0.646	1
5	西山煤电	2011	0.536	9	0.553	6	0.302	10	0.286	10	0.520	6	0.440	8
		2010	0.542	10	0.515	9	0.304	8	0.298	10	0.316	9	0.396	9
		2009	0.573	7	0.492	11	0.367	7	0.305	10	0.307	9	0.409	9
		2008	0.590	7	0.501	11	0.336	8	0.320	10	0.248	8	0.399	9
6	璐安环能	2011	0.736	3	0.553	5	0.455	4	0.484	7	0.536	5	0.553	5
		2010	0.749	4	0.571	5	0.584	1	0.484	7	0.499	5	0.578	5
		2009	0.746	4	0.564	6	0.453	5	0.500	7	0.358	7	0.525	5
		2008	0.689	4	0.547	9	0.416	6	0.514	7	0.326	7	0.499	6
7	平煤股份	2011	0.266	18	0.277	17	0.175	18	0.099	15	0.097	17	0.183	18
		2010	0.282	17	0.325	18	0.167	17	0.050	15	0.083	18	0.182	18
		2009	0.278	16	0.336	16	0.347	8	0.000	19	0.085	16	0.209	18
		2008	0.284	17	0.376	15	0.193	18	0.046	18	0.124	15	0.205	18

续表

编号	企业	年度	CC指数/排序		SC指数/排序		RC指数/排序		MC指数/排序		LC指数/排序		ZH指数/排序	
8	神火股份	2011	0. 413	11	0. 408	12	0. 215	14	0. 248	12	0. 114	15	0. 280	12
		2010	0. 364	13	0. 403	13	0. 214	13	0. 248	12	0. 150	14	0. 276	11
		2009	0. 275	17	0. 432	13	0. 316	13	0. 244	12	0. 119	14	0. 278	12
		2008	0. 303	16	0. 444	13	0. 290	13	0. 229	12	0. 109	17	0. 275	13
9	阳泉煤业	2011	0. 505	10	0. 527	8	0. 193	16	0. 261	11	0. 227	11	0. 343	10
		2010	0. 542	9	0. 538	7	0. 189	16	0. 261	11	0. 216	11	0. 350	10
		2009	0. 499	9	0. 552	7	0. 229	17	0. 268	11	0. 222	11	0. 354	10
		2008	0. 532	9	0. 558	7	0. 227	16	0. 286	11	0. 233	10	0. 368	10
10	开滦股份	2011	0. 233	19	0. 277	18	0. 105	20	0. 000	21	0. 081	19	0. 140	19
		2010	0. 254	19	0. 336	16	0. 111	19	0. 000	21	0. 083	17	0. 157	19
		2009	0. 260	18	0. 336	17	0. 119	20	0. 000	20	0. 051	19	0. 154	20
		2008	0. 254	19	0. 364	16	0. 117	20	0. 034	19	0. 077	19	0. 170	20
11	国投新集	2011	0. 361	12	0. 303	14	0. 269	12	0. 037	16	0. 016	20	0. 197	17
		2010	0. 398	11	0. 358	14	0. 285	11	0. 000	20	0. 000	20	0. 208	17
		2009	0. 407	11	0. 384	14	0. 336	10	0. 000	18	0. 000	20	0. 225	16
		2008	0. 406	11	0. 421	14	0. 289	14	0. 023	20	0. 046	20	0. 237	16
12	大同煤业	2011	0. 315	13	0. 237	20	0. 107	19	0. 012	20	0. 000	21	0. 134	20
		2010	0. 353	14	0. 280	20	0. 103	20	0. 012	19	0. 000	21	0. 150	20
		2009	0. 309	14	0. 288	20	0. 162	19	0. 024	16	0. 000	21	0. 157	19
		2008	0. 328	14	0. 330	20	0. 201	17	0. 057	15	0. 000	21	0. 183	19
13	兰花科创	2011	0. 679	6	0. 474	10	0. 353	7	0. 695	4	0. 325	8	0. 505	7
		2010	0. 652	6	0. 504	10	0. 319	7	0. 695	5	0. 349	7	0. 504	7
		2009	0. 581	6	0. 528	9	0. 341	9	0. 696	5	0. 375	6	0. 505	7
		2008	0. 596	6	0. 535	10	0. 515	3	0. 686	5	0. 388	6	0. 544	5
14	恒源煤电	2011	0. 377	15	0. 277	16	0. 194	15	0. 099	14	0. 130	14	0. 215	16
		2010	0. 375	12	0. 336	15	0. 154	18	0. 099	13	0. 083	16	0. 210	16
		2009	0. 362	12	0. 348	15	0. 178	18	0. 098	13	0. 102	15	0. 218	17
		2008	0. 402	12	0. 353	17	0. 122	19	0. 114	13	0. 140	13	0. 226	17

续表

编号	企业	年度	CC 指数/排序		SC 指数/排序		RC 指数/排序		MC 指数/排序		LC 指数/排序		ZH 指数/排序	
15	盘江股份	2011	0. 305	14	0. 264	13	0. 219	19	0. 099	13	0. 227	12	0. 223	15
		2010	0. 272	18	0. 302	19	0. 193	15	0. 087	14	0. 233	10	0. 218	15
		2009	0. 256	19	0. 312	19	0. 324	12	0. 098	14	0. 256	10	0. 249	15
		2008	0. 283	18	0. 342	19	0. 310	12	0. 091	14	0. 233	11	0. 252	15
16	上海能源	2011	0. 788	1	0. 377	13	0. 364	6	0. 459	8	0. 211	13	0. 440	9
		2010	0. 750	3	0. 414	12	0. 368	5	0. 447	8	0. 216	12	0. 439	8
		2009	0. 750	3	0. 444	12	0. 378	6	0. 427	8	0. 171	13	0. 434	8
		2008	0. 754	2	0. 478	12	0. 351	7	0. 423	8	0. 155	12	0. 432	8
17	露天煤业	2011	0. 579	8	0. 461	11	0. 527	3	0. 559	6	0. 455	7	0. 516	6
		2010	0. 597	7	0. 482	11	0. 520	3	0. 546	6	0. 482	6	0. 526	6
		2009	0. 540	8	0. 516	10	0. 562	2	0. 549	6	0. 443	5	0. 523	6
		2008	0. 538	8	0. 547	8	0. 431	5	0. 537	6	0. 434	5	0. 498	7
18	煤气化	2011	0. 281	17	0. 277	15	0. 183	17	0. 323	9	0. 081	18	0. 229	14
		2010	0. 319	15	0. 325	17	0. 208	14	0. 323	9	0. 067	19	0. 248	14
		2009	0. 316	13	0. 312	18	0. 271	16	0. 329	9	0. 085	17	0. 263	13
		2008	0. 342	13	0. 342	18	0. 266	15	0. 343	9	0. 124	16	0. 284	12
19	郑州煤电	2011	0. 171	20	0. 000	21	0. 053	21	0. 025	19	0. 114	16	0. 072	21
		2010	0. 204	20	0. 000	21	0. 051	21	0. 025	17	0. 116	15	0. 079	21
		2009	0. 194	20	0. 000	21	0. 087	21	0. 000	21	0. 085	18	0. 073	21
		2008	0. 211	20	0. 000	21	0. 054	21	0. 000	21	0. 093	18	0. 071	21
20	平庄能源	2011	0. 112	21	0. 514	9	0. 337	8	0. 037	17	0. 309	9	0. 263	13
		2010	0. 111	21	0. 526	8	0. 298	9	0. 025	18	0. 333	8	0. 260	13
		2009	0. 097	21	0. 552	8	0. 289	14	0. 024	17	0. 341	8	0. 262	14
		2008	0. 118	21	0. 569	6	0. 312	11	0. 057	17	0. 233	9	0. 259	14
21	靖远煤电	2011	0. 285	16	0. 553	7	0. 292	11	0. 025	18	0. 260	10	0. 284	11
		2010	0. 305	16	0. 571	6	0. 287	10	0. 025	16	0. 150	13	0. 268	12
		2009	0. 295	15	0. 612	5	0. 325	11	0. 037	15	0. 171	12	0. 289	11
		2008	0. 305	15	0. 626	5	0. 313	10	0. 057	16	0. 124	14	0. 286	11

由表4.7可知，在煤炭企业转型文化重塑能力（CC）方面，2011年最高的是上海能源高管团队，2008～2010年最高的都是冀中能源。在转型战略规划能力（SC）方面，2008年最强的是兖州煤业，2009年最强的是中煤能源，2010年与2011年最强的则都是中国神华的高管团队。在资源整合能力（RC）方面，2008年、2009年、2011年排第一位的是中国神华，2010年是潞安环能。在管理控制与创新能力（MC）方面，兖州煤业在2008～2010年三年间均排在第一位，2009年中国神华与兖州煤业并列第一，2011年中煤能源高管团队的该能力最强。在持续学习能力（LC）方面，冀中能源高管团队在2008～2009年两年间排在第一位，2010年中国神华排在第一位，2011年兖州煤业排在第一位。

为形象地反映煤炭企业高管团队能力的近况，特将2011年煤炭企业高管团队能力及其各维度排序情况用图4.1表示。

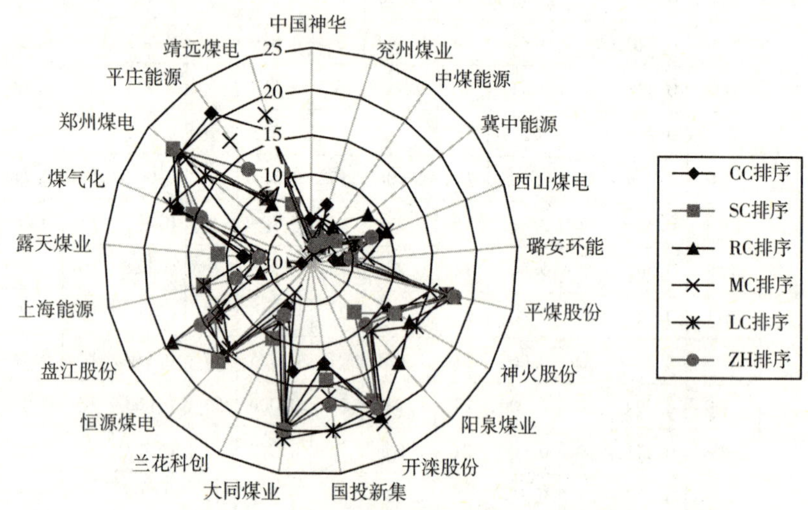

图4.1　2011年21家煤炭企业高管团队能力排序对比情况

由表4.7可知，2010年与2011年综合能力最强的是中国神华的高管团队，其综合能力指数分别为0.661与0.663。由综合指数及功效系数的计算原理可知，指数越接近1，说明能力越强。但即使是第一名的高管团队，其与1的差距也挺大。由图4.1不难发现，很多煤炭企业高管团队综合能力及各能力维度差异较大，在各方面能力都强的高管团队很少。因此，随着煤炭企业转型的不断深入，高管团队各方面的能力亟须提升。

为反映各企业高管团队在4年间的一般能力状况，根据各年的排序计算各排序的算数平均值，如表4.8所示。

表4.8　　2008～2011年各煤炭企业高管团队能力及其各维度排序均值

编号	企业	CC排序	SC排序	RC排序	MC排序	LC排序	ZH排序
1	中国神华	5.00	2.50	2.00	2.50	2.25	1.75
2	兖州煤业	8.75	2.25	3.50	2.25	2.25	3.50
3	中煤能源	2.25	1.75	4.00	2.50	3.75	2.00
4	冀中能源	1.75	3.50	11.25	3.75	1.75	2.75
5	西山煤电	8.25	9.25	8.25	10.00	8.00	8.75
6	潞安环能	3.75	6.25	4.00	7.00	6.00	5.25
7	平煤股份	17.00	16.50	15.25	16.75	16.50	18.00
8	神火股份	14.25	12.75	13.25	12.00	15.00	12.00
9	阳泉煤业	9.25	7.25	16.25	11.00	10.75	10.00
10	开滦股份	18.75	16.75	19.75	20.25	18.50	19.50
11	国投新集	11.25	14.00	11.75	18.50	20.00	16.50
12	大同煤业	13.75	20.00	18.75	17.50	21.00	19.50
13	兰花科创	6.00	9.75	6.50	4.75	6.75	6.50
14	恒源煤电	12.75	15.75	17.50	13.25	14.50	16.50
15	盘江股份	17.25	17.50	14.50	13.75	10.75	15.00
16	上海能源	2.25	12.25	6.00	8.00	12.50	8.25
17	露天煤业	7.75	10.00	3.25	6.00	5.75	6.25
18	煤气化	14.50	17.00	15.50	9.00	17.50	13.25
19	郑州煤电	20.00	21.00	21.00	19.50	16.75	21.00
20	平庄能源	21.00	7.75	10.50	17.25	8.50	13.50
21	靖远煤电	15.50	5.75	10.50	16.25	12.25	11.25

由表4.8可知，转型文化重塑能力（CC）排在前3位的是冀中能源、中煤能源与潞安环能的高管团队，排在后3位的是郑州煤电、平庄能源和开滦股份的高管团队；转型战略规划能力（SC）方面，排在前3位的是中煤能源、中国神华与兖州煤业的高管团队，排在后3位的是郑州煤电、大同煤业和煤气化的高管

团队；在资源配置能力（RC）方面，排在前3位的是中国神华、兖州煤业与露天煤业的高管团队，排在后3位的是郑州煤电、大同煤业和开滦股份的高管团队；在管理控制与创新能力（MC）方面，排在前3位的是中国神华、兖州煤业与中煤能源的高管团队，排在后3位的是开滦股份、郑州煤电和平庄能源的高管团队；在持续学习能力（LC）方面，排在前3位的是中国神华、兖州煤业和冀中能源的高管团队，排在后3位的是大同煤业、国投新集和开滦股份。高管团队综合能力（ZH）平均排序在前5位的企业依次是中国神华、中煤能源、冀中能源、兖州煤业与潞安环能。综合能力平均排序在后面6位的依次是郑州煤电、开滦股份、大同煤业、平煤股份、国投新集与恒源煤电。

4.4 大型煤炭企业高管团队能力影响因素分析

4.4.1 能力影响因素分析及研究假设的提出

4.4.1.1 高管团队内部影响因素分析及研究假设的提出

影响高管团队能力的内部影响因素有很多，主要包括高管团队成员的个人特质、高管团队结构、高管团队的角色完备程度、运作机制及团队规范等因素。

（1）高管团队成员个人能力、特质及从业经历。

高管团队成员的价值观、经营理念是制约转型期高管团队整体能力的关键因素。高管团队成员个人的能力状况对高管团队整体能力影响巨大。成员个人能力体现在个人的智力、情商及抗挫折商等方面，具体来说，高管团队成员个人的经营理念、领导魅力、信息搜集与判断能力、战略决策能力、资源配置能力、管理控制与创新能力等强烈影响着高管团队的整体能力。

高管团队成员个人人格特征也会影响高管团队的整体能力，外倾性、随和性、责任心、情绪的稳定性及经验的开放性强的成员更适合团队工作。

高管团队成员专业背景与其专业技能密切相关，是其认知基础。高管团队成员专业背景，尤其是主要领导的专业背景，会使公司战略倾向于其专业领域，高管团队成员中具有MBA学位的更倾向于战略变革。具有科学、工程专业背景的高管人员更倾向于战略改变及采取产品多元化战略。高管团队的专业背景多元化，使其能够更全面地搜集信息和分析问题，更利于综合事务的决策。高专业异质性的团队通常经验和技能更丰富，能从多个角度解析问题，能在激烈的市场竞争中更好地进行风险管理，从而有利于促进企业成长。

管理人员的知识、信念和工作价值观会受其行业工作经历、企业或部门工作经历的影响。职能背景差异及任职经历差异，会使高管团队产生不同的企业战略倾向：生产型职能背景的管理者更倾向于选择生产设备更新、自动化、工艺改进和向后一体化等战略；输出型职能背景的管理者更喜欢采取新产品开发、多元化和向前一体化等战略；技术背景的高管团队更多地选择密集型的研发战略；财务背景成员多的高管团队更多地采取多元化战略及并购战略。职业经历单一的高管团队，通常会较好地完成例行性任务，但战略视角可能偏窄，因为它们只能对外部环境进行有限搜索。

（2）高管团队的角色完备程度。

成功的工作团队通常存在9种团队角色：①创造者，产生有创意的想法；②推动者，拥护和支持新思想；③评估者，对各种方案提供见解深刻的剖析；④组织者，提供结构；⑤生产者，提供指令并完成任务；⑥控制者，考察调节并强化规则；⑦维护者，在外部战场上作战；⑧建议者，鼓励寻找更多的信息；⑨联络者，负责协调和整合工作。

每个高管团队成员可同时担任多个角色，但每个角色都需要有人承担，9种角色的齐备程度会影响高管团队的整体能力。

（3）高管团队的运作机制。

团队领导方面：高管团队的领导者是高管团队的核心，在当前中国的国有煤炭企业中，核心人物通常是董事长，负责整个团队的整合、协调与激励工作，高管团队核心领导人物的领导风格及方式、决策风格会影响团队能力。团队领导包括魅力型领导、交易型领导和变革型领导，及在中国管理背景下提出的家长式领导等类型。魅力型领导个人品质超凡，能审时度势，不同寻常的影响着下属；交易型领导主要通过在奖酬基础上的即时交换来影响团队成员；变革型领导主要通过让员工认识到意义，激发其高层次需求，促使员工为团队或组织的长远目标而努力，最终实现变革。家长式领导主要通过威权、仁慈和德行领导来实现。威权意味着对下属的绝对权威和控制，仁慈表现为对下属及其家庭成员的个性化关怀，德行领导则要求领导者表现出高度个人美德、自律和无私。

领导方式还可划分为独裁式领导与民主式领导，独裁式领导通常高度集权，高管团队其他成员参与决策的程度较低；民主式领导通常分权程度较高，高管团队其他成员参与决策的程度较高。Abraham，John 和 Asher（2011）研究发现 CEO 的授权式领导与高管团队行为整合正相关，且进一步促进了高管团队效能和公司绩效。

高管团队领导者领导风格不同，其行为方式通常也不同，团队成员若认可且适应其领导方式，则能形成良好的团队氛围，有利于高管团队成员能力及团队整体能力的发挥。反之，若团队成员不认同其领导风格及方式，则上下级之间往往不能很好地合作，团队能力也会被削弱。

团队沟通方面：有效沟通是团队能力有效发挥的重要前提。公开的交流与沟通会使团队成员真诚地参与其中，不断提高决策质量，加强彼此间的共识和认可；若成员之间不能很好地沟通，则团队的协作性和互动性会降低，甚至引发不信任与内部冲突，从而降低团队整体能力。鼓励讨论、争论和协作的高管团队会使团队成员获得更高水平的满意感，并提升团队能力。

团队冲突方面：高管团队冲突对其能力的影响不存在单一线性关系，团队冲突可能会增加抵触与不满，但同样也可能增强理解与创造力。通常，情感性冲突会导致小团体意识及成员间的不信任，降低团队能力和绩效。认知性冲突使高管多角度的认识和分析问题，有利于促进知识和经验的共享及能力的提高，并激发创新，同时还可以使团队内部增强理解，提高决策质量。但高水平的认知冲突也是不被鼓励的，通常高水平的认知冲突也会伴随产生情感性冲突，从而破坏高管团队人际关系。

团队信任方面：信任像润滑剂一样使高管团队运作更有效，信任能增加合作，并增强解决问题的能力。信任能加强团队学习，利于组织公民行为的增多，团队信任有利于减少情绪冲突，激发认知冲突，使成员更愿意自由地交流信息和意见，以保证团队最终的决策是经过充分讨论后形成的。信任能提高决策速度，并有利于决策质量的提高，能促进高管团队的战略决策和实施，促使多角度的分析和解决问题，并加强执行力。

（4）高管团队内部规范。

团队规范指的是团队成员共同接受的一些行为准则，从个体角度看，团队规范意味着某种情境下团队对某一成员的行为方式的期望，一旦团队规范被成员认可和接受，就成为影响成员行为的手段。团队规范主要包括绩效规范、形象规范、社交约定规范及资源分配规范。绩效规范会对高管团队成员的个体绩效产生重大影响，进而影响到团队绩效与公司绩效；形象规范中高管团队成员表现出的对组织的忠诚感，会影响整个高管团队的形象；社交约定规范用于规定成员工作内外的交友情况及社交活动；资源分配规范涉及成员报酬分配、困难任务的安排等。团队规范还可以划分为显性规范与隐性规范。企业高管团队内部正式的沟通制度、汇报制度、工作制度、分工合作制度及决策制度等对高管团队成员的行为起着正式的约束和规范作用；企业高管团队内部随着时间而形成的与决策参与、开放式沟通、冲突解决、彼此信任、相互支持、分享、组织政治行为等相关的隐性规范，对高管团队氛围、凝聚力及其能力产生重大影响。

由于高管团队成员的个人特质、团队角色的完备程度、高管团队内部的运作机制及团队规范等方面的细节及数据的难以获得性，本书重点关注高管团队的结构特征，这些数据可以通过公开的年报而获得。

（5）高管团队的结构。

高管团队成员的价值观与经营理念、不同成员之间的能力搭配、专业互补、性格匹配的程度强烈制约着高管团队的整体能力，由于价值观、能力、性格等的不易观测性，高阶理论主要从易观测的传记特征入手来研究高管团队的结构特征。

因此，基于高阶理论的高管团队结构主要指高管团队中不同成员年龄、性别、受教育程度、所学专业、组织任期、工作经验、任职经历等的组合情况，及以上变量的同质性与异质性程度。高管团队构成的异质性指的是高管团队成员在

以上方面的差异程度。本书重点关注以下构成:

① 高管团队的年龄结构。由于年龄不同的管理者，其成长过程中面临的社会、政治、经济、文化等大环境会有所不同、学习与受教育的环境与方式也不尽相同，故在工作中所表现出价值观、经营理念与做事方式等会有差异，进而会对团队能力产生潜在影响。通常，高层管理者年龄越小，其学习能力就越强，也越善于创新，越容易接受新观念，更容易更新已有的、落后的经营理念。在转型期，面对煤炭企业“转方式，调结构”的根本任务，年轻的优势更容易彰显。

Bantel 和 Jackson（1989）认为，高管团队平均年龄越大，所制定的企业战略就会越保守。Wiersema 和 Bantel（1992）认为，高管团队平均年龄越大，通常比较少地对所执行的企业战略进行调整。

但也有研究认为，年龄大的管理者更有社会责任感。例如，Kohlberg 提出了认知道德发展的六阶段模型，认为随着年龄的增大，人们越来越愿意遵守普遍的伦理原则，而且这一发展过程是不可逆的。Daboub 和 Rasheed 认为年长的管理者更倾向于正式化和常规化的决策过程，对新项目的容忍度降低，也不愿挑战已有的产业和组织结构，这会降低企业采取非法行为的概率。由于年长的高管人员通常处于经济和职业安全最重要的阶段，因此，更倾向于回避风险；遵纪守法，承担社会责任就属于低风险型决策。而年轻的高管人员更愿意冒风险。管理者年龄越大，经验会越丰富，越会处理各种复杂情况，同时会更好地处理各种利益相关者（包括股东、员工、政府与社会等）的关系与诉求，对不道德行为对企业长期利益的危害认识更深，所以会主动承担社会责任。

因此，我们认为高管团队的年龄结构非常重要，老中青有效衔接的团队通常会具有更好的综合素质与管理能力。高管团队的年龄异质性与认知多样化有关，这种多样性可能会延长决策过程，降低决策效率，对于团队凝聚力也会产生消极影响，但与年龄差别不大的高管团队相比，其会产生更多不同看法。Greening 和 Johnson 针对企业对环境突发危机的反应进行研究，发现高管团队的年龄异质性能激发更多有益的冲突，能产生更多可供选择的解决途径。因此，年龄异质性程度越高，越容易获得各年龄段的综合优势，通常，其综合能力会更强。

基于以上，本书提出以下假设:

H7a：高管团队平均年龄与高管团队转型文化重塑能力呈正相关关系；

H7b：高管团队平均年龄与高管团队转型文化重塑能力呈负相关关系；

H7c：高管团队平均年龄与高管团队转型战略规划能力呈正相关关系；

H7d：高管团队平均年龄与高管团队转型战略规划能力呈负相关关系；

H7e：高管团队平均年龄与高管团队资源整合能力呈正相关关系；

H7f：高管团队平均年龄与高管团队资源整合能力呈负相关关系；

H7g：高管团队平均年龄与高管团队管理控制与创新能力呈正相关关系；

H7h：高管团队平均年龄与高管团队管理控制与创新能力呈负相关关系；

H7i：高管团队平均年龄与高管团队持续学习能力呈正相关关系；

H7j：高管团队平均年龄与高管团队持续学习能力呈负相关关系；

H8a：高管团队年龄异质性与高管团队转型文化重塑能力呈正相关关系；

H8b：高管团队年龄异质性与高管团队转型战略规划能力呈正相关关系；

H8c：高管团队年龄异质性与高管团队资源整合能力呈正相关关系；

H8d：高管团队年龄异质性与高管团队管理控制与创新能力呈正相关关系；

H8e：高管团队年龄异质性与高管团队持续学习能力呈正相关关系。

② 受教育水平。高管团队成员正式的教育背景可能产生丰富而复杂的信息。受教育水平通常能较好地反映个人的认知能力。高教育水平通常反映出本人更强烈的求知欲望，愿意追随新思想与新理念，并且有能力适应变化，也更善于关注、搜集与获取相关新信息。高管团队平均教育水平与其社会认知复杂度正相关，高的社会认知复杂度使高管团队能够对多元复杂的环境进行全面深入的分析，并形成准确判断。通常，高管团队成员学历越高，在面临复杂决策问题时可能越理性和客观，更能兼顾各种利益相关者；且学历高的人，一般社会地位和收入会比绝大多数学历低的人高，在较低层次的需要被满足之后，更会关心食品安全、环境保护等社会问题。高管团队成员的受教育水平及竞争性特质会影响到决策过程的全面性，高教育水平的高管团队倾向于从长期利益视角来制定战略决策。

针对教育水平异质性的研究发现，教育水平异质性与信息多样化程度呈正相关关系，并对其有更深的理解和洞悉，同时也会激发和伴随着关于战略制订程序、战略目标、战略计划等方面的冲突。在煤炭企业经营多元化及产业链延伸的背景下，教育异质性具有正向积极作用。

因此，本书提出以下假设：

H9a：高管团队教育水平与高管团队转型文化重塑能力呈正相关关系；

H9b：高管团队教育水平与高管团队转型战略规划能力呈正相关关系；

H9c：高管团队教育水平与高管团队资源整合能力呈正相关关系；

H9d：高管团队教育水平与高管团队管理控制与创新能力呈正相关关系；

H9e：高管团队教育水平与高管团队持续学习能力呈正相关关系；

H10a：高管团队教育水平异质性与高管团队转型文化重塑能力正相关；

H10b：高管团队教育水平异质性与高管团队转型文化重塑能力负相关；

H10c：高管团队教育水平异质性与高管团队转型战略规划能力正相关；

H10d：高管团队教育水平异质性与高管团队转型战略规划能力负相关；

H10e：高管团队教育水平异质性与高管团队资源整合能力呈正相关关系；

H10f：高管团队教育水平异质性与高管团队资源整合能力呈负相关关系；

H10g：高管团队教育水平异质性与高管团队管理控制与创新能力正相关；

H10h：高管团队教育水平异质性与高管团队管理控制与创新能力负相关；

H10i：高管团队教育水平异质性与高管团队持续学习能力呈正相关关系；

H10j：高管团队教育水平异质性与高管团队持续学习能力呈负相关关系。

③ 高管任期。本书所研究的高管任期指高管团队成员担任高级管理者职务的年限。任期短的高管团队在战略决策的制定中容易产生失误，原因是任期短，团队和成员对与公司战略和行业环境等相关的重要信息缺乏准确把握，而且高管团队内部还未建立起关于信息和知识分享、交流和沟通的规范。高管任期可用于衡量其对组织和利益相关者的认知程度。高管任期越久，越了解与熟悉组织内外部的具体情况，越可能与下属、组织内外部的人员和机构建立良好关系。也有研究认为高管团队任期与企业战略变革负相关，原因是任期长的高管团队通常已经建立起了关于信息和知识分享、交流和沟通的规范及程序，团队凝聚力较强，团队成员改变组织现状的倾向和意愿降低，因而对调整和变革组织战略可能会有消极影响。

任期异质性程度高的高管团队通常能通过更多途径获得更多样化的信息，并能多视角多层次的对信息进行分析与判断，能提出多种战略方案并对其进行多角度评估，从而提升决策效果，促进组织发展。因此，假设：

H11a：高管团队任期与高管团队转型文化重塑能力呈正相关关系；

H11b：高管团队任期与高管团队转型文化重塑能力呈负相关关系；

H11c：高管团队任期与高管团队转型战略规划能力呈正相关关系；

H11d：高管团队任期与高管团队转型战略规划能力呈负相关关系；

H11e：高管团队任期与高管团队资源整合能力呈正相关关系；

H11f：高管团队任期与高管团队资源整合能力呈负相关关系；

H11g：高管团队任期与高管团队管理控制与创新能力呈正相关关系；

H11h：高管团队任期与高管团队管理控制与创新能力呈负相关关系；

H11i：高管团队任期与高管团队持续学习能力呈正相关关系；

H11j：高管团队任期与高管团队持续学习能力呈负相关关系；

H12a：高管团队任期异质性与高管团队转型文化重塑能力呈正相关关系；

H12b：高管团队任期异质性与高管团队转型战略规划能力呈正相关关系；

H12c：高管团队任期异质性与高管团队资源整合能力呈正相关关系；

H12d：高管团队任期异质性与高管团队管理控制与创新能力呈正相关关系；

H12e：高管团队任期异质性与高管团队持续学习能力呈正相关关系。

④ 团队规模。一般来说，团队规模与团队能影响的资源数量与质量密切相关，规模大的高管团队通常拥有更多的资源、关系网络、信息渠道等，可以保证团队做出更好的决策。针对高技术企业的实证研究也得出了相同结论，大团队更有可能做出正确的战略决策并促进企业成长。多元化及延长产业链是煤炭企业“转方式，调结构”的重要途径，这使煤炭企业的经营涉及多个领域，要求高管团队内部有熟悉多个经营领域的成员，但这样的人才通常较少，一个替代办法就是在高管团队配备了解不同经营领域的成员，因此，适当增大团队规模有利于高管团队整体能力的增强。

因此，假设：

H13a：高管团队规模与高管团队转型文化重塑能力呈正相关关系；

H13b：高管团队规模与高管团队转型战略规划能力呈正相关关系；

H13c：高管团队规模与高管团队资源整合能力呈正相关关系；

H13d：高管团队规模与高管团队管理控制与创新能力呈正相关关系；

H13e：高管团队规模与高管团队持续学习能力呈正相关关系。

4.4.1.2 高管团队外部运行环境分析及研究假设的提出

高管团队外部运行环境包括宏观层面的环境：自然环境和社会环境，还包括微观层面的环境：工作环境和组织环境。其中，制度环境对高管团队能力的整合、发展与发挥起着直接和重要的作用。制度环境又可分为外部制度环境和内部制度环境。

（1）外部制度环境。

外部制度环境主要指国家、地方及煤炭行业层面的法律、法规与政策等。外部制度环境对于煤炭企业高管团队的能力发展具有引导与塑造作用。当制度不健全且透明程度低时，高管团队倾向于建立、培育和发展各种关系网络来发现机会，并加以利用。当相关制度规范健全、政府寻租行为少时，高管团队更喜欢按照市场规则来经营运作。当环境保护、员工健康、生产安全等方面的规制少且弱时，高管团队容易将企业经营看作是单目标行为，即追逐利润最大化；随着环境保护、煤炭安全生产等相关规制不断强化，煤炭企业经营的多目标性开始显现，企业在逐利过程中，将兼顾社会责任、环境保护与生产安全目标。近几年，国有煤炭企业高管团队的安全管理能力、环境保护意识、技术创新管理能力等增强较快，这与外部制度环境密切相关。因此，提出以下假设：

H14a：外部制度环境强度与高管团队转型文化重塑能力呈正相关关系；

H14b：外部制度环境强度与高管团队转型战略规划能力呈正相关关系；

H14c：外部制度环境强度与高管团队资源整合能力呈正相关关系；

H14d：外部制度环境强度与高管团队管理控制与创新能力呈正相关关系；

H14e：外部制度环境强度与高管团队持续学习能力呈正相关关系。

（2）内部制度环境。

公司治理结构是公司内部制度环境中影响高管团队能力的主要制度因素。公司治理结构是对企业股东、董事会成员及管理层人员责权利的规定与分配，并提供与此相关的选聘、激励、监督等问题的制度框架。公司治理结构包含对高管团队的激励与约束的相关安排，对高管团队综合能力的形成、发展及发挥有着重要影响。

在公司治理结构的相关研究中，鲁桐、党引等（2010）研究了第一大股东持股比例、董事长及总经理二职合一情况、第一大股东性质等变量对公司经营的影响。宋莎莎、彭家生（2011）将上市公司管理层的平均薪酬、管理层的持股比例作为自变量，分析了其对每股净资产的影响。经过数据搜集发现，本书拟选择的 21 家上市煤炭企业连续 4 年共 84 个数据中，仅有 4 个数据为二职合一，因此，本书不对“二职合一”的影响进行研究。本书主要关注股权的集中程度、对高管的激励状况（管理层持股比例、高管团队平均薪酬）等方面。有研究发现高股权集中程度对于企业形成一致决策有积极作用，也有利于对上市公司对高管层实施控制与激励，越有利于其整体能力的增强；当高管层的持股比例与其各方面积极性高度相关时，有利于增强团队整体能力；高管团队薪酬水平与成员工作积极性、企业吸引力正相关，能力强的职业经理人更容易加入，对整个高管团队综合能力的提升有正向影响。因此，提出以下假设：

H15a：股权集中程度与高管团队转型文化重塑能力呈正相关关系；

H15b：股权集中程度与高管团队转型战略规划能力呈正相关关系；

H15c：股权集中程度与高管团队资源整合能力呈正相关关系；

H15d：股权集中程度与高管团队管理控制与创新能力呈正相关关系；

H15e：股权集中程度与高管团队持续学习能力呈正相关关系；

H16a：管理层持股比例与高管团队转型文化重塑能力呈正相关关系；

H16b：管理层持股比例与高管团队转型战略规划能力呈正相关关系；

H16c：管理层持股比例与高管团队资源整合能力呈正相关关系；

H16d：管理层持股比例与高管团队管理控制与创新能力呈正相关关系；

H16e：管理层持股比例与高管团队持续学习能力呈正相关关系；

H17a：高管团队薪酬水平与高管团队转型文化重塑能力呈正相关关系；

H17b：高管团队薪酬水平与高管团队转型战略规划能力呈正相关关系；

H17c：高管团队薪酬水平与高管团队资源整合能力呈正相关关系；

H17d：高管团队薪酬水平与高管团队管理控制与创新能力呈正相关关系；

H17e：高管团队薪酬水平与高管团队持续学习能力呈正相关关系。

4.4.2 能力影响因素的实证分析

4.4.2.1 模型选择

本书搜集了所选样本企业 2008 ~ 2011 年连续 4 年的相关数据，为充分利用已有数据，选用面板数据模型进行分析。面板数据（panel data）指的是具有三维（个体、时间和指标）信息的数据结构，利用面板数据计算的计量模型被称为 Panel Data 模型，利用该类模型可以构造和检验比单独使用横截面数据或时间序列数据更为真实的行为方程，可使分析更加深入。

一般的面板数据模型形式为：

$$y_{it} = \alpha_{it} + \sum_{k=1}^{K} \beta_{kit} x_{kit} + \mu_{it} \tag{4.10}$$

其中，y_{it}是被解释变量，x_{kit}是解释变量，K 是解释变量的个数；i = 1，2，3，…，N，表示 N 个个体；t = 1，2，3，…，T，表示 T 个时点。参数 α_{it}为模型的截距项，β_{kit}是待估计系数，μ_{it}随机误差项，相互独立，且满足零均值、等方差假设。

常用的面板数据模型包括三类：

（1）变参数模型：

$$y_i = \alpha' + \alpha_i + \sum_{k=1}^{K} \beta_{ki} x_{ki} + \mu_i \tag{4.11}$$

对于不同的个体或时期，截距项（$\alpha' + \alpha_i$）和解释变量的系数 β_{ki}都不相同，不同个体之间既存在个体异质影响，同时也存在不同的结构影响，意味着每个个体或每个时期对应的方程互不相同。

（2）不变参数模型：

$$y_i = \alpha + \sum_{k=1}^{K} \beta_k x_{ki} + \mu_i \tag{4.12}$$

不变参数模型又称为混合回归模型，意味着在时间及截面上观察数据均不存在显著差异。

（3）变截距模型：

$$y_i = \alpha' + \alpha_i + \sum_{k=1}^{K} \beta_k x_{ki} + \mu_i \tag{4.13}$$

α'为每个个体方程共同的截距项，α_i是不同个体间的异质性差异。对于不同个体或不同时期，截距项不同，但解释变量的系数相同，意味着存在个体异质影响但基本结构相同，个体或时期间的差异通过截距项来体现。当α_i与x_i相关时，模型为固定效应模型，当α_i与x_i不相关时，模型为随机效应模型。

4.4.2.2 变量的设置及取值

（1）被解释变量：高管团队各能力维度。

（2）解释变量的设置。

根据数据的可获得性，本书主要选取高管团队组成结构、公司治理结构及企业外部环境方面的变量进行实证分析。

如前所述，团队组成结构方面的变量主要考虑：平均年龄、年龄标准差、受教育水平均值、受教育水平的异质性程度、任期均值及任期的异质性程度及团队规模。

公司治理结构方面的变量主要考虑：管理层持股比例、第一大股东持股比例及高管团队平均薪酬。

企业外部环境的变量主要考虑：企业面临的区域制度环境，用区域市场化指数来反应相关状况。区域市场化指数来自市场化进程报告，由中国经济改革研究基金会国民经济研究所发布，从2001年开始，每年发布一次，主要反映全国各省级区域的市场化情况。市场化指数主要反映政府与市场的关系（如减少政府对企业的干预、缩小政府规模等、减轻企业的税外负担、市场分配经济资源的比重等），非国有经济的发展、产品市场的发育程度（如价格由市场决定的程度、减少商品市场上的地方保护）、要素市场的发育程度、市场中介组织的发育和法律制度环境等。市场化指数当前仅发布到2009年，由于市场化程度的深化需要假以时日，因此，本书用2006~2009年的数据依次代替2008~2011年的数据。若煤炭企业将经营触角扩展到其他多个地区，则以平均数据来衡量该煤炭企业所处区域的制度环境。

（3）解释变量的取值。

第一，数值型变量取值：对应其实际数值，如年龄、任期等变量。

第二，非数值型解释变量的取值：

受教育水平分为5类，由低到高包括：大专及以下、本科、双学士、硕士、博士，对其分别赋值1分、2分、2.5分、3分、4分。

第三，异质性程度的衡量：

对于数值型变量的异质性程度，本书采用标准差来衡量，包括年龄异质性程度、任期异质性程度。

对于非数值型变量的异质性程度，本书采用Herfindal-Hirschman系数来测量，如受教育水平异质性程度。Herfindal-Hirschman系数的计算公式为：

$$H = 1 - \sum_{i=1}^{n} P_i^2 \tag{4.14}$$

其中，P_i^2为总体中第i类的占比，n是种类数，$0 \leqslant H < 1$，数值越大，意味着团队异质性程度越高。

（4）描述性统计分析。

本书搜集了21家上市煤炭企业2008～2011年4年的高管团队上述有关数据。2011年解释变量的描述性统计分析结果如表4.9所示。

表4.9　　2011年上市煤炭企业高管团队描述性统计分析结果

编号	企业	年龄平均值（岁）	年龄标准差	学历平均值（分）	学历异质性	团队规模（人）	高管团队平均任期（年）	任期标准差	第一大股东持股比例	高管层持股比例	平均薪酬（万元）
1	中国神华	50.90	2.92	3.46	0.58	12	4.07	3.35	72.96%	0.0000%	78.48
2	兖州煤业	47.50	3.76	3.27	0.49	11	7.09	3.67	52.86%	0.0004%	34.98
3	中煤能源	52.13	2.23	2.75	0.68	9	3.38	1.85	56.61%	0.0000%	62.43
4	冀中能源	51.64	3.37	—	—	14	2.29	1.12	57.64%	0.0000%	91.75
5	西山煤电	50.33	4.00	—	—	9	2.88	1.04	54.40%	0.0011%	22.45
6	璐安环能	48.40	2.88	—	—	5	3.08	2.19	63.99%	0.0000%	38.07

续表

编号	企业	年龄平均值（岁）	年龄标准差	学历平均值（分）	学历异质性	团队规模（人）	高管团队平均任期（年）	任期标准差	第一大股东持股比例	高管层持股比例	平均薪酬（万元）
7	平煤股份	49.71	4.07	—	—	7	1.57	0.91	56.12%	0.0000%	44.48
8	神火股份	49.70	4.47	3.20	0.54	10	6.87	1.44	25.24%	0.0079%	90.48
9	阳泉煤业	52.86	4.78	—	—	7	3.09	2.30	58.34%	0.0000%	44.83
10	开滦股份	48.63	3.96	2.88	0.22	8	3.65	1.11	56.73%	0.0000%	18.14
11	国投新集	47.40	1.82	—	—	5	3.40	2.19	42.36%	0.0000%	87.60
12	大同煤业	51.40	1.52	—	—	4	—	—	60.48%	0.0000%	22.59
13	兰花科创	49.62	3.78	2.77	0.55	13	4.23	1.99	45.11%	0.0085%	68.69
14	恒源煤电	52.00	3.52	2.33	0.78	8	2.58	1.02	59.96%	0.0000%	46.38
15	盘江股份	48.10	4.36	—	—	10	1.94	1.12	41.38%	0.0000%	81.56
16	上海能源	52.00	2.78	2.88	0.22	8	3.35	3.71	62.43%	0.0000%	64.35
17	露天煤业	43.75	3.41	2.86	0.57	7	2.00	1.25	70.46%	0.0000%	43.98
18	煤气化	54.71	4.03	2.00	0.45	7	6.00	2.08	49.45%	0.0000%	40.46
19	郑州煤电	47.36	2.38	—	—	11	3.65	1.21	52.62%	0.0006%	44.05
20	平庄能源	52.00	6.28	2.20	0.32	5	2.64	1.37	61.42%	0.0000%	37.38
21	靖远煤电	45.88	3.76	1.88	0.53	8	3.85	2.48	47.11%	0.0000%	28.34

注：所有数据来源于公司年报或根据年报有关数据计算而得，“—”表示公司未披露相关数据。

年龄方面：从所选21家上市煤炭企业的整体情况来看，高管团队的平均年龄2008～2011年4年间，一直稳定在49岁左右。4年间出现的高管团队年龄均值最大的是2011年的煤气化高管团队，对应年龄为54.71岁；平均年龄最小的是2008年的恒源煤电高管团队，其平均年龄为43.38岁。年龄异质性程度不断降低，年龄标准差均值2008～2011年逐年降低，由4.76岁降到了3.53岁。

受教育水平方面：由表4.10可知，高管团队受教育平均水平总体来看不断上升，从2008年的2.58分升至2011年的2.71分，越来越接近硕士水平。4年间，高管团队受教育水平异质性程度均值一直保持在0.5左右。

表 4.10　2008～2011 年上市煤炭企业高管团队描述性统计分析结果

年份	统计指标	平均年龄	年龄标准差	学历平均值	学历异质性	团队规模	高管团队平均任期	任期标准差	第一大股东持股比例	高管层持股比例	平均薪酬（万元）	二职合一
2008	极大值	53.00	6.61	3.25	0.72	12.00	5.92	2.85	73.86%	0.0222%	88.09	0.00
	极小值	43.38	2.83	2.00	0.38	4.00	0.50	0.00	25.24%	0.0000%	11.80	0.00
	平均值	48.59	4.76	2.58	0.50	7.89	2.50	0.89	55.66%	0.0017%	39.10	0.00
2009	极大值	54.00	6.95	3.33	0.65	15.00	6.33	3.52	72.96%	0.0141%	93.00	1.00
	极小值	44.38	2.28	1.57	0.38	4.00	0.92	0.00	25.24%	0.0000%	10.49	0.00
	平均值	49.23	4.45	2.55	0.51	8.10	3.02	1.23	55.15%	0.0013%	41.12	0.05
2010	极大值	53.71	6.28	3.31	0.68	14.00	7.55	3.85	72.96%	0.0098%	120.55	1.00
	极小值	43.75	2.43	2.00	0.32	4.00	1.64	0.00	25.24%	0.0000%	20.23	0.00
	平均值	49.77	4.11	2.64	0.54	8.29	3.36	1.45	54.79%	0.0010%	49.66	0.05
2011	极大值	54.71	6.28	3.46	0.78	14.00	7.09	3.71	72.96%	0.0085%	91.75	1.00
	极小值	43.75	1.52	1.88	0.22	4.00	1.57	0.91	25.24%	0.0000%	18.14	0.00
	平均值	49.81	3.53	2.71	0.49	8.48	3.58	1.87	54.65%	0.0009%	51.97	0.10

团队规模方面：团队规模均值略呈扩大趋势，从 2008 年的 7.89 人提高到 2011 年的 8.48 人。

任期方面：高管团队平均任期呈上升趋势，从 2008 年的 2.5 年延长到 2011 年的 3.58 年，高管团队任期标准差有提高趋势，从 0.89 年提高到 1.87 年。

第一大股东持股比例方面：由表 4.10 可知，该指标平均值 4 年间基本保持在 55%左右，神华集团作为第一大股东持中国神华的股份比例一直最大，2008 年为 73.86%，2011 年为 72.96%；神火股份第一大股东神火集团持有的神火股份的比例在样本企业中每年都是最低的，对应数值为 25.24%。

高管团队持股比例方面：2008 年平均值为 0.0017%左右，2011 年均值为 0.0009%，2008 年的极大值为 0.0222%，2011 年极大值为 0.0085%。整体来看，煤炭企业高管团队持股比例很小。

高管团队平均薪酬由 2008 年的 39.10 万元升至 2011 年的 51.97 万元，平均薪酬极大值由 2008 年的 88.09 万元先升至 2010 年 120.55 万元，再降至 2011 年的 91.75 万元。平均薪酬极小值由 2008 年的 11.8 万元降至 2009 年的 10.49 万元，再升至 2010 年的 20.23 万元，到 2011 年降至 18.14 万元。可见，近 4 年来煤炭企业高管团队平均薪酬变化幅度较大。

4.4.2.3　基于面板数据模型的实证分析

（1）解释变量和被解释变量的标识。

解释变量与被解释变量的标识如表 4.11 所示。

表 4.11　解释变量和被解释变量的标识

变量名称	性质	标识	备　注
转型文化重塑能力	被解释变量	CC	
转型战略规划能力	被解释变量	SC	
资源整合能力	被解释变量	RC	
管理控制与创新能力	被解释变量	MC	
持续学习能力	被解释变量	LC	
高管团队平均年龄	解释变量	AGE	标识高管团队结构
年龄异质性程度	解释变量	SAGE	标识高管团队结构
高管团队学历	解释变量	XL	标识高管团队结构
学历异质性程度	解释变量	SXL	标识高管团队结构
高管团队规模	解释变量	GM	标识高管团队结构
高管团队平均任期	解释变量	RQ	标识高管团队结构
任期标准差	解释变量	SRQ	标识高管团队结构
第一大股东持股比例	解释变量	RDGD	标识公司治理结构
高管团队持股比例	解释变量	RTMT	标识公司治理结构
高管平均薪酬	解释变量	XC	标识公司治理结构
区域市场化指数	解释变量	SCHZS	标识企业外部环境（主要指区域制度环境）

（2）平稳性检验。

为确保估计结果的有效性，必须避免“伪回归”问题，必须对各面板序列的平稳性进行检验。检验数据平稳性最常用的办法就是单位根检验。可以使用 LLC、IPS、Breintung、ADF-Fisher 和 PP-Fisher 5 种方法进行面板单位根检验。有时，为了方便，只采用两种面板数据单位根检验方法，即相同根单位根检验 LLC（Levin-Lin-Chu）检验和不同根单位根检验 Fisher-ADF 检验，如果在两种检验中均拒绝存在单位根的原假设，则认为序列是平稳的，反之则不平稳。本书采用 LLC 检验、PP-Fisher 检验和 Fisher-ADF 检验，检验结果如表 4.12 所示。

表 4.12　　　　平稳性检验结果

变量	Fisher-ADF 检验结果 Prob.	LLC 检验结果 Prob.	PP-Fisher 检验结果 Prob.	是否平稳	调整方式	调整后变量	Fisher-ADF 检验结果 Prob.	LLC 检验结果 Prob.	PP-Fisher 检验结果 Prob.	是否平稳
ZH	0.0000	0.0000	0.0000	是						
CC	0.0000	0.0000	0.0000	是						
SC	0.0000	0.0000	0.0000	是						
RC	0.0436	0.0000	0.0021	是						
MC	0.0000	0.0000	0.0000	是						
LC	0.1939	0.0000	0.0054	否	D（LC）	DLC	0.0000	0.0000	0.0000	是
AGE	0.0003	0.0000	0.0000	是						
SAGE	0.0036	0.0000	0.0000	是						
XL	0.0002	0.0000	0.0000	是						
SXL	0.2658	0.0000	0.0845	否	LOG（SXL）	LOGSXL	0.0348	0.0000	0.0029	是
GM	0.0000	0.0000	0.0000	是						
RQ	0.0575	0.0000	0.0383	否	D（RQ）	DRQ	0.0000	0.0000	0.0000	是
SRQ	0.4190	0.0000	0.0787	否	D（SRQ）	DSRQ	0.0023	0.0000	0.0068	是
RDGD	0.1308	0.0000	0.0777	否	D（RDGD）	DRDGD	0.0039	0.0000	0.0039	是
RTMT	0.7004	0.0105	0.3470	否	D（RTMT）	DRTMT	0.0003	0.0000	0.0015	是
XC	0.0864	0.0000	0.0127	否	D（XC）	DXC	0.0000	0.0000	0.0000	是
SCHZS	0.0357	0.0000	0.0011	是						

初步进行的平稳性分析发现，只有 ZH、CC、SC、RC、MC、AGE、SAGE、XL、GM 和 SCHZS 等变量属于平稳序列。对其他非平稳变量，采用差分或取对数的方式进行处理，得到的新变量均已平稳，检验结果见表 4.12。为把所有变量变成同阶序列，需要同时对 ZH、CC、SC、RC、MC、AGE、SAGE、XL、GM 和

SCHZS也取差分，经检验变换后的序列均为平稳序列，可直接对变换后的序列进行回归分析。

（3）回归分析模型的选择。

首先，进行Hausman检验，以确定建立随机效应模型还是固定效益模型。需要对五个模型进行检验。第一个模型，以DCC为被解释变量，以DAGE、DSAGE、DXL、LOGSXL、DGM、DRQ、DSRQ、DRDGD、DRTMT、DXC、SCHZS、DSCHZS为解释变量。第二个至第五个模型被解释变量分别为DSC、DRC、DMC和DLC，解释变量同第一个模型。然后，进行F检验，以确定建立混合回归模型还是变截距模型。最终，五个模型的检验结果均显示应该建立混合回归模型（所有截面截距相同，系数相同）。

（4）回归结果与分析。

由于本书面板数据时序个数小于横截面个数，在进行回归分析时采用截面加权（cross section weights）估计方法，分析结果如表4.13所示。

表4.13 各解释变量与高管团队转型文化重塑能力（CC）的回归分析结果

模型	被解释变量	解释变量	解释变量系数	t对应的P值	F对应的P值	R-squared	Adjusted R-squared
模型一	DCC	DAGE	0.046488	0.8886	0.091179	0.664700	0.454790
		DSAGE	0.529501	0.0382			
		DXL	0.702993	0.1248			
		LOGSXL	-0.022554	0.7129			
		DRQ	-0.928109	0.1077			
		DSRQ	-0.243147	0.5023			
		DRDGD	0.191943	0.7927			
		DSCHZS	0.136954	0.4952			
		DXC	0.221650	0.5594			
		DRTMT	-0.234793	0.7863			
		DGM	-0.070279	0.7593			
		C	-0.035711	0.6198			

续表

模型	被解释变量	解释变量	解释变量系数	t 对应的 P 值	F 对应的 P 值	R-squared	Adjusted R-squared
调整后的模型一	DCC	DSAGE	0. 492679	0. 0054	0. 000776 0. 000076	0. 524544 0. 824544	0. 436497 0. 816497
		DXL	0. 458103	0. 0100			
		DRQ	-1. 109289	0. 0008			
		DSRQ	-0. 318000	0. 1535			
		DSCHZS	0. 069313	0. 0475			
		C	0. 003685	0. 9035			

第一步，将所有自变量代入模型一，发现很多自变量的系数显著性较弱，因为其对应的 P 值很大，如 DAGE（P 值为 0. 8886）、DRDGD（P 值为 0. 7927）、LOGSXL（P 值为 0. 7129）、DRTMT（P 值为 0. 7863）、DGM（P 值为 0. 7593），因此，需要对模型一进行调整，逐次去掉以上五个变量 DAGE、DRDGD、LOGSXL、DRTMT 与 DGM，从两个方面观察整体模型的变化，首先看各自变量系数对应的 P 值，即显著性程度，然后看 F 统计量相对应的 P 值，以此来判断整体模型的拟合优度。基于以上两个标准综合比较调整后的各个模型，找出最好的统计模型，表中“调整后的模型一”在统计意义上更优秀。

调整后的模型一显示高管团队年龄异质性程度的变化（DSAGE）、平均学历的变化（DXL）、市场化指数的变化（DSCHZS）对高管团队转型文化重塑能力的变化（DCC）均有着显著的正向影响，影响系数分别为 0. 492679，0. 458103 与 0. 069313；高管团队成员平均任期的变化（DRQ）对高管团队转型文化重塑能力的变化（DCC）有显著的负向影响，影响系数为 -1. 109289。

由以上可以得出结论：高管团队年龄异质性程度增加能增强高管团队的转型文化重塑能力；平均受教育水平提高有利于高管团队转型文化重塑能力的提升；区域制度环境的优化会对高管团队转型文化重塑能力起到正向的诱导作用。高管团队成员的平均任期增加会较大地降低高管团队转型文化重塑能力，原因可能是在同一煤炭企业中任高管时间过长会使其经营理念、领导与管理风格固化，不利于转型期企业文化的重新塑造。

与前面的处理过程一样，通过对调整后的各个模型进行综合比较和判断，表 4. 14 中“调整后的模型二”在统计意义上更优秀。

表 4. 14 各解释变量与高管团队转型战略规划能力（SC）的回归分析结果

模型	被解释变量	解释变量	解释变量系数	t 对应的 P 值	F 对应的 P 值	R-squared	Adjusted R-squared
模型二	DSC	DAGE	0. 046514	0. 7927	0. 003218	0. 706760	0. 536989
		DSAGE	0. 258888	0. 0397			
		DXL	0. 625119	0. 0086			
		LOGSXL	-0. 090506	0. 0073			
		DRQ	-0. 461545	0. 0511			
		DSRQ	-0. 131410	0. 4371			
		DRDGD	0. 054375	0. 8983			
		DSCHZS	-0. 069417	0. 4492			
		DXC	0. 069274	0. 6567			
		DRTMT	0. 437157	0. 2408			
		DGM	0. 375888	0. 0155			
		C	-0. 083963	0. 0089			
调整后的模型二	DSC	DSAGE	0. 299332	0. 0000	0. 000000	0. 935498	0. 919372
		DXL	0. 671259	0. 0000			
		LOGSXL	-0. 089173	0. 0000			
		DRQ	-0. 511793	0. 0000			
		DSRQ	0. 216232	0. 0038			
		DGM	0. 362322	0. 0012			
		C	-0. 071362	0. 0002			

调整后的模型二显示高管团队平均学历水平的变化（DXL）、高管团队规模的变化（DGM）、高管团队年龄异质性程度的变化（DSAGE）及高管团队任期异

质性程度的变化（DSRQ）对高管团队转型战略规划能力的变化（DSC）有着显著的正向影响，影响系数分别为0.671259、0.612083、0.362322、0.299332与0.216232；高管团队平均任期的变化（DRQ）对高管团队转型战略规划能力的变化（DSC）有着较为显著的负向影响，影响系数为-0.511793；学历异质性程度（LOGSXL）对高管团队转型战略规划能力变化（DSC）有微弱的负向影响，影响系数为-0.089173。

由以上可以得出结论：在团队结构方面，煤炭企业高管团队平均学历的提高、团队规模的增加及高管团队年龄异质性程度的增加及任期异质性程度的提高都有利于提升高管团队转型战略规划能力；高管团队平均任期的增加不利于转型战略规划能力的提升，可能的原因是任期长的高管团队更认可企业当前的产业领域与经营模式，团队成员改变现状的倾向和意愿更低，因而不利于企业战略的调整和变革。学历异质性程度对高管团队转型战略规划能力变化有些微负向影响，这与其他文献得出的结论不太一致，一般地认为教育水平异质性可以带来更多的信息并对其有更深的理解和洞悉，同时也会带来更多的关于战略制订程序、战略目标、战略计划等方面的冲突，但这有助于决策质量的提高。从搜集的数据来看，高管团队综合能力排在前列的企业，如中国神华、兖州煤业等，其高管团队成员学历水平几乎都是硕士或博士，2008~2011年中国神华有2位左右高管为本科或双学士，其余为硕士或博士，而兖州煤业高管成员全部是硕士或博士。而高管团队综合能力排在后列的煤炭企业，其高管成员的学历异质性程度较大，从专科到博士都有，因此，在这种情境下，高异质性程度通常意味着团队成员中有低学历者，而一般地认为低学历与较低的认知能力相联系，其视野的局限性也更大，不利于转型战略的制定，因此，学历异质性程度高对高管团队转型战略规划能力会有微弱的负向影响。所以，本书认为高管团队学历平均水平的高低是影响高管团队转型战略规划能力的重要因素，而其异质性程度的影响是微弱的或是不具备积极意义的。

对于表4.15，与前面的处理过程一样，通过对调整后的各个模型进行综合比较和判断，“调整后的模型三”在统计意义上更优秀。

表 4.15　　各解释变量与高管团队资源配置能力（RC）的回归分析结果

模型	被解释变量	解释变量	解释变量系数	t 对应的 P 值	F 对应的 P 值	R-squared	Adjusted R-squared
模型三	DRC	DAGE	0. 233870	0. 1885	0. 000145	0. 798817	0. 682343
		DSAGE	0. 152099	0. 1996			
		DXL	0. 581349	0. 0066			
		LOGSXL	-0. 124215	0. 0005			
		DRQ	-0. 132381	0. 5523			
		DSRQ	0. 338458	0. 0435			
		DRDGD	0. 317817	0. 4249			
		DSCHZS	-0. 085706	0. 2684			
		DXC	0. 193508	0. 1301			
		DRTMT	0. 499706	0. 0793			
		DGM	0. 502726	0. 0020			
		C	-0. 102762	0. 0020			
调整后的模型三	DRC	DAGE	0. 293962	0. 1911	0. 000000	0. 893757	0. 855123
		DSAGE	0. 185778	0. 0587			
		DXL	0. 601802	0. 0023			
		LOGSXL	-0. 112952	0. 0000			
		DSRQ	0. 442525	0. 0001			
		DRTMT	0. 628574	0. 0131			
		DXC	0. 175382	0. 0940			
		DGM	0. 500525	0. 0004			
		C	-0. 105802	0. 0002			

调整后的模型三显示：高管团队持股比例的变化（DRTMT）、学历平均水平的变化（DXL）、团队规模的变化（DGM）、任期异质性程度的变化（DSRQ）、年龄异质性程度的变化（DSAGE）与高管团队平均薪酬的变化（DXC）对高管团队资源配置能力的变化（DRC）有着较为显著的正向影响，影响系数分别为 0. 628574、0. 601802、0. 500525、0. 442525、0. 185778 与 0. 175382。学历异质性程度（LOGSXL）对高管团队资源配置能力的变化（DRC）有负向影响，影响系数为 -0. 112952。

由以上可以得出结论：在公司治理结构方面，高管团队持股比例的增加有利于高管团队资源配置能力的增强；在团队结构方面，高管团队学历平均水平的提高、团队规模的增加、任期异质性程度的提高、年龄异质性程度的提高及高管团队平均薪酬的提高有利于高管团队资源配置能力的增强。学历异质性程度对高管团队资源配置能力的变化的影响与对转型战略规划能力的影响相似，都是较弱的负向影响。

与前面的处理过程一样，通过对调整后的各个模型进行综合比较和判断，表4.16中“调整后的模型四”在统计意义上更优秀。

表4.16　　各解释变量与高管团队管理控制与创新能力（MC）的回归分析结果

模型	被解释变量	解释变量	解释变量系数	t对应的P值	F对应的P值	R-squared	Adjusted R-squared
模型四	DMC	DAGE	-0.247137	0.5868	0.063394	0.672224	0.608774
		DSAGE	0.834829	0.0232			
		DXL	0.805144	0.1144			
		LOGSXL	-0.020079	0.7738			
		DRQ	0.009596	0.9868			
		DSRQ	0.619248	0.1949			
		DRDGD	1.398278	0.1954			
		DSCHZS	-0.071525	0.7978			
		DXC	0.470208	0.1038			
		DRTMT	0.583018	0.1493			
		DGM	0.411393	0.2100			
		C	1.02E-05	0.9999			
调整后的模型四	DMC	DSAGE	0.730383	0.0004	0.000407	0.811891	0.807875
		DXL	0.751131	0.0355			
		DSRQ	0.319248	0.0449			
		DXC	0.270208	0.0538			
		DRTMT	0.583018	0.0493			
		DGM	0.208008	0.0890			
		C	-0.076921	0.0108			

调整后的模型四显示高管团队学历平均水平的变化（DXL）、年龄异质性程度的变化（DSAGE）、高管团队持股比例的变化（DRTMT）、任期异质性程度的变化（DSRQ）、高管团队平均薪酬水平的变化（DXC）、团队规模的变化（DGM）对高管团队管理控制与创新能力的变化（DRC）都有着较为显著的正向影响。

由以上可以得出结论：公司治理结构方面，高管团队持股比例的增加有利于高管团队管理控制与创新能力的增强；团队结构方面，高管团队平均学历水平的增加、年龄异质性程度的提高、任期异质性程度的增强、高管团队平均薪酬水平的提高、团队规模的增大有利于高管团队管理控制与创新能力的增强。

与前面的处理过程一样，通过对调整后的各个模型进行综合比较和判断，表 4.17 中“调整后的模型五”在统计意义上更优秀。

表 4.17　各解释变量与高管团队持续学习能力（LC）的回归分析结果

模型	被解释变量	解释变量	解释变量系数	t 对应的 P 值	F 对应的 P 值	R-squared	Adjusted R-squared
模型五	DLC	DAGE	-0.126549	0.6695	0.017694	0.633371	0.421112
		DSAGE	0.440623	0.0645			
		DXL	0.772237	0.1002			
		LOGSXL	-0.159372	0.0198			
		DRQ	-0.757405	0.0809			
		DSRQ	0.316214	0.3503			
		DRDGD	0.451508	0.4860			
		DSCHZS	-0.211519	0.2778			
		DXC	0.631363	0.1142			
		DRTMT	0.159384	0.8773			
		DGM	0.137652	0.5253			
		C	-0.162475	0.0251			
调整后的模型五	DLC	DSAGE	0.353033	0.0621	0.002212	0.808819	0.796024
		DXL	0.787228	0.0278			
		LOGSXL	-0.179777	0.0014			
		DRQ	-0.960836	0.0034			
		DSCHZS	-0.153174	0.2243			
		DXC	0.530445	0.0922			
		C	-0.172664	0.0024			

调整后的模型五显示高管团队平均学历水平的变化（DXL）、平均薪酬水平的变化（DXC）、年龄异质性程度的变化（DSAGE）对高管团队持续学习能力的变化（DLC）均有着显著的正向影响，影响系数分别为0.787228、0.530445与0.353033。高管团队平均任期的变化（DRQ）对高管团队持续学习能力的变化（DLC）有着显著的负向影响，影响系数为-0.960836，学历异质性程度（LOGSXL）对高管团队持续学习能力的变化（DLC）有着较弱的负向影响，影响系数为-0.179777。

由以上可以得出结论：高管团队平均学历水平的增加、平均薪酬水平的增加、年龄异质性程度的增加有利于高管团队持续学习能力的增加；高管团队平均任期的增加不利于高管团队持续学习能力的增加，可能的原因是任期长的高管成员更容易安于现状，缺乏学习动力。学历异质性程度对高管团队持续学习能力的影响是较弱的负向影响，原因可能是团队成员间学历差异大会使低学历者更容易接受这个现状，但当其他高管都是博士，而只有少数是硕士时（这种情况下学历异质性程度比较低），则低学历者会有提升学历的动力，会积极学习，进而提升高管团队的学习能力。

综上所述，可以用图4.2表示各因素对高管团队各能力维度的影响。

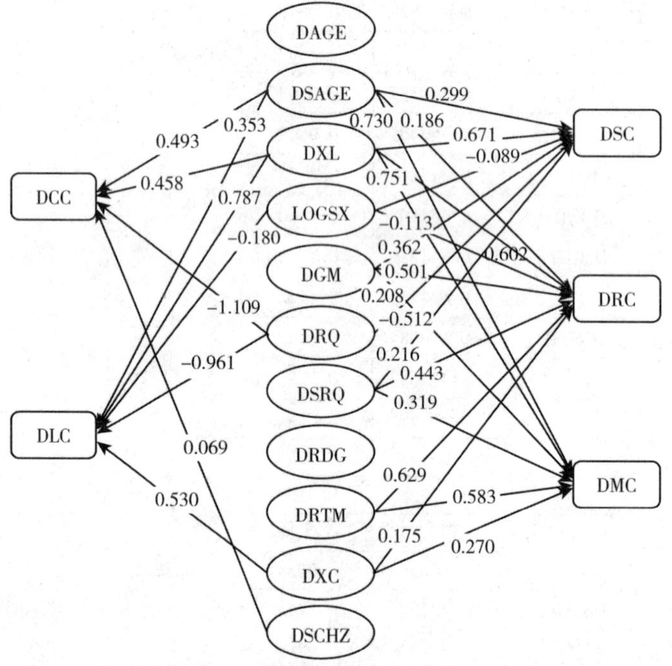

图4.2　转型期煤炭企业高管团队各能力维度的影响因素及程度

由图4.2可以发现：

（1）煤炭企业高管团队年龄均值（AGE）与各能力维度的关系假设都没有通过验证，意味着高管团队平均年龄的绝对水平不对高管团队能力产生实质性影响。

（2）与平均年龄对比突出的是，高管团队年龄异质性程度（SAGE）对5个能力维度的正向影响都通过了显著性检验，且影响系数较大，说明高管团队的年龄结构对高管团队能力有本质影响，且其差异化程度越大越好。

（3）与年龄异质性程度一样，高管团队学历平均水平（XL）与高管团队能力的5个维度皆有显著的正相关关系，原因可能是受教育水平越高，对煤炭企业发展转型的意义及其对社会经济可持续发展的重要性的认识与理解就越深刻，越能更好地塑造企业转型文化、制定转型战略、实施资源配置、进行管理与技术创新及不断地学习。

（4）学历异质性程度（SXL）对3个能力维度，包括转型战略规划能力（SC）、资源配置能力（RC）及持续学习能力（LC）的负向影响都通过了检验，虽然影响系数较低，这意味着高管团队内部成员间学历差异大时不利于能力发挥与提升。与结论（3）相结合的话，则意味着对高管团队的要求是不仅平均学历水平要高，且成员间学历不要差异太大，也就是要求每个高管团队成员都具有较高的学历。

（5）高管团队规模（GM）与资源配置能力（RC）、转型战略规划能力（SC）及管理控制与创新能力（MC）3个能力维度都有正相关关系。可能的原因是本书实证分析选取的样本皆是国有或国有控股上市的大型煤炭企业，为转变发展方式，实现可持续发展，多数煤炭企业不断延长产业链或进行多元化经营，不断进入新领域，这对煤炭企业高管团队提出了巨大挑战，而团队规模太小，会导致高管团队中缺乏了解相关领域专业知识的成员，会给转型战略的规划带来巨大风险。同时，由于不同经营领域对于资源配置及管理控制与创新皆有着不同于其他领域的专业化要求，因此，较大的高管团队规模有利于实现不同经营领域管理的专业化分工。

（6）高管平均任期（RQ）对转型战略规划能力（SC）、转型文化重塑能力

（CC）、持续学习能力（LC）三个能力要素的负向影响也都通过了检验，且影响系数较大。可能的解释是，高管任期越长，越容易安于现状，改变现有企业文化越困难，在转型战略规划方面越保守，在持续学习方面也更缺乏动力。

（7）高管团队任期异质性程度（SRQ）对团队转型战略规划能力（SC）、团队管理控制与创新能力（MC）、团队资源配置能力（RC）的正向影响都通过了检验，且影响系数较大。高管团队成员任期不同，会有多种信息收集途径并对信息有多层次的解释，能提出多种战略方案并对其进行多角度评估，任期异质性程度高意味着思维方式的同化程度低，利于提出多种资源配置方案及管理控制与创新。

（8）第一大股东持股比例（RDGD）与煤炭企业高管团队五能力要素间的关系未通过检验。

（9）高管团队持股比例（RTMT）对团队管理控制与创新能力（MC）、团队资源配置能力（RC）的正向影响通过了检验，且影响系数较大。高管持股是将高管个人利益与煤炭企业整体利益相捆绑的有效机制，能显著影响高管成员的资源配置、管理控制与创新行为。

（10）高管团队平均薪酬（XC）与团队持续学习能力（LC）、团队管理控制与创新能力（MC）、团队资源配置能力（RC）的正向关系得到了验证，且影响系数较大。高管团队薪酬水平对煤炭企业吸引到高能力高素质的高管团队成员发挥关键作用，为了展示自己的价值与能力，高管成员也会在企业日常运营中积极表现；而且这两个能力要素都是比较易于观测到的；高管团队成员的能力展示与其未来的职业发展路径关系密切。同时，高薪酬水平意味着更激烈的竞争，高管成员必须持续不断的学习。

（11）市场化指数（SCHZS）对高管团队的煤炭企业转型文化重塑能力（CC）的正向影响相对于其他因素的影响虽然较弱，但通过了验证，说明区域制度环境对企业转变发展方式有重要影响，其影响机理是区域制度环境直接作用于企业高管团队，影响其经营理念，进而影响其转型文化重塑能力。

现将能力影响因素实证分析对研究假设的支持情况总结如表4.18所示。

表 4.18　　高管团队能力影响因素实证分析对研究假设的支持情况汇总

转型期煤炭企业高管团队能力影响因素研究假设	支持与否
H7a：高管团队平均年龄与高管团队转型文化重塑能力正相关	否
H7b：高管团队平均年龄与高管团队转型文化重塑能力负相关	否
H7c：高管团队平均年龄与高管团队转型战略规划能力正相关	否
H7d：高管团队平均年龄与高管团队转型战略规划能力负相关	否
H7e：高管团队平均年龄与高管团队资源整合能力正相关	否
H7f：高管团队平均年龄与高管团队资源整合能力负相关	否
H7g：高管团队平均年龄与高管团队管理控制与创新能力正相关	否
H7h：高管团队平均年龄与高管团队管理控制与创新能力负相关	否
H7i：高管团队平均年龄与高管团队持续学习能力正相关	否
H7j：高管团队平均年龄与高管团队持续学习能力负相关	否
H8a：高管团队年龄异质性与高管团队转型文化重塑能力正相关	是
H8b：高管团队年龄异质性与高管团队转型战略规划能力正相关	是
H8c：高管团队年龄异质性与高管团队资源整合能力正相关	是
H8d：高管团队年龄异质性与高管团队管理控制与创新能力正相关	是
H8e：高管团队年龄异质性与高管团队持续学习能力正相关	是
H9a：高管团队教育水平与高管团队转型文化重塑能力正相关	是
H9b：高管团队教育水平与高管团队转型战略规划能力正相关	是
H9c：高管团队教育水平与高管团队资源整合能力正相关	是
H9d：高管团队教育水平与高管团队管理控制与创新能力正相关	是
H9e：高管团队教育水平与高管团队持续学习能力正相关	是
H10a：高管团队教育水平异质性与高管团队转型文化重塑能力正相关	否
H10b：高管团队教育水平异质性与高管团队转型文化重塑能力负相关	否
H10c：高管团队教育水平异质性与高管团队转型战略规划能力正相关	否
H10d：高管团队教育水平异质性与高管团队转型战略规划能力负相关	是
H10e：高管团队教育水平异质性与高管团队资源整合能力正相关	否
H10f：高管团队教育水平异质性与高管团队资源整合能力负相关	是
H10g：高管团队教育水平异质性与高管团队管理控制与创新能力正相关	否
H10h：高管团队教育水平异质性与高管团队管理控制与创新能力负相关	否
H10i：高管团队教育水平异质性与高管团队持续学习能力正相关	否

续表

转型期煤炭企业高管团队能力影响因素研究假设	支持与否
H10j：高管团队教育水平异质性与高管团队持续学习能力负相关	是
H11a：高管团队任期与高管团队转型文化重塑能力正相关	否
H11b：高管团队任期与高管团队转型文化重塑能力负相关	是
H11c：高管团队任期与高管团队转型战略规划能力正相关	否
H11d：高管团队任期与高管团队转型战略规划能力负相关	是
H11e：高管团队任期与高管团队资源整合能力正相关	否
H11f：高管团队任期与高管团队资源整合能力负相关	否
H11g：高管团队任期与高管团队管理控制与创新能力正相关	否
H11h：高管团队任期与高管团队管理控制与创新能力负相关	否
H11i：高管团队任期与高管团队持续学习能力正相关	否
H11j：高管团队任期与高管团队持续学习能力负相关	是
H12a：高管团队任期异质性与高管团队转型文化重塑能力正相关	否
H12b：高管团队任期异质性与高管团队转型战略规划能力正相关	是
H12c：高管团队任期异质性与高管团队资源整合能力正相关	是
H12d：高管团队任期异质性与高管团队管理控制与创新能力正相关	是
H12e：高管团队任期异质性与高管团队持续学习能力正相关	否
H13a：高管团队规模与高管团队转型文化重塑能力正相关	否
H13b：高管团队规模与高管团队转型战略规划能力正相关	是
H13c：高管团队规模与高管团队资源整合能力正相关	是
H13d：高管团队规模与高管团队管理控制与创新能力正相关	是
H13e：高管团队规模与高管团队持续学习能力正相关	否
H14a：外部制度环境强度与高管团队转型文化重塑能力正相关	是
H14b：外部制度环境强度与高管团队转型战略规划能力正相关	否
H14c：外部制度环境强度与高管团队资源整合能力正相关	否
H14d：外部制度环境强度与高管团队管理控制与创新能力正相关	否
H14e：外部制度环境强度与高管团队持续学习能力正相关	否
H15a：股权集中程度与高管团队转型文化重塑能力正相关	否
H15b：股权集中程度与高管团队转型战略规划能力正相关	否
H15c：股权集中程度与高管团队资源整合能力正相关	否

续表

转型期煤炭企业高管团队能力影响因素研究假设	支持与否
H15d：股权集中程度与高管团队管理控制与创新能力正相关	否
H15e：股权集中程度与高管团队持续学习能力正相关	否
H16a：管理层持股比例与高管团队转型文化重塑能力正相关	否
H16b：管理层持股比例与高管团队转型战略规划能力正相关	否
H16c：管理层持股比例与高管团队资源整合能力正相关	是
H16d：管理层持股比例与高管团队管理控制与创新能力正相关	是
H16e：管理层持股比例与高管团队持续学习能力正相关	否
H17a：高管团队薪酬水平与高管团队转型文化重塑能力正相关	否
H17b：高管团队薪酬水平与高管团队转型战略规划能力正相关	否
H17c：高管团队薪酬水平与高管团队资源整合能力正相关	是
H17d：高管团队薪酬水平与高管团队管理控制与创新能力正相关	是
H17e：高管团队薪酬水平与高管团队持续学习能力正相关	是

4.5 小　结

本章首先给出了基于功效系数法的高管团队能力的综合测度方法，并采用问卷调查方法确定了各指标的权重，然后对 21 家大型上市煤炭企业的高管团队能力状况进行调查、测度与分析，并对能力影响因素进行了实证分析，发现：

（1）当前转型期煤炭企业高管团队在安全、技术创新及环境保护方面的管理控制与创新能力较强；在学习新知识及应用新知识方面的能力较突出；对于“转方式，调结构”的重视程度较高。但在具体的企业转型目标的设定、整体战略安排、阶段性战略目标与安排以及战略调整方面的能力较弱；通过组织结构调整来促使企业转型的能力较弱；“转方式，调结构”与煤炭企业文化的深入融合还有较大距离，显示煤炭企业高管团队的转型文化重塑能力亟待提高。4 年间上市煤炭企业高管团队通过设计有效制度来促进节能减排与环保、产业结构调整与发展方式转型的能力及通过设立有效的激励机制促使员工在安全管理、环境保护、技术创新方面表现出积极行为的能力提升较快；高管团队重塑有利于企业“转方式，调结构”的企业文化的能力提升较快；在制定转型目标与战略方面的能力提升较快。综合测度结果显示即使处于前列的煤炭企业高管团队其整体能力状况并不强，且各能力维度强弱差异较大。

（2）高管团队年龄异质性程度、平均受教育水平、平均任期、区域制度环境对高管团队转型文化重塑能力有显著影响；高管团队平均学历、团队规模、年龄异质性程度、平均任期是影响高管团队转型战略规划能力的重要因素；高管团队持股比例、学历平均水平、团队规模、任期异质性程度、年龄异质性程度及高管团队平均薪酬对高管团队资源配置能力有显著影响；高管团队持股比例、平均学历水平、年龄异质性程度、任期异质性程度、平均薪酬水平、团队规模对高管团队管理控制与创新能力有显著影响；高管团队平均学历水平、平均薪酬水平、年龄异质性程度、平均任期、学历异质性程度对高管团队持续学习能力有显著影响。

第 5 章

大型煤炭企业高管团队能力对转型目标的贡献分析

本章主要通过贡献度分析来验证煤炭企业高管团队五大能力要素对煤炭企业转型的促进作用。采用的方法是基于面板数据模型的回归分析方法。首先测度各煤炭企业高管团队的能力状况，第 4 章已经选择了 21 家大型上市煤炭企业，对其高管团队能力进行了测度；其次利用转型绩效来衡量煤炭企业转型目标的实现程度，并对煤炭企业转型绩效进行测度；最后将能力与转型绩效进行回归分析，通过回归系数来判断各能力要素对转型目标的贡献。

5.1 高管团队能力对转型目标贡献分析的前提条件

煤炭企业高管团队的转型价值观系统是能力与转型目标关系的重要调节变量。价值观代表了人们最基本的信念，反映个体关于正确与错误、好与坏、可取与不可取的看法和观念。价值观包括内容和强度两种属性。内容属性指的是某种行为模式或存在状态是重要的，强度属性界定其重要性。根据强度排序后的价值观便形成了价值观系统。

影响煤炭企业转型的高管团队成员的价值观主要体现在对企业转型目标的判断与认识，及对各子目标重要性程度及其排序、关系的判断与认识上，我们称其为“转型价值观系统”。不同成员间通过密切接触而相互影响、碰撞与调整，从而形成整个高管团队比较一致的“转型价值观系统”，这种“转型价值观系统”从根本上影响着企业的逐利行为及企业社会责任行为，决定了煤炭企业转型目标实现的可能性。

煤炭企业高管团队能力对煤炭企业转型绩效的促进受煤炭企业高管团队转型价值观系统的调节。当高管团队的转型价值观系统是积极的时，其能力越强，煤炭企业转型目标的实现程度就越好。如果高管团队的转型价值观系统是消极的，如只看重经济绩效而对安全、环境及资源节约的重要性置若罔闻，其能力越强，带来的可能是越高的经济绩效，但安全绩效、环境绩效、社会绩效必定越差，而且带来的资源浪费及环境破坏难以修复，所以其转型目标的实现程度必定很差。

高管团队的转型价值观系统是转型期煤炭企业高管团队能力与转型绩效关系的重要调节变量，类似“舵手”的作用，为煤炭企业转型指明了方向，而高管团队能力决定了企业转型目标实现的可能性。当前我国的大型煤炭企业中绝大多数都属于国有煤炭企业，而国有煤炭企业的职责，生来就与其他性质企业有很大的不同，承担社会责任是其重要使命。因此，国有煤炭企业通常在兼顾股东利益的同时，兼顾员工、客户、供应商利益及社会的公共利益。因此，我们认为当前转型期，我国国有煤炭企业的转型价值观系统是符合转型目标要求的，并且认为所有国有煤炭企业的转型价值观系统不具有大的差异性，因此，如果将转型价值观系统视为一个变量的话，我们假设对于所有国有煤炭企业，其变量值相同。

以下在研究高管团队能力对转型目标的贡献时，由于所选样本都是上市公司，且这些上市公司都是国有或国有控股煤炭企业，因此，本书不考虑调节变量——高管团队转型价值观系统的影响，并如前所述，假设调节变量取值相同。这就是本章进行贡献度分析的前提条件。

5.2 大型煤炭企业转型目标实现程度的测量

煤炭企业转型目标就是致力于实现煤炭企业在经济绩效、安全绩效、环境与可持续发展绩效及社会绩效四个维度的高水平协调发展。本书利用转型绩效来衡量煤炭企业转型目标的实现程度，在四维度绩效合成的综合绩效的基础上，利用协调度来校正，从而求得转型绩效。

5.2.1　大型煤炭企业转型绩效测度指标体系的构建

5.2.1.1　指标体系构建原则

本书用煤炭企业转型绩效来衡量煤炭企业转型目标的实现程度，在构建评价指标体系时遵循以下原则：

（1）应紧密围绕煤炭企业转型目标来设置指标体系。如前所述，煤炭企业发展方式转型的目标就是向本质安全型、资源节约型、环境保护型及内涵增长型转变，力图实现经济绩效、安全绩效、环境保护与可持续发展绩效及社会绩效的高水平协调发展。因此，本书在构建煤炭企业转型绩效评价指标体系时，基于经济绩效、环境保护与可持续发展绩效、安全绩效、社会绩效四维度展开，进而设置细分指标。

（2）在筛选指标时，应遵循代表性原则、可比性原则和可操作性原则。代表性原则要求指标既不能太多、不能有冗余和重复，也不能太少、只反映局部、必须具有代表性。可比性原则要求设置的指标，其数据来源不同的煤炭企业具有相同口径。可操作性原则要求设置的指标其数据具有可获得性。当前我国上市煤炭企业容易搜集到财务指标的相关数据，但对于某些非财务指标，由于没有强制性披露要求和统一标准，因此在选择时，要特别注意可操作性问题，即可获得性，包括获取难度和获取方法。

5.2.1.2　煤炭企业转型绩效评价指标的设置

本书通过查阅研究文献、煤炭企业年报、企业社会责任报告以及公司网站等，综合考虑指标的代表性、可比性和可操作性等原则，从经济绩效、安全绩效、环境保护与可持续发展绩效和社会绩效四个方面对评价指标进行选择和设置。

（1）经济绩效方面的指标设置。本书设置的经济绩效方面的指标主要参照当前国资委推行的《中央企业综合绩效评价实施细则》中的财务绩效指标，从三个方面选择：一是反映企业盈利能力的指标（净资产收益率）；二是反映煤炭企业资产质量的指标（应收账款周转率和总资产周转率）；三是反映煤炭企业增长的指标（总资产增长率和净利润增长率）。

（2）安全绩效主要指煤炭企业在运营过程中维护员工生产安全和职业健康方面的表现。为反映该状况，选择了两个指标：一是百万吨死亡率；二是ISO18000（或OHSAS18001）认证落实情况，该标准主要涉及职业健康安全管理体系。

（3）环境与可持续发展绩效，主要指反映煤炭企业的节能减排成效和环境治理状况，这是煤炭企业转变发展方式的重要方面。这方面的指标设置为：资源综合利用状况和环境治理状况。

（4）社会绩效是指除了企业在经济发展、安全生产、环境保护与可持续发展方面作出成效外其他方面的贡献，包括社会就业、社区贡献、社会捐赠等慈善行为。通过查阅企业社会责任报告，综合考虑各项指标数据的可获得性，在此项下设三个指标：一是纳税情况，用纳税金额/总资产；二是社会捐助情况，用"社会捐助额/资产总额"来衡量；三是社会责任报告的完善程度。需要指出的是，在当前时期，一般来说企业履行社会责任越好，在某方面做得越多，成果越显著，其在社会责任报告中披露的就越详细；反之，如果在某方面做得不好，甚至有重大缺失，企业在社会责任报告中不会提及或简而言之。大体来说，企业社会责任报告的详尽程度与企业社会绩效呈正相关关系。因此，可以通过判断企业社会责任报告的详细度来判断煤炭企业社会绩效。

5.2.2 数据来源说明

经济绩效方面的指标皆是财务指标，对于上市公司，这些数据从公司的公开年报中皆可取得或基于相关数据进一步计算得到。

安全绩效、环境绩效和社会绩效方面的指标和数据，由于当前阶段我国还没有统一的披露标准和强制要求，指标设置和数据搜集较为困难。对于这三个方面的指标，本书采用客观方法（客观指标）与主观方法（打分法）相结合的方式来赋予指标数据。首先充分搜集和运用客观数据，但对于没有客观数据，或仅有少数公司披露数据的指标，则采用主观打分法。为了提高打分的可比性与合理性，本书针对每个指标统一制定打分规则。

下面逐一介绍安全绩效、环境绩效和社会绩效方面的 6 个二级指标数据的获取问题。

（1）百万吨死亡率：在搜集各上市煤炭企业百万吨死亡率指标时，发现只有部分企业披露了百万吨死亡率数据。对于未披露的企业，首先根据多个信息渠道进行推测，例如，用所属集团公司的百万吨死亡率来代替股份公司的百万吨死亡率。没有充分推测依据的，则用行业平均数据来代替。

（2）职业健康安全管理体系［ISO18000（或 OHSAS18001）］认证落实情况，运用打分法赋值，打分规则如表 5.1 所示。

表 5.1　职业健康安全管理体系认证实施分值

项　目	打分或加分标准	分值
基本项	没有信息显示企业通过了该认证	1
	煤炭企业通过了认证	2
加分项	企业拿到了省级及以下的安全奖项	+1
	企业拿到了国家级安全奖项	+2
	发生了重大安全事故	-2

（3）环境治理状况，运用打分法赋值，打分规则如表 5.2 所示。

表 5.2　环境治理状况打分值

项　目	打分或加分标准	分值
基本项	煤炭企业未披露环境治理状况	0
	企业只简略、定性地披露了环境治理状况	1
	企业对环境治理状况进行了具体详细的定性披露	2
	企业详细的定量地披露了其对环境的治理状况，如公布了相关重要数据（污染物排放量、矿区土地复垦率等）	3
加分项	煤炭企业通过并实施了 ISO14000（环境管理系列标准认证体系）	+1
	煤炭企业在环境保护方面获得了相关奖项	+1
	煤炭企业有重大环保事故发生	-2

（4）资源综合利用状况，也采用打分赋值法，打分规则如表5.3所示。

表5.3　　煤炭企业资源综合利用状况分值

项目	打分或加分标准	分值
基本项	煤炭企业未披露资源综合利用相关信息	0
	企业只简略、定性地披露了资源综合利用状况	1
	企业对资源综合利用状况进行了具体详细的定性披露	2
	企业详细的定量地披露了资源综合利用状况，如公布了相关重要数据（如煤矸石发电量、矿井水复用率、粉煤灰综合利用率）	3
加分项	煤炭企业建立了国家级矿产资源综合利用示范基地	+1

注：2011年，国家公布了国家级矿产资源综合利用示范基地，其中煤炭类5个，神华集团、山能新汶集团、窑街煤电集团、大同煤矿集团各建设1个，淮北矿业与皖北煤电合建1个。

（5）社会责任报告的完善程度：本书对各煤炭企业社会责任报告进行对比来打分。打分规则如表5.4所示。

表5.4　　社会责任报告完善程度分值

打分或加分标准	分值
煤炭企业在某一年度没有发布社会责任报告	1
煤炭企业发布了社会责任报告，但是内容很简单	2
煤炭企业社会责任报告的详尽程度一般	3
煤炭企业社会责任报告比较完善	4
煤炭企业社会责任报告非常完善	5

（6）纳税情况：选用指标“单位资产纳税金额”，具体公式为：（营业税金及附加+所得税）/平均资产总额，所需数据在企业年报中均可获得。

（7）公益支出：选用指标“单位资产社会捐助额”，具体公式为：社会捐助额/资产总额，社会捐助额一般在年报或社会责任报告中均能获得，对于少数未披露相关信息的企业，采用同年样本企业均值作为估算值。

以上指标数据的来源主要包括三个：企业年报、企业社会责任报告以及企业官方网站，当这三个渠道都未获得所需数据时，则参阅企业的半年报、季度报或其他定期报告与企业临时公告。对于上市公司，经济绩效方面的指标数据在公司年报中容易获取。而安全绩效、环境绩效和社会绩效方面的指标主要从企业社会责任报告及企业官方网站中获取，但这两种信息渠道都存在着“报喜不报忧”的现象，所以在搜集相关指标数据时还特别关注了一些权威媒体和政府相关网站的报道，包括新华网、凤凰网、人民网、国家煤炭工业网、国家煤矿安全监察局等网站。

5.2.3　转型绩效测度方法

本书在对转型绩效进行测度时，分成三步：第一步，基于 Topsis（Technique for order preference by similarity to ideal solution）方法对各维度绩效进行计算。第二步，基于四维度绩效计算综合绩效。第三步，利用协调度对综合绩效进行校正，得到煤炭企业转型绩效。

Topsis 法经常被用来解决有限方案的多目标决策问题，首先将原始数据矩阵归一化，并找出最优方案和最劣方案；其次分别计算各方案与最优方案和最劣方案的距离；最后计算各评价对象与最优方案的相对距离，以此作为决策依据。

下面是基于 Topsis 法计算煤炭企业转型绩效的具体步骤：

第一步：假设某一决策问题对应的决策矩阵为 A，

$$A=\begin{bmatrix} f_{11} & f_{12} & \cdots & f_{1m} \\ f_{21} & f_{22} & \cdots & f_{2m} \\ \vdots & \vdots & \ddots & \vdots \\ f_{n1} & f_{n2} & \cdots & f_{nm} \end{bmatrix} \tag{5.1}$$

Z′是对决策矩阵 A 规范化得来的矩阵，Z'_{ij}是 Z′的元素，且有：

$$Z'_{ij}=\frac{f_{ij}}{\sqrt{\sum_{i=1}^{n} f_{ij}^2}}, i=1,2,\cdots,n; j=1,2,\cdots,m \tag{5.2}$$

其中，f_{ij}来源于决策矩阵 A，由式（5.1）给出。

第二步：在 Z′的基础上构造规范化的加权决策矩阵，元素 Z_{ij}由下式确定：

$$Z_{ij} = W_j Z'_{ij} \tag{5.3}$$

其中，i = 1，…，n；j = 1，…，m；W_j为第 j 个目标的权重。

各指标权重基于层次分析法来确定。首先基于构建的指标体系构造出比较判断矩阵，将比较判断矩阵表格发放给 10 位煤炭领域的专家。收回问卷后，发现有两份问卷逻辑一致性有问题，不能通过检验，从有效问卷中筛掉。最后，基于合格的 8 份有效问卷进行计算，得到指标体系对应的权重体系，如表 5.5 所示。

表 5.5　　转型绩效测度指标体系（含指标权重）

一级指标（权重 w_i）	二级指标（权重 w_{ij}）	指标最终权重
I_1经济绩效（0.25）	I_{11}总资产周转率（0.14）	0.035
	I_{12}净资产收益率（0.44）	0.11
	I_{13}净利润增长率（0.13）	0.033
	I_{14}应收账款周转率（0.14）	0.035
	I_{15}总资产增长率（0.15）	0.038
I_2安全绩效（0.27）	I_{21} ISO18000 职业健康安全管理体系认证落实情况（0.2）	0.054
	I_{22}百万吨死亡率（0.8）	0.216
I_3环境绩效（0.25）	I_{31}资源综合利用状况（0.5）	0.125
	I_{32}环境治理状况（0.5）	0.125
I_4社会绩效（0.23）	I_{41}单位资产纳税金额（0.36）	0.083
	I_{42}单位资产社会捐助额（0.34）	0.078
	I_{43}社会责任报告完善程度（0.30）	0.069

第三步：确定理想解和负理想解。

若决策矩阵 Z 中元素 Z_{ij}为正向指标，即数值越大越好，则正理想解为：

$$Z^+ = (Z_1^+, Z_2^+, \cdots, Z_m^+) = \{\max_j Z_{ij} \mid j = 1, 2, \cdots, m\} \tag{5.4}$$

负理想解为：

$$Z^- = (Z_1^-, Z_2^-, \cdots, Z_m^-) = \{\min_j Z_{ij} \mid j = 1, 2, \cdots, m\} \tag{5.5}$$

若决策矩阵 Z 中元素 Z_{ij}为负向指标，即数值越小越好，则正理想解为：

$$Z^+ = (Z_1^+, Z_2^+, \cdots, Z_m^+) = \{\min_j Z_{ij} \mid j = 1, 2, \cdots, m\} \tag{5.6}$$

负理想解为：

$$Z^- = (Z_1^-, Z_2^-, \cdots, Z_m^-) = \{\max_j Z_{ij} \mid j = 1, 2, \cdots, m\} \tag{5.7}$$

第四步：求各方案到理想点的距离 S_i^+ 和到负理想点的距离 S_I^-：

从任意可行解 Z_i 到理想点 Z^+ 的距离为：

$$S_i^+ = \sqrt{\sum_{j=1}^{m} (Z_{ij} - Z_j^+)^2}, i = 1, 2, \cdots, n \tag{5.8}$$

从任意可行解 Z_i 到负理想点 Z^- 的距离为：

$$S_i^- = \sqrt{\sum_{j=1}^{m} (Z_{ij} - Z_j^-)^2}, i = 1, 2, \cdots, n \tag{5.9}$$

第五步：求 C_i：

$$C_i = \frac{s_i^-}{s_i^- + s_i^+}, 0 \leqslant C_i \leqslant 1, \ i = 1, \cdots, n \tag{5.10}$$

C_i 离 1 越近，Z_i 离理想点越近，说明方案越好。

第一步到第五步构成了 Topsis 法的计算步骤。多目标综合评价的方法较多，各有其应用价值。Topsis 法能充分利用原始数据的信息，能对各评价方案的优劣精确排序，并能反映出相互间的差距，Topsis 法适用于各种有限方案的多目标决策问题，对样本大小、指标多少、数据分布等都没有严格要求，而且计算简便。利用 Topsis 法进行综合评价，可得出良好的具有可比性的综合评价排序结果。

第六步：协调度计算。

为了能更好地体现转型期煤炭企业对经济绩效、安全绩效、环境绩效及社会绩效四维度高水平协调发展的追求，还需要对煤炭企业四维度绩效的协调度进行计算。

本书选用复合系统协调度评价方法来计算转型绩效四维度的协调程度，用 D 表示。计算方法如下：

$$D = \sqrt[6]{D_{12} D_{13} D_{14} D_{23} D_{24} D_{34}} \tag{5.11}$$

其中，D_{ij} 是每两个维度间的协调程度，$D_{ij} = \frac{4 d_i d_j}{(d_i + d_j)^2}$，$d_i$、$d_j$ 是各维度绩效，$i = 1, 2, 3, 4$；$j = 1, 2, 3, 4$；$i \neq j$。

D 的值处于 0 ~ 1 之间，D 越大，意味着四个维度的绩效之间协调程度越高。

第七步：转型绩效的计算。

如果煤炭企业综合绩效用 E 表示，煤炭企业转型绩效用 F 表示，则：

$$F = D \times E \tag{5.12}$$

5.2.4 转型绩效测度与结果分析

本部分针对选择的21家大型上市煤炭企业的转型绩效进行测度与分析。

(1) 描述性统计分析。

先通过对各绩效指标的描述性统计分析，来了解21家大型上市煤炭企业转型目标实现程度的一般状况，如表5.6所示。

表5.6　各绩效指标的描述性统计分析

编号	指标	统计指标	2011年	2010年	2009年	2008年
I_{11}	净资产收益率(%)	极大值	33.780	38.550	31.010	38.340
		极小值	6.080	7.260	6.900	8.810
		均值	18.3	19.5	17.8	24.0
		标准差	0.048	0.053	0.042	0.061
		变异系数	0.260	0.274	0.238	0.256
I_{12}	总资产周转率(次)	极大值	2.470	1.770	1.490	1.900
		极小值	0.390	0.390	0.320	0.410
		均值	1.0	0.9	0.8	1.0
		标准差	0.004	0.003	0.003	0.003
		变异系数	0.408	0.368	0.329	0.306
I_{13}	应收账款周转率(次)	极大值	596.980	366.710	179.960	148.620
		极小值	8.330	8.170	5.420	10.250
		均值	85.9	65.7	34.2	40.3
		标准差	0.845	0.531	0.245	0.298
		变异系数	0.985	0.808	0.718	0.740
I_{14}	净利润增长率(%)	极大值	39.300	132.160	99.580	357.580
		极小值	-16.470	-38.110	-47.180	-48.110
		均值	0.101	0.347	-0.008	0.881
		标准差	0.126	0.257	0.307	0.699
		变异系数	1.246	0.741	-38.878	0.793

续表

编号	指标	统计指标	2011 年	2010 年	2009 年	2008 年
I_{15}	总资产增长率（%）	极大值	50.830	46.990	180.590	188.170
		极小值	5.150	6.580	−0.880	−1.110
		均值	0.207	0.189	0.371	0.366
		标准差	0.101	0.074	0.281	0.265
		变异系数	0.489	0.390	0.758	0.724
I_{21}	百万吨死亡率（人/百万吨）	极大值	0.47	0.384	0.450	0.390
		极小值	0.000	0.000	0.000	0.000
		均值	0.120	0.162	0.266	0.222
		标准差	0.101	0.135	0.156	0.143
		变异系数	0.842	0.833	0.586	0.643
I_{22}	ISO18000 职业健康安全管理体系认证落实情况（分）	极大值	4.000	4.000	3.000	3.000
		极小值	1.000	1.000	1.000	1.000
		均值	1.810	1.762	1.524	1.476
		标准差	0.880	0.900	0.650	0.585
		变异系数	0.486	0.511	0.427	0.396
I_{32}	环境治理状况（分）	极大值	5.000	5.000	4.000	4.000
		极小值	1.000	0.000	0.000	0.000
		均值	3.143	3.000	2.333	2.333
		标准差	1.020	1.170	0.930	0.930
		变异系数	0.325	0.390	0.399	0.399
I_{32}	资源综合利用状况（分）	极大值	4.000	3.000	3.000	3.000
		极小值	1.000	1.000	1.000	1.000
		均值	2.714	2.619	2.286	2.286
		标准差	0.890	0.820	0.800	0.800
		变异系数	0.328	0.313	0.350	0.350
I_{41}	社会责任报告的完善程度（分）	极大值	5.000	5.000	5.000	4.000
		极小值	1.000	1.000	1.000	1.000
		均值	2.286	2.095	1.714	1.619
		标准差	1.355	1.519	0.975	0.845
		变异系数	0.593	0.725	0.569	0.522

续表

编号	指标	统计指标	2011 年	2010 年	2009 年	2008 年
I_{42}	万元资产纳税额（元/万元）	极大值	723.975	660.46283	902.870	4186.064
		极小值	166.338	254.42103	181.120	254.042
		均值	461.300	446.700	429.960	804.500
		标准差	113.090	99.890	123.860	396.580
		变异系数	0.245	0.224	0.288	0.493
I_{43}	万元资产捐赠额（元/万元）	极大值	27.144	14.22765	8.810	29.312
		极小值	0.165	0.13571	0.200	0.027
		均值	4.594	3.299	2.484	6.250
		标准差	3.940	2.391	1.409	4.531
		变异系数	0.858	0.725	0.567	0.725

由表5.6可以发现，21家上市煤炭企业平均净资产收益率整体上呈下降趋势；总资产周转率平均值先降后升，2011年又升至2008年的水平；应收账款周转率平均值2011年达到2008年的2倍多，提升明显；净利润增长率均值整体呈明显下降趋势，由2008年的0.881降至2011年的0.101；总资产增长率整体上有减缓趋势；百万吨死亡率明显下降，企业安全绩效明显提升；员工职业健康安全管理状况、煤炭资源回收状况、环境治理状况、社会责任报告完善程度逐年提升；万元资产纳税额及万元资产捐赠额2008年最高，2009年明显下降，然后逐年缓慢增长。

（2）测度结果分析。

基于Topsis方法计算2008年、2009年、2010年、2011年21家上市煤炭企业的综合绩效，计算结果如表5.7所示。表5.7中最小数据为0，为使最终的协调度不出现0，将表5.7中数值为0的数据替换为0.001，0.001依然是最小数据，而且不会影响最后的评价结果。然后计算协调度，并用协调度对综合绩效进行修正得到转型绩效，计算结果如表5.8所示。各维度绩效及转型绩效各年排序结果及四年排序均值如表5.9所示。

表 5.7　　基于 Topsis 法的上市煤炭企业综合绩效及各绩效维度评价结果

号	企业	经济绩效				安全绩效				环境绩效				社会绩效				综合绩效			
		2011年	2010年	2009年	2008年	2011年	2010年	2009年	2008年	2011年	2010年	2009年	2008年	2011年	2010年	2009年	2008年	2011年	2010年	2009年	2008年
1	中国神华	0.360	0.290	0.300	0.186	0.920	0.980	0.963	1.000	0.723	0.721	0.698	0.701	0.881	0.379	0.423	0.260	0.708	0.704	0.594	0.508
2	兖州煤业	0.363	0.507	0.295	0.394	1.000	1.000	1.000	1.000	0.723	0.721	0.435	0.442	0.262	0.349	0.236	0.311	0.542	0.721	0.559	0.547
3	中煤能源	0.360	0.282	0.288	0.037	0.911	0.921	0.904	0.890	1.000	0.695	0.676	0.677	0.317	0.306	0.313	0.567	0.552	0.660	0.565	0.591
4	冀中能源	0.473	0.364	0.241	0.687	0.434	0.800	0.749	0.825	0.778	0.782	0.759	0.757	0.340	0.467	0.412	0.545	0.459	0.681	0.550	0.661
5	西山煤电	0.379	0.337	0.342	0.460	0.850	0.918	0.165	0.503	0.345	0.345	0.311	0.311	0.250	0.252	0.420	0.194	0.523	0.678	0.369	0.399
6	潞安环能	0.444	0.519	0.397	0.368	0.850	0.864	0.828	0.905	0.612	0.614	0.601	0.601	0.329	0.450	0.567	0.252	0.555	0.719	0.616	0.517
7	平煤股份	0.315	0.401	0.309	0.491	0.850	0.530	0.191	0.180	0.140	0.137	0.140	0.147	0.153	0.180	0.147	0.097	0.457	0.456	0.251	0.258
8	神火股份	0.457	0.577	0.234	0.466	0.150	0.536	0.191	0.180	0.555	0.488	0.408	0.406	0.076	0.086	0.032	0.034	0.289	0.475	0.240	0.265
9	阳泉煤业	0.478	0.473	0.615	0.309	0.000	0.660	0.736	0.779	0.502	0.506	0.266	0.265	0.423	0.723	0.347	0.114	0.361	0.642	0.552	0.420
10	开滦股份	0.196	0.251	0.276	0.288	0.000	0.811	0.165	0.150	0.502	0.506	0.482	0.480	0.078	0.223	0.165	0.157	0.208	0.609	0.294	0.266
11	国投新集	0.298	0.328	0.178	0.263	0.000	0.460	0.165	0.779	0.603	0.605	0.592	0.590	0.070	0.055	0.075	0.080	0.256	0.429	0.307	0.441
12	大同煤业	0.148	0.159	0.296	0.349	0.080	0.918	0.191	0.180	0.612	0.614	0.343	0.346	0.241	0.205	0.301	0.136	0.268	0.652	0.338	0.286
13	兰花科创	0.598	0.490	0.532	0.483	0.000	0.881	0.165	0.150	0.637	0.642	0.482	0.480	0.141	0.203	0.576	0.083	0.343	0.691	0.461	0.291
14	恒源煤电	0.282	0.353	0.253	0.408	0.000	0.822	0.000	0.000	0.359	0.364	0.398	0.395	0.131	0.099	0.065	0.005	0.199	0.599	0.216	0.216
15	盘江股份	0.494	0.343	0.575	0.484	0.000	0.000	0.165	0.150	0.202	0.177	0.189	0.187	0.257	0.286	0.310	0.177	0.276	0.158	0.337	0.252
16	上海能源	0.357	0.381	0.363	0.422	0.920	0.788	1.000	0.180	0.652	0.539	0.518	0.491	0.408	0.271	0.364	0.168	0.584	0.624	0.579	0.298
17	露天煤业	0.502	0.537	0.517	0.279	0.000	0.524	0.165	0.150	0.502	0.506	0.311	0.311	0.276	0.229	0.413	0.086	0.337	0.488	0.411	0.261
18	煤气化	0.067	0.141	0.157	0.365	0.850	0.881	0.165	0.150	0.345	0.316	0.311	0.311	0.154	0.225	0.237	0.321	0.465	0.647	0.298	0.341
19	郑州煤电	0.291	0.233	0.208	0.171	0.000	0.524	0.165	0.150	0.000	0.000	0.000	0.000	0.087	0.351	0.135	0.020	0.148	0.429	0.174	0.126
20	平庄能源	0.416	0.291	0.239	0.306	0.000	0.524	0.165	0.150	0.000	0.000	0.000	0.000	0.371	0.222	0.227	0.168	0.303	0.436	0.245	0.230
21	靖远煤电	0.341	0.202	0.185	0.192	0.790	0.524	0.165	0.150	0.000	0.000	0.000	0.000	0.266	0.583	0.190	0.140	0.461	0.460	0.180	0.160

表 5.8　上市煤炭企业转型绩效计算结果

编号	企业	综合绩效				协调度				转型绩效			
		2011 年	2010 年	2009 年	2008 年	2011 年	2010 年	2009 年	2008 年	2011 年	2010 年	2009 年	2008 年
1	中国神华	0.708	0.704	0.594	0.508	0.912	0.859	0.878	0.745	0.646	0.605	0.522	0.378
2	兖州煤业	0.542	0.721	0.559	0.547	0.835	0.905	0.827	0.884	0.453	0.652	0.462	0.483
3	中煤能源	0.552	0.660	0.565	0.591	0.840	0.846	0.857	0.431	0.464	0.558	0.484	0.255
4	冀中能源	0.459	0.681	0.550	0.661	0.942	0.928	0.865	0.984	0.433	0.632	0.476	0.651
5	西山煤电	0.523	0.678	0.369	0.399	0.878	0.859	0.924	0.912	0.459	0.583	0.341	0.364
6	潞安环能	0.555	0.719	0.616	0.517	0.921	0.962	0.956	0.861	0.511	0.691	0.589	0.445
7	平煤股份	0.457	0.456	0.251	0.258	0.728	0.822	0.938	0.801	0.332	0.375	0.235	0.207
8	神火股份	0.289	0.475	0.240	0.265	0.671	0.691	0.596	0.545	0.194	0.328	0.143	0.145
9	阳泉煤业	0.361	0.642	0.552	0.420	0.092	0.979	0.895	0.752	0.033	0.629	0.494	0.316
10	开滦股份	0.208	0.609	0.294	0.266	0.116	0.838	0.882	0.864	0.024	0.510	0.259	0.230
11	国投新集	0.256	0.429	0.307	0.441	0.100	0.607	0.719	0.633	0.026	0.260	0.221	0.279
12	大同煤业	0.268	0.652	0.338	0.286	0.715	0.720	0.968	0.896	0.192	0.469	0.327	0.256
13	兰花科创	0.343	0.691	0.461	0.291	0.087	0.829	0.849	0.703	0.030	0.573	0.392	0.205
14	恒源煤电	0.199	0.599	0.216	0.216	0.121	0.708	0.119	0.071	0.024	0.424	0.026	0.015
15	盘江股份	0.276	0.158	0.337	0.252	0.110	0.120	0.858	0.874	0.030	0.019	0.289	0.220
16	上海能源	0.584	0.624	0.579	0.298	0.912	0.903	0.896	0.860	0.532	0.563	0.519	0.256
17	露天煤业	0.337	0.488	0.411	0.261	0.096	0.920	0.889	0.844	0.032	0.449	0.365	0.220
18	煤气化	0.465	0.647	0.298	0.341	0.597	0.757	0.950	0.924	0.278	0.490	0.283	0.315
19	郑州煤电	0.148	0.429	0.174	0.126	0.080	0.102	0.152	0.161	0.012	0.044	0.026	0.020
20	平庄能源	0.303	0.436	0.245	0.230	0.047	0.106	0.137	0.137	0.014	0.046	0.034	0.031
21	靖远煤电	0.461	0.460	0.180	0.160	0.091	0.092	0.148	0.156	0.042	0.043	0.027	0.025

表5.9 转型绩效及各绩效维度排序结果

编号	企业	经济绩效排序					安全绩效排序					环境绩效排序					社会绩效排序					转型绩效排序				
		2011年	2010年	2009年	2008年	均值	2011年	2010年	2009年	2008年	均值	2011年	2010年	2009年	2008年	均值	2011年	2010年	2009年	2008年	均值	2011年	2010年	2009年	2008年	均值
1	中国神华	11	15	9	19	13.50	2	2	3	1	2.00	3	2	2	2	2.25	1	5	3	5	3.50	1	5	2	4	3.00
2	兖州煤业	10	4	11	9	8.50	1	1	1	1	1.00	3	2	9	9	5.75	10	7	13	4	8.50	6	2	7	2	4.25
3	中煤能源	12	16	12	21	15.25	4	3	4	4	3.75	1	4	3	3	2.75	7	8	9	1	6.25	4	9	5	11	7.25
4	冀中能源	5	9	15	1	7.50	10	11	6	5	8.00	2	1	1	1	1.25	5	3	6	2	4.00	7	3	6	1	4.25
5	西山煤电	9	12	7	6	8.50	6	4	11	8	7.25	15	15	13	13	14.00	12	11	4	7	8.50	5	6	10	5	6.50
6	潞安环能	7	3	5	10	6.25	6	8	5	3	5.50	7	6	4	4	5.25	6	4	2	6	4.50	3	1	1	3	2.00
7	平煤股份	15	7	8	2	8.00	6	15	8	9	9.50	18	18	18	18	18.00	15	18	17	15	16.25	8	15	15	15	13.25
8	神火股份	6	1	17	5	7.25	11	14	8	9	10.50	10	13	10	10	10.75	20	20	21	19	20.00	10	16	17	17	15.00
9	阳泉煤业	4	6	1	13	6.00	14	13	7	6	10.00	11	10	16	16	13.25	2	1	8	14	6.25	13	4	4	6	6.75
10	开滦股份	19	17	13	15	16.00	14	10	11	13	12.00	11	10	7	7	8.75	19	14	16	11	15.00	18	10	14	12	13.50
11	国投新集	16	13	20	17	16.50	14	20	11	6	12.75	9	8	5	5	6.75	21	21	19	18	19.75	17	17	16	8	14.50
12	大同煤业	20	20	10	12	15.50	12	4	8	9	8.25	7	6	12	12	9.25	13	16	11	13	13.25	11	12	11	9	10.75
13	兰花科创	1	5	3	4	3.25	14	6	11	13	11.00	6	5	7	7	6.25	16	17	1	17	12.75	16	7	8	16	11.75
14	恒源煤电	18	10	14	8	12.50	14	9	21	21	16.25	14	14	11	11	12.50	17	19	20	21	19.25	19	14	21	21	18.75
15	盘江股份	3	11	2	3	4.75	14	21	11	13	14.75	17	17	17	17	17.00	11	9	10	8	9.50	15	21	12	13	15.25
16	上海能源	13	8	6	7	8.50	2	12	2	9	6.25	5	9	6	6	6.50	3	10	7	9	7.25	2	8	3	10	5.75
17	露天煤业	2	2	4	16	6.00	14	16	11	13	13.50	11	10	13	13	11.75	8	12	5	16	10.25	14	13	9	14	12.50
18	煤气化	21	21	21	11	18.50	6	6	11	13	9.00	15	16	13	13	14.25	14	13	12	3	10.50	9	11	13	7	10.00
19	郑州煤电	17	18	18	20	18.25	14	16	11	13	13.50	19	19	21	19	19.50	18	6	18	20	15.50	21	19	20	20	20.00
20	平庄能源	8	14	16	14	13.00	14	16	11	13	13.50	19	19	20	19	19.25	4	15	14	9	10.50	20	18	18	18	18.50
21	靖远煤电	14	19	19	18	17.50	9	16	11	13	12.25	19	19	19	19	19.00	9	2	15	12	9.50	12	20	19	19	17.50

根据表5.7，4年间各企业经济绩效的最大数值对应2009年阳泉煤业，为0.615，远小于1。而安全绩效对应的最大数值为1，且出现次数达6次，大于0.8的数值次数超过20次，最小数值为0，出现次数超过10次。说明安全绩效整体状况好于经济绩效，但两极分化。一方面，国家在煤炭企业安全规制方面越来越严格，导致煤炭企业越来越重视安全问题；另一方面，为了保障安全、提升安全水平，相应的成本就会提高，会对经济绩效产生负向影响。环境绩效方面，最大数值不超过0.8，数据较多地集中在0.6左右，还有三家企业对应的数据全部为0，意味着这三家企业在环境治理方面所采取的措施、取得的成效最弱，但环境绩效整体状况优于经济绩效与社会绩效，说明国家与行业环境规制的强化对煤炭企业产生了影响，同时对环境的治理，也加大了成本，会对经济绩效有负向影响。社会绩效方面，很多数值集中在0.2左右，整体状况较差。

根据表5.9中4年间煤炭企业转型绩效的排序均值，将21家上市煤炭企业归为4大梯队，分别如下：

梯队1：该梯队由4年间转型状况最好的煤炭企业组成，包括中国神华、冀中能源、兖州煤业与潞安环能4家企业，它们的转型绩效排序均值都排在1~5名之间。

梯队2：该梯队由4年间转型状况次优的煤炭企业组成，包括中煤能源、阳泉煤业、西山煤电、煤气化和上海能源等5家企业，它们的转型绩效排序均值都排在5~10名之间。

梯队3：该梯队的煤炭企业包含7家：平煤股份、兰花科创、神火股份、开滦股份、大同煤业、露天煤业、国投新集，2008~2011年它们的转型绩效排序均值都排在10~15名之间。

梯队4：该梯队的煤炭企业共包含5家企业：盘江股份、恒源煤电、平庄能源、靖远煤电与郑州煤电。它们在2008~2011年的转型绩效排序均值排在15~21名之间，这5家企业的各个维度的绩效绝大部分都排在第10名后面，只有盘江股份的经济绩效排序均值为4.75。

从4年间的综合情况来看，潞安环能的转型绩效最好，其次是中国神华；兰花科创与盘江股份的经济绩效排名最靠前；兖州煤业与中国神华的安全绩效方面排名最靠前；冀中能源与中国神华的环境绩效排名最靠前；中国神华与冀中能源的社会绩效排在最前面。基于 Topsis 法的基本原理及协调度的计算公式，转型绩效及各维度绩效的结果离 1 越近，意味着转型状况越好。但在以上上市煤炭企业中转型绩效最好的是中国神华，其转型绩效未超过 0.7，大多数数据集中在 0.5 左右，这说明，中国煤炭企业的整体转型绩效较弱。因此，中国煤炭企业在转变发展方式、实现可持续发展方面还有很长的路要走。

5.3 高管团队各能力要素对转型目标的贡献分析

5.3.1 研究假设的提出

（1）高管团队转型文化重塑能力对煤炭企业转型绩效的贡献分析。

转型文化重塑能力指的是煤炭企业高管团队能重塑有利于企业转型的文化的能力，进而促使全员参与到企业向本质安全型、资源节约型、环境友好型及内涵式发展的转变过程中，显然，高管团队的转型文化重塑能力有利于企业的转型绩效、安全绩效、环境绩效与社会绩效。转型文化重塑能力高，意味着煤炭企业高管团队树立了有利于企业转型的经营理念，且具有强有力的认知与行为领导能力。因此，一方面，转型文化重塑能力强，意味着煤炭企业高层更多地关注安全、环境保护与资源节约等，而这些无疑会增加成本，所以不利于企业的经济绩效；另一方面，转型文化重塑能力强，意味着煤炭企业高层重视通过管理转型与技术创新等来获得高效率和高效益，因此，有利于煤炭企业的经济绩效。所以本书提出以下假设：

H1a：高管团队的转型文化重塑能力与煤炭企业经济绩效呈正相关关系；

H1b：高管团队的转型文化重塑能力与煤炭企业经济绩效呈负相关关系；

H1c：高管团队的转型文化重塑能力与煤炭企业安全绩效呈正相关关系；

H1d：高管团队的转型文化重塑能力与煤炭企业环境绩效呈正相关关系；

H1e：高管团队的转型文化重塑能力与煤炭企业社会绩效呈正相关关系；

H1f：高管团队的转型文化重塑能力与煤炭企业转型绩效呈正相关关系。

（2）高管团队的转型战略规划能力对煤炭企业转型绩效的贡献分析。

高管团队的转型战略规划能力从根本上规定了煤炭企业实现转型的路径与步骤，并直接影响到转型目标的实现程度，因此，高管团队的转型战略规划能力强有助于煤炭企业的转型绩效及四方面的绩效维度。

所以本书提出以下假设：

H2a：高管团队的转型战略规划能力与煤炭企业经济绩效呈正相关关系；

H2b：高管团队的转型战略规划能力与煤炭企业安全绩效呈正相关关系；

H2c：高管团队的转型战略规划能力与煤炭企业环境绩效呈正相关关系；

H2d：高管团队的转型战略规划能力与煤炭企业社会绩效呈正相关关系；

H2e：高管团队的转型战略规划能力与煤炭企业转型绩效呈正相关关系。

（3）高管团队的资源整合能力对煤炭企业转型绩效的贡献分析。

资源整合指的是通过资源选择与资源配置等环节实现资源融合，以充分利用各种资源。煤炭企业转型目标决定了高管团队的资源整合要兼顾多目标。高的资源整合能力有助于企业各类资源在安全环节、环境保护与治理环节、资源回收与综合利用环节、实现利润等环节的合理有效的安排，所以提出以下假设：

H3a：高管团队的资源整合能力与煤炭企业经济绩效呈正相关关系；

H3b：高管团队的资源整合能力与煤炭企业安全绩效呈正相关关系；

H3c：高管团队的资源整合能力与煤炭企业环境绩效呈正相关关系；

H3d：高管团队的资源整合能力与煤炭企业社会绩效呈正相关关系；

H3e：高管团队的资源整合能力与煤炭企业转型绩效呈正相关关系。

（4）高管团队的管理控制与创新能力对煤炭企业转型的贡献分析。

高管团队的管理控制与创新能力影响整个煤炭企业的执行力，决定了煤炭企业既定战略的执行效果，直接影响到煤炭企业的利润目标、安全目标、环境保护目标与社会贡献目标。因此，提出以下假设：

H4a：高管团队的管理控制与创新能力与煤炭企业经济绩效呈正相关关系；

H4b：高管团队的管理控制与创新能力与煤炭企业安全绩效呈正相关关系；

H4c：高管团队的管理控制与创新能力与煤炭企业环境绩效呈正相关关系；

H4d：高管团队的管理控制与创新能力与煤炭企业社会绩效呈正相关关系；

H4e：高管团队的管理控制与创新能力与煤炭企业转型绩效呈正相关关系。

（5）高管团队的持续学习能力对煤炭企业转型绩效的贡献分析。

转型期煤炭企业面临的内外部环境更加复杂，不确定性更强，高管团队只有不断学习，才能认清形势与环境，积极转变经营理念，制定适当的战略，并有效执行。高管团队的持续学习能力作用于转型期煤炭企业经营的各个方面。因此，提出以下假设：

H5a：高管团队的持续学习能力与煤炭企业经济绩效呈正相关关系；

H5b：高管团队的持续学习能力与煤炭企业安全绩效呈正相关关系；

H5c：高管团队的持续学习能力与煤炭企业环境绩效呈正相关关系；

H5d：高管团队的持续学习能力与煤炭企业社会绩效呈正相关关系；

H5e：高管团队的持续学习能力与煤炭企业转型绩效呈正相关关系。

5.3.2　基于面板数据模型的实证分析

（1）确定解释变量和被解释变量。

被解释变量包括 5 个，即企业转型绩效（ZXJX）及经济绩效（JJJX）、环境绩效（HJJX）、安全绩效（AQJX）和社会绩效（SHJX）四个维度。

解释变量包含煤炭企业高管团队各能力维度及其他影响企业绩效的变量，主要包括：

第一，外部环境。外部环境主要包括宏观环境和区域环境。外部宏观环境通过宏观经济景气指数来测度。宏观经济景气指数主要由 4 个指数构成，包括预警指数、先行指数、一致指数和滞后指数。其中，一致指数包含四方面内容：一是工业生产状况；二是就业状况；三是社会需求状况，具体包括投资、消费与外贸情况；四是社会收入状况，具体包括国家税收情况、企业利润状况、居民收入情况等。因此，可以用一致指数衡量当前经济的基本走势及宏观经济状况。宏观经济景气指数通常由国家统计局按月度发布相关数据，本书将每年 12 个月的一致指数的算术均值作为每年的一致指数。

区域环境包括区域基础设施、人力资本、信息、市场观念、政府行政管理水平等。区域自然条件、资源禀赋、贮藏量及地质条件等对于煤炭企业是特别关键的区域环境因素，这些因素直接决定了煤炭的产出数量与质量，同时，区域配套基础设施、运输条件、产业需求都会影响煤炭企业绩效。本书用“区域煤炭产量”来反映区域经济环境状况。若某区域煤炭资源丰富且易开采，则该区域煤炭产量应该较大，因此用区域煤炭产量来衡量区域自然禀赋、资源贮藏量及地质条件等。我们收集了 2008 ~ 2011 年中国各省、自治区、直辖市的煤炭产量数据。若煤炭企业跨区域扩张，则可用多个区域的煤炭产量均值来衡量该煤炭企业所处区域的自然禀赋状况。

第二，企业实力。企业实力可以分为硬实力和软实力，本书选取“企业资产总额”来衡量。一些上市公司披露了企业无形资产价值，则其披露的“企业资产总额”数据，包含企业无形资产价值，因此，在这种情况下，“企业资产总额”度量的不仅是企业硬实力，还包含企业软实力。

因此，解释变量包括：煤炭企业高管团队各能力维度，包括转型文化重塑能力（CC）、转型战略规划能力（SC）、资源配置能力（RC）、管理控制与创新能力（MC）与持续学习能力（LC），还有宏观经济景气指数（JQZS）、区域煤炭产量（QYCL）、企业资产总额（ZCZE）。各变量及其标识如表 5.10 所示。

表 5.10　　解释变量和被解释变量的标识

变量名称	性质	标识	备　注
企业转型绩效	被解释变量	ZXJX	
经济绩效	被解释变量	JJJX	
安全绩效	被解释变量	AQJX	
环境绩效	被解释变量	HJJX	
社会绩效	被解释变量	SHJX	
转型文化重塑能力	解释变量	CC	
战略规划能力	解释变量	SC	
资源配置能力	解释变量	RC	

续表

变量名称	性质	标识	备　注
管理控制与创新能力	解释变量	MC	
持续学习能力	解释变量	LC	
宏观经济景气指数	解释变量	JQZS	标识宏观经济状况
区域煤炭产量	解释变量	QYCL	标识区域自然禀赋状况
企业资产总额	解释变量	ZCZE	标识企业综合实力

（2）平稳性检验。

对 5. 3. 2. 1 与 5. 3. 2. 2 涉及的变量一起做平稳性检验，检验方法同 4. 4. 2. 3。检验结果如表 5. 11 所示。

表 5. 11　　　　平稳性检验结果

变量	LLC 检验结果 Prob.	PP-Fisher 检验结果 Prob.	Fisher-ADF 检验结果 Prob.	是否平稳	调整方式	调整后变量	LLC 检验结果 Prob.	PP-Fisher 检验结果 Prob.	Fisher-ADF 检验结果 Prob.	是否平稳
ZXJX	0. 0000	0. 1862	0. 1863	否	D（ZXJX）	DZXJX	0. 0000	0. 0000	0. 0000	是
JJJX	0. 0000	0. 0006	0. 0001	是						
HJJX	0. 0000	0. 0029	0. 0034	是						
AQJX	0. 0000	0. 0000	0. 0003	是						
SHJX	0. 0000	0. 0292	0. 1253	否	D（SHJX）	DSHJX	0. 0000	0. 0000	0. 0000	是
ZH	0. 0000	0. 0000	0. 0000	是						
CC	0. 0000	0. 0000	0. 0000	是						
SC	0. 0000	0. 0000	0. 0007	是						
MC	0. 0000	0. 0000	0. 0024	是						
RC	0. 0000	0. 0060	0. 0404	是						
LC	0. 0000	0. 0014	0. 0078	是						
JQZS	0. 0000	0. 7863	0. 7863	否	D（JQZS）	DJQZS	0. 0000	0. 0000	0. 0000	是
ZCZE		0. 9839	0. 9839	否	D（Log（ZCZE））	DLog ZCZE	0. 0000	0. 0000	0. 0000	是
QYCL	0. 9723	0. 0316	0. 5339	否	D（QYCL）	DQYCL	0. 0000	0. 0203	0. 0065	是

初步平稳性分析显示只有 JJJX、AQJX、HJJX、CC、SC、RC、MC 与 LC 等变量属于平稳序列，如表 5.11 所示。对非平稳变量取差分（D（））或取对数（log（））产生的新变量与检验结果如表 5.11 所示。检验结果显示处理后的变量序列均为平稳序列。为把其他变量变成同阶序列，对 JJJX、AQJX、HJJX、CC、SC、RC、MC 与 LC 等变量序列取差分。取差分后的序列都是平稳序列，可直接对这些变换后的序列进行回归分析，不需要进行协整检验。

（3）模型形式设定检验。

在对 Panel Data 模型进行估计时，首先要检验设定的模型形式，通常运用协方差分析方法来进行检验。需要检验下面的两个假设：

H_1：$\beta_1 = \beta_2 = \cdots = \beta_N$

H_2：$\alpha_1 = \alpha_2 = \cdots = \alpha_N \qquad \beta_1 = \beta_2 = \cdots = \beta_N$

五个模型的被解释变量与解释变量后面会述及。经 F 检验，最终，五个模型的检验结果均显示应该设定混合回归模型。

（4）回归结果与分析。

由于面板数据时序个数小于横截面个数，回归分析时采用截面加权估计方法（cross section weights），分析结果如表 5.12 所示。

表 5.12　各能力维度与经济绩效回归分析结果

模型	解释变量	被解释变量	解释变量系数	t 对应的 P 值	F 对应的 P 值	R-squared	Adjusted R-squared
模型一	DCC	DJJJX	0.194775	0.0614	0.000064	0.799847	0.774073
	DSC		0.314011	0.0279			
	DMC		0.152068	0.0747			
	DRC		0.233210	0.0902			
	DLC		0.194959	0.0802			
	DSCHZS		−0.078634	0.2485			
	DQYCL		−0.098564	0.0171			
	DLOGZCZE		−0.057125	0.0033			
	DJQZS		0.174295	0.0072			

续表

模型	解释变量	被解释变量	解释变量系数	t 对应的 P 值	F 对应的 P 值	R-squared	Adjusted R-squared
调整后的模型一	DCC	DJJJX	0. 139450	0. 0573	0. 000006	0. 832262	0. 824306
	DSC		0. 272235	0. 0531			
	DMC		0. 168681	0. 0762			
	DRC		0. 209277	0. 0621			
	DLC		0. 172896	0. 0976			
	DQYCL		-0. 066285	0. 1060			
	DJQZS		0. 152308	0. 0348			
	DLOGZCZE		-0. 051525	0. 0053			

首先，将所有自变量全部代入模型一，观察各自变量系数对应的 P 值，发现除了 DSCHZS 的系数相对应的 P 值为 0. 2485，大于 0. 1 外，其他都小于 0. 1，说明 DSCHZS 对应的系数的显著性程度不高，因此，为了优化模型，尝试去掉 DSCHZS，观察整个模型的变化，结果显示调整后的模型一中每个自变量系数的对应的 P 值都很小（绝大部分都小于 0. 1，只有 DQYCL 对应的系数的 P 值为 0. 1060，略大于 1），说明各自变量都具有较好的显著性，通过观察 F 统计量对应的 P 值的前后变化，可以发现调整后的模型一的拟合优度也比之前有所改善，因此，基于统计意义，“调整后的模型一” 更理想。

由调整后的模型一可以发现，高管团队能力的 5 个维度对经济绩效均有较显著的影响，其中战略规划能力（SC）影响系数最大，为 0. 272235，资源配置能力（RC）次之，影响系数为 0. 209277；持续学习能力（LC）与管理控制与创新能力（MC）的影响系数略小，分别为 0. 172896 及 0. 168681。转型文化重塑能力（CC）的影响系数相对于其他四要素最小，为 0. 139450。

由表 5. 13 模型二可见，DSCHZS 对应系数的 P 值为 0. 9655，因此，当调整时，将该自变量去掉，经过调整后的模型二的自变量系数的显著性程度都较高，且 F 对应的 P 值为 0. 000000，调整后的模型二拟合优度也比模型二有所提高。

表5.13　　各能力维度与安全绩效回归分析结果

模型	解释变量	被解释变量	解释变量系数	t对应的P值	F对应的P值	R-squared	Adjusted R-squared
模型二	DCC	DAQJX	0.399645	0.0041	0.000000	0.851767	0.823382
	DSC		0.349039	0.0499			
	DMC		0.247451	0.0714			
	DRC		0.196420	0.0003			
	DLC		0.325623	0.0292			
	DSCHZS		-0.005975	0.9655			
	DQYCL		-0.181765	0.0215			
	DLogZCZE		0.167371	0.0000			
	DJQZS		-0.428778	0.0289			
调整后的模型二	DCC	DAQJX	0.395347	0.0027	0.000000	0.853277	0.828823
	DSC		0.295288	0.0352			
	DMC		0.297929	0.0748			
	DRC		0.205082	0.0000			
	DLC		0.281048	0.0064			
	DJQZS		-0.430791	0.0225			
	DLogZCZE		0.167127	0.0000			
	DQYCL		-0.182009	0.0195			

调整后的模型二显示5个能力维度对安全绩效的影响系数的显著性水平皆较高，影响最大的是转型文化重塑能力（CC），影响系数为0.395347，其他由高到低依次为管理控制与创新能力（MC，0.297929），战略规划能力（SC，0.295288）、持续学习能力（LC，0.281048）及资源配置能力（RC，0.205082）。

由表5.14模型三可见，DSCHZS与DQYCL对应系数的P值分别为0.2971与0.5806，因此，当调整时，依次去掉这两个自变量，通过观察自变量系数的显著性程度、F对应的P值及模型的拟合优度来综合判断模型的优劣。如表5.14所示，调整后的模型三在统计意义上更优秀。

表 5.14　　各能力维度与环境绩效回归分析结果

模型	解释变量	被解释变量	解释变量系数	t 对应的 P 值	F 对应的 P 值	R-squared	Adjusted R-squared
模型三	DCC	DHJJX	0.365947	0.0000	0.000000	0.948847	0.939051
	DSC		0.182692	0.1111			
	DMC		0.207068	0.0905			
	DRC		0.212054	0.1070			
	DLC		0.154676	0.0005			
	DSCHZS		-0.059969	0.2971			
	DQYCL		0.016266	0.5806			
	DLogZCZE		0.095096	0.0000			
	DJQZS		-0.179184	0.0063			
调整后的模型三	DCC	DHJJX	0.381457	0.0000	0.000000	0.970012	0.965728
	DSC		0.235264	0.0400			
	DMC		0.235939	0.0045			
	DRC		0.161281	0.0943			
	DLC		0.155442	0.0000			
	DJQZS		-0.177431	0.0139			
	DLogZCZE		0.092760	0.0000			

调整后的模型三显示 5 个能力维度对环境绩效的影响系数的显著性水平皆较高，影响最大的是转型文化重塑能力（CC），影响系数为 0.38145，其他由高到低依次为管理控制与创新能力（MC，0.235939），战略规划能力（SC，0.235264）、资源配置能力（RC，0.161281）及持续学习能力（LC，0.155442）。

由模型四可见，DLogZCZE 与 DJQZS 对应系数的 P 值分别为 0.5005 与 0.3540，因此，当调整时，依次去掉这两个自变量，通过观察自变量系数的显著性程度、F 对应的 P 值及模型的拟合优度来综合判断模型的优劣。如表 5.15 所示，调整后的模型四在统计意义上更优秀。

表 5.15　各能力维度与社会绩效回归分析结果

模型	解释变量	被解释变量	解释变量系数	t 对应的 P 值	F 对应的 P 值	R-squared	Adjusted R-squared
模型四	DCC	DSHJX	0. 319822	0. 0000	0. 000000	0. 810757	0. 774520
	DSC		0. 194373	0. 1038			
	DMC		0. 186129	0. 0001			
	DRC		0. 174285	0. 1173			
	DLC		0. 253321	0. 0121			
	DSCHZS		-0. 189882	0. 0000			
	DQYCL		0. 071829	0. 0301			
	DLogZCZE		-0. 009605	0. 5005			
	DJQZS		0. 055181	0. 3540			
调整后的模型四	DCC	DSHJX	0. 274148	0. 0000	0. 000000	0. 809929	0. 785738
	DSC		0. 191719	0. 0918			
	DMC		0. 165843	0. 0000			
	DRC		0. 164732	0. 0634			
	DLC		0. 235844	0. 0032			
	DQYCL		0. 061490	0. 0124			

调整后的模型四显示 5 个能力维度对社会绩效的影响系数的显著性水平皆较高，影响最大的是转型文化重塑能力（CC），影响系数为 0. 274148，其他由高到低依次为持续学习能力（LC，0. 235844）、战略规划能力（SC，0. 191719）、管理控制与创新能力（MC，0. 165843）及资源配置能力（RC，0. 164732）。

由模型五可见，DSCHZS 与 DQYCL 对应系数的 P 值分别为 0. 5807 与 0. 8287，因此，当调整时，依次去掉这两个自变量，通过观察自变量系数的显著性程度、F 对应的 P 值及模型的拟合优度来综合判断模型的优劣。如表 5. 16 所示，调整后的模型五在统计意义上更优秀。

表 5.16　　各能力维度与转型绩效的回归分析

模型	解释变量	被解释变量	解释变量系数	t 对应的 P 值	F 对应的 P 值	R-squared	Adjusted R-squared
模型五	DCC	DZXJX	0.321644	0.0000	0.000000	0.846242	0.816799
	DSC		0.263122	0.0271			
	DMC		0.199405	0.0776			
	DRC		0.204435	0.0517			
	DLC		0.233591	0.0688			
	DLogZCZE		0.055537	0.0007			
	DSCHZS		-0.028644	0.5807			
	DJQZS		-0.121805	0.0256			
	DQYCL		-0.007744	0.8287			
调整后的模型五	DCC	DZXJX	0.295654	0.0000	0.000000	0.890839	0.875244
	DSC		0.232123	0.0123			
	DMC		0.207806	0.0744			
	DRC		0.199546	0.0119			
	DLC		0.218682	0.0596			
	DJQZS		-0.132210	0.0044			
	DLogZCZE		0.055478	0.0004			

调整后的模型五显示 5 个能力维度对转型绩效的影响系数的显著性水平皆较高，影响最大的是转型文化重塑能力（CC），影响系数为 0.295654，其他由高到低依次为战略规划能力（SC，0.232123）、持续学习能力（LC，0.218682）、管理控制与创新能力（MC，0.207806）及资源配置能力（RC，0.199546）。

（5）高管团队各能力要素对煤炭企业转型绩效的贡献总结。

将高管团队各能力要素对煤炭企业转型绩效的贡献总结如图 5.1 所示。

观察图 5.1 可以发现，较之其他能力要素，企业转型文化重塑能力对转型绩效及除了经济绩效之外的其他三个维度的绩效影响都最突出，可见，当前转型期，煤炭企业高管团队的转型理念、带领全体员工转变经营理念、形成有利于转型的企业文化的能力的重要性凸显出来。对经济绩效影响最大的能力要素是高管团队的转型战略规划能力，揭示了煤炭企业产业布局的调整、管理模式的转变及技术创新战略的实施对煤炭企业经济绩效有着根本性的影响。

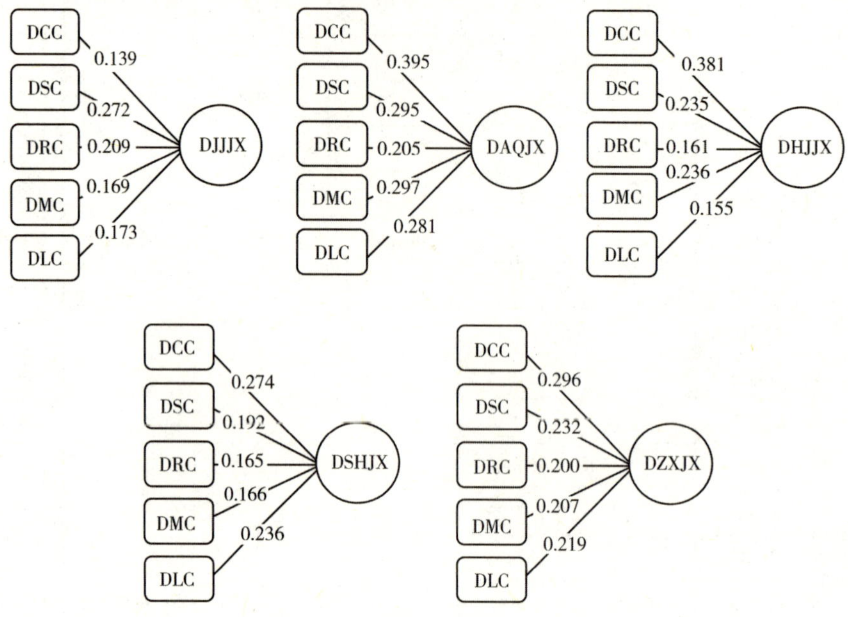

图 5.1　高管团队各能力要素对煤炭企业转型绩效的贡献度

5.4 高管团队综合能力对转型目标的贡献分析

5.4.1　研究假设的提出

转型期煤炭企业致力于经济绩效、安全绩效、环境绩效与社会绩效四方面绩效的高水平协调发展，煤炭企业转型绩效及其各绩效维度依赖于高管团队各种能力的综合作用，因此，提出以下假设：

H6a：高管团队的综合能力与煤炭企业经济绩效呈正相关关系；

H6b：高管团队的综合能力与煤炭企业安全绩效呈正相关关系；

H6c：高管团队的综合能力与煤炭企业环境绩效呈正相关关系；

H6d：高管团队的综合能力与煤炭企业社会绩效呈正相关关系；

H6e：高管团队的综合能力与煤炭企业转型绩效呈正相关关系。

5.4.2　基于面板数据模型的实证分析

（1）确定解释变量和被解释变量。

被解释变量包括 5 个，即企业转型绩效（ZXJX）及其各个维度，包括经济绩效（JJJX）、安全绩效（AQJX）、环境绩效（HJJX）和社会绩效（SHJX）。

解释变量包含煤炭企业高管团队综合能力（ZH）、宏观经济景气指数（JQZS）、区域煤炭产量（QYCL）与企业资产总额（ZCZE）。

（2）平稳性检验。

由表 5.11 可知，JJJX、AQJX、HJJX、ZH 为平稳序列，ZXJX、JQZS、QYCL、ZCZE 均为不平稳序列，采用差分或取对数方法处理后，经 LLC 检验、PP-Fisher 检验和 Fisher-ADF 检验，均为平稳序列。因此，对 JJJX 、AQJX、HJJX 同时取差分，使之变成同阶序列，然后对变换后的序列直接进行回归分析，而无须进行协整检验。

（3）模型形式设定检验。

第一个模型，以 DZXJX 为被解释变量，以 DZH、DJQZS、DQYCL 和 DLog-ZCZE 为解释变量进行检验，第二个至第五个模型被解释变量分别为 DJJJX、DAQJX、DHJJX 和 DSHJX，解释变量保持不变。经 F 检验，最终，五个模型的检验结果均显示应该建立混合回归模型。

（4）回归结果与分析。

由于本书面板数据横截面个数大于时序个数，选用截面加权估计方法来进行回归分析，回归结果如表 5.17 所示。

针对模型一的分析：高管团队综合能力变化（DZH）对煤炭企业转型绩效变化（DZXJX）有显著影响，系数为 0.374103。表 5.17 中模型一显示，企业综合实力、宏观经济状况及区域自然禀赋都对企业综合绩效有显著影响，但影响程度最大的是高管团队综合能力。

表 5.17　　综合能力与转型绩效的回归分析结果

模型	被解释变量	解释变量	解释变量系数	t 对应的 P 值	F 对应的 P 值	R-squared	Adjusted R-squared
模型一	DZXJX	DZH	0.374103	0.0000	0.000000	0.835109	0.822425
		DLOGZCZE	0.060683	0.0000			
		DJQZS	-0.097931	0.0152			
		DQYCL	0.045609	0.0241			

针对模型二的分析：高管团队综合能力变化（DZH）对煤炭企业经济绩效变化（DJJJX）有显著影响，系数为0.431209。表5.18中模型二显示，企业综合实力、宏观经济状况及区域自然禀赋都对企业经济绩效有较显著的影响，但影响程度最大的是高管团队综合能力。

表 5.18　　综合能力与经济绩效的回归分析结果

模型	被解释变量	解释变量	解释变量系数	t 对应的 P 值	F 对应的 P 值	R-squared	Adjusted R-squared
模型二	DJJJX	DZH	0.431209	0.0000	0.000000	0.821132	0.802514
		DLOGZCZE	-0.038284	0.0015			
		DJQZS	0.126245	0.0415			
		DQYCL	-0.047464	0.0818			

首先，将全部自变量代入模型三，结果显示 DQYCL、DJQZS 的系数对应的 P 值很大，意味着自变量系数的显著性较弱，因此，在调整模型三时，先分别去掉 DQYCL 与 DJQZS，再同时去掉二者，看整体模型的变化情况，一是看各自变量系数对应的显著性水平，二是看整体模型的拟合优度及 F 统计量对应的 P 值。通过对调整后的模型进行综合比较和判断，“调整后的模型三”在统计意义上更优秀。

表5.19中调整后的模型三显示，高管团队综合能力与企业实力对企业安全绩效皆有显著影响，高管团队综合能力变化（DZH）对安全绩效变化（DAQJX）的影响系数为0.703337，影响程度很大。

表 5.19　　　　综合能力与安全绩效的回归分析结果

<table>
<tr><th>模型</th><th>被解释变量</th><th>解释变量</th><th>解释变量系数</th><th>t 对应的 P 值</th><th>F 对应的 P 值</th><th>R-squared</th><th>Adjusted R-squared</th></tr>
<tr><td rowspan="3">模型三</td><td rowspan="3">DAQJX</td><td>DZH</td><td>0.429118</td><td>0.0508</td><td rowspan="3">0.000000</td><td rowspan="3">0.721505</td><td rowspan="3">0.714397</td></tr>
<tr><td>DLOGZCZE</td><td>0.169014</td><td>0.0001</td></tr>
<tr><td>DQYCL</td><td>-0.030544</td><td>0.7506</td></tr>
<tr><td rowspan="2">调整后的模型三</td><td rowspan="2">DAQJX</td><td>DZH</td><td>0.703337</td><td>0.0002</td><td rowspan="2">0.000000</td><td rowspan="2">0.795845</td><td rowspan="2">0.785320</td></tr>
<tr><td>DLOGZCZE</td><td>0.126887</td><td>0.0008</td></tr>
</table>

表 5.20 中模型四显示，高管团队综合能力、企业实力、宏观经济状况对环境绩效皆有显著影响，其中高管团队综合能力变化（DZH）对环境绩效变化（DHJJX）的影响系数为 0.471677，影响程度较大。

表 5.20　　　　综合能力与环境绩效的回归分析结果

<table>
<tr><th>模型</th><th>被解释变量</th><th>解释变量</th><th>解释变量系数</th><th>t 对应的 P 值</th><th>F 对应的 P 值</th><th>R-squared</th><th>Adjusted R-squared</th></tr>
<tr><td rowspan="4">模型四</td><td rowspan="4">DHJJX</td><td>DZH</td><td>0.471677</td><td>0.0000</td><td rowspan="4">0.000000</td><td rowspan="4">0.858439</td><td rowspan="4">0.839857</td></tr>
<tr><td>DLOGZCZE</td><td>0.095809</td><td>0.0000</td></tr>
<tr><td>DJQZS</td><td>-0.185750</td><td>0.0056</td></tr>
<tr><td>DQYCL</td><td>-0.051443</td><td>0.1673</td></tr>
</table>

表 5.21 中模型五显示部分解释变量对应的 P 值较大，因此进行调整，调整过程同前面。

表 5.21　　　　综合能力与社会绩效的回归分析结果

<table>
<tr><th>模型</th><th>被解释变量</th><th>解释变量</th><th>解释变量系数</th><th>t 对应的 P 值</th><th>F 对应的 P 值</th><th>R-squared</th><th>Adjusted R-squared</th></tr>
<tr><td rowspan="4">模型五</td><td rowspan="4">DSHJX</td><td>DZH</td><td>0.434637</td><td>0.0000</td><td rowspan="4">0.000000</td><td rowspan="4">0.690017</td><td rowspan="4">0.659626</td></tr>
<tr><td>DLOGZCZE</td><td>-0.007990</td><td>0.6407</td></tr>
<tr><td>DJQZS</td><td>0.121261</td><td>0.0236</td></tr>
<tr><td>DQYCL</td><td>0.027834</td><td>0.3263</td></tr>
<tr><td rowspan="2">调整后的模型五</td><td rowspan="2">DSHJX</td><td>DZH</td><td>0.423841</td><td>0.0000</td><td rowspan="2">0.000000</td><td rowspan="2">0.786133</td><td rowspan="2">0.761191</td></tr>
<tr><td>DJQZS</td><td>0.092181</td><td>0.0580</td></tr>
</table>

调整后的模型五显示 DZH 对 DSHJX 的影响在 α = 0.01 的条件下显著，DJQZS 对 DSHJX 的影响在 α = 0.1 的条件下显著。其中，高管团队综合能力变化对社会绩效变化的影响程度最大，影响系数为 0.423841。

综上所述，可用图 5.2 表示高管团队综合能力对转型期煤炭企业转型绩效及各绩效维度的影响。

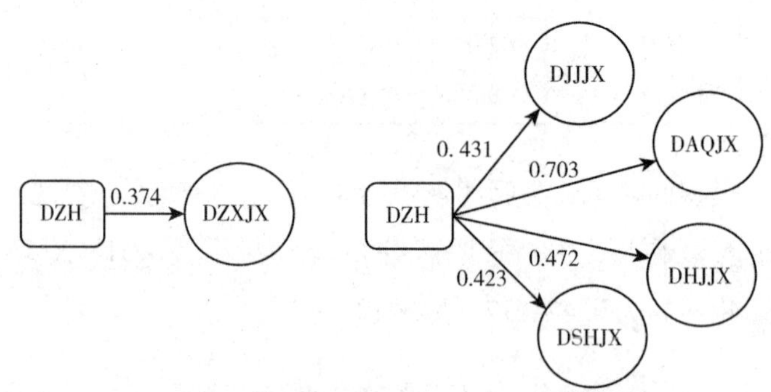

图 5.2　高管团队综合能力对转型绩效及各绩效维度的影响

由图 5.2 可见，高管团队综合能力对于煤炭企业转型绩效存在较强的正向影响，且对安全绩效的作用最大，系数为 0.703，对环境绩效的促进作用次之，系数为 0.472，对经济绩效的促进作用排在第三位，对社会绩效的促进作用排在第四位。意味着转型期煤炭企业高管团队在追求经济效益的同时，更加重视安全生产与环境保护问题，更加注重科学发展与可持续发展。

现将本章实证分析对研究假设的支持情况，汇总如表 5.22 所示。

表 5.22　贡献度实证分析对研究假设的支持情况汇总

转型期煤炭企业高管团队能力与绩效关系的研究假设	支持?
H1a：高管团队的转型文化重塑能力与煤炭企业经济绩效正相关	是
H1b：高管团队的转型文化重塑能力与煤炭企业经济绩效负相关	否
H1c：高管团队的转型文化重塑能力与煤炭企业安全绩效正相关	是
H1d：高管团队的转型文化重塑能力与煤炭企业环境绩效正相关	是
H1e：高管团队的转型文化重塑能力与煤炭企业社会绩效正相关	是
H1f：高管团队的转型文化重塑能力与煤炭企业转型绩效正相关	是
H2a：高管团队的转型战略规划能力与煤炭企业经济绩效正相关	是

续表

转型期煤炭企业高管团队能力与绩效关系的研究假设	支持?
H2b：高管团队的转型战略规划能力与煤炭企业安全绩效正相关	是
H2c：高管团队的转型战略规划能力与煤炭企业环境绩效正相关	是
H2d：高管团队的转型战略规划能力与煤炭企业社会绩效正相关	是
H2e：高管团队的转型战略规划能力与煤炭企业转型绩效正相关	是
H3a：高管团队的资源整合能力与煤炭企业经济绩效正相关	是
H3b：高管团队的资源整合能力与煤炭企业安全绩效正相关	是
H3c：高管团队的资源整合能力与煤炭企业环境绩效正相关	是
H3d：高管团队的资源整合能力与煤炭企业社会绩效正相关	是
H3e：高管团队的资源整合能力与煤炭企业转型绩效正相关	是
H4a：高管团队的管理控制与创新能力与煤炭企业经济绩效正相关	是
H4b：高管团队的管理控制与创新能力与煤炭企业安全绩效正相关	是
H4c：高管团队的管理控制与创新能力与煤炭企业环境绩效正相关	是
H4d：高管团队的管理控制与创新能力与煤炭企业社会绩效正相关	是
H4e：高管团队的管理控制与创新能力与煤炭企业转型绩效正相关	是
H5a：高管团队的持续学习能力与煤炭企业经济绩效正相关	是
H5b：高管团队的持续学习能力与煤炭企业安全绩效正相关	是
H5c：高管团队的持续学习能力与煤炭企业环境绩效正相关	是
H5d：高管团队的持续学习能力与煤炭企业社会绩效正相关	是
H5e：高管团队的持续学习能力与煤炭企业转型绩效正相关	是
H6a：高管团队的综合能力与煤炭企业经济绩效正相关	是
H6b：高管团队的综合能力与煤炭企业安全绩效正相关	是
H6c：高管团队的综合能力与煤炭企业环境绩效正相关	是
H6d：高管团队的综合能力与煤炭企业社会绩效正相关	是
H6e：高管团队的综合能力与煤炭企业转型绩效正相关	是

由表5.22可见，有一个负向假设关系未得到实证分析的支持，所有正向假设都得到了支持，说明转型期煤炭企业高管团队能力能够促进煤炭企业各方面绩效的提高，能够促进煤炭企业的转型升级；也说明煤炭企业经济绩效的提高，未必要牺牲安全绩效、环境绩效及社会绩效。

5.5 小结

本章首先给出了本书进行贡献度分析的前提条件，指出高管团队转型价值观系统是高管团队能力对企业综合绩效产生促进的重要调节变量。但对于上市煤炭煤炭企业来说，由于本书所选的样本企业都是国有和国有控股企业，因此各高管团队的转型价值观系统基本相似。其次根据贡献度分析的思路，构建了基于TOPSIS法的综合评价模型，对煤炭企业转型绩效进行测度。最后，利用面板数据模型对高管团队能力与企业转型绩效进行回归分析，用回归系数来衡量其贡献度。

通过分析高管团队各能力维度对转型绩效的贡献度发现：

高管团队能力的5个维度对经济绩效的影响系数的显著性水平皆较高，贡献度由大到小依次为战略规划能力、资源配置能力、转型文化重塑能力、持续学习能力及管理控制与创新能力。5个能力维度对安全绩效的影响系数的显著性水平皆较高，影响最大的是转型文化重塑能力，其他由高到低依次为管理控制与创新能力、战略规划能力、持续学习能力及资源配置能力。5个能力维度对环境绩效的影响系数的显著性水平皆较高，影响最大的是转型文化重塑能力，其他由高到低依次为管理控制与创新能力、战略规划能力、资源配置能力及持续学习能力。5个能力维度对社会绩效的影响系数的显著性水平皆较高，影响最大的是转型文化重塑能力，其他由高到低依次为持续学习能力、战略规划能力、管理控制与创新能力及资源配置能力。5个能力要素对转型绩效的影响系数的显著性水平皆较高，影响最大的是转型文化重塑能力，其他由高到低依次为战略规划能力、持续学习能力、管理控制与创新能力及资源配置能力。

通过分析高管团队综合能力对绩效的贡献度发现：

企业综合实力、宏观经济状况及区域自然禀赋都对企业转型绩效有显著影响，但影响程度最大的是高管团队综合能力。企业综合实力、宏观经济状况及区域自然禀赋都对企业经济绩效有较显著的影响，但影响程度最大的是高管团队综合能力。高管团队综合能力与企业实力对企业安全绩效皆有显著影响，但高管团队综合能力对安全绩效影响最大。高管团队综合能力、企业实力、宏观经济状况对环境绩效皆有显著影响，但高管团队综合能力对环境绩效的影响最大。高管团队综合能力与宏观经济状况对社会绩效均有显著影响，但高管团队综合能力变化对社会绩效变化的影响程度最大。

第 6 章

基于转型目标的大型煤炭企业高管团队能力提升路径

本章主要针对前面研究得出的结论，分析转型期大型煤炭企业高管团队能力的提升路径。

6.1 高管团队能力培养导向

当前煤炭企业迫切的需要转型升级，这也是大型煤炭企业实现科学发展、应对市场竞争、助力国民经济发展的必由之路。煤炭企业发展转型的目标就是实现向安全生产型、资源节约型、环境友好型与内涵增长型的转变。煤炭企业转型升级的实现路径主要包括产业结构的调整、管理模式的转变及技术创新等。为实现转型目标，煤炭企业高管团队肩负着关键任务：重塑有利于转型的企业文化，制定转型战略并根据环境的变化对战略进行调整，通过组织再造、资源整合、管理控制等确保战略实现。

因此，煤炭企业高管团队的建设与能力培养的导向应该是：通过完成高管团队肩负的关键任务，及对企业转型路径的实施，来保证企业转型目标的实现。这就要求上级部门在对大型煤炭企业高管团队进行考核时，不应只着眼于企业的经济绩效，还应兼顾企业在安全生产、资源节约、环境保护与治理、节能减排等方面做出的成效。

通过前面的研究，为确保大型煤炭企业转型目标的实现，高管团队需要具备五大能力要素：煤炭企业转型文化重塑能力、转型战略规划能力、资源整合能力、管理控制与创新能力及高管团队持续学习能力。根据企业转型目标的战略实现过程，这五大能力要素又被归为三大板块：企业转型战略规划能力板块、企业转型战略执行能力板块及企业转型的基本支持能力板块。

转型期大型煤炭企业高管团队建设与能力培养应围绕“三大板块，五大要素”的能力框架来进行。

第一，从企业转型支持能力板块来看，高管团队的企业转型文化重塑能力与其他能力要素相比，对于大型煤炭企业的安全绩效、环境绩效、社会绩效及综合绩效的促进作用最强，因此，首先要求煤炭企业高管团队正确认识转型，正确认识大型煤炭企业转型在整个煤炭行业转变发展模式甚至整个中国经济转变发展模式中的重要地位，树立正确的经营理念与科学发展观；然后利用自身的认知与行为领导能力来影响员工，运用正式和非正式的方式对新的经营理念进行灌输和培训，进而形成全体员工普遍认可的有利于转型的企业文化。

高管团队持续学习能力属于企业转型支持能力板块，为企业转型提供“永动力”。大型煤炭企业必须采取措施打造学习型团队，通过团队学习提升团队整体能力。在团队学习的过程中，企业一把手必须发挥推动与整合作用。

第二，从转型战略规划能力板块来看，企业转型战略规划能力与其他能力要素相比较，对于企业经济绩效的影响最大。大型煤炭企业高管团队的转型战略规划能力决定了企业的产业结构布局、管理模式的特征及技术创新战略的实施。转型战略规划能力考验大型煤炭企业高管团队的环境识别能力、战略制定能力及战略调整能力，该能力属于概念技能层面，更多地依赖于高管团队成员的实战经验及直觉，该能力的提升通常是无意识的过程。因此，为提高高管团队该方面的能力，一方面在高管选拔时，要尽量扩大甄选范围（当前有些大型煤炭企业已经将选拔范围扩大至国外），严格甄选程序，选拔出优秀人员；另一方面大型煤炭企业高管团队还可以借助“外脑”，通过与优秀的咨询公司建立合作关系，提升自身的转型战略规划能力。

第三，从战略执行能力板块来看，资源配置能力及管理控制与创新能力决定着转型战略的执行效果。该板块的能力大多可以通过学习与培训得到提升，因此，应该采取措施，如举办培训班、与先进企业交流学习、在职深造、行动学习等，加强对高管团队该板块能力的培训和提高。

6.2 高管团队能力提升建议

6.2.1 选拔具有优秀特质的高管团队成员

（1）对空缺高管职位的能力与素质需求进行深入分析与明确界定。

在选拔高管时，首先需要对空缺高管职位的职责与任务进行准确分析与明确界定，然后对空缺高管职位相应的能力与素质需求进行深入分析。例如，在煤炭企业的转型过程中，很多企业会选择进入其他领域，或与原经营业务相关或是全新的业务领域，此时，选拔熟悉新领域的高管对于企业抵御转型期的风险有非常重要的作用。

（2）对高管候选人的能力与专长进行详细调查与深入了解。

对高管候选人的能力与专长进行调查与了解时，需要综合多种考察途径，可以在借鉴已有的成熟的测试量表的基础上，根据职位需求重新设计测评量表来对候选人的相关能力进行测评，还可以借助专业的猎头公司或其他中介公司对其任职经历、能力专长等进行专业的调查与分析，并且可以通过非正式的方式在同行中进行私人拜访与了解。

（3）对高管候选人的人格特质、价值观等进行测评。

霍兰德等的人—职匹配模型揭示了不同人格特质的人适合从事不同性质的工作，需要对高管候选人的人格特质进行测评，可以选择被广泛认可的专门从事人力资源相关工作的咨询公司进行测评，并深入分析候选人人格特质与空缺职位的匹配程度。

为实现转型目标，煤炭企业必然从诸多方面、各个层次进行调整与改革，这必然对高管团队成员的创新性、冒险性等特质提出高要求。

为顺利实现煤炭企业转型目标，煤炭企业高管团队成员必须树立正确的经营理念，因此，有必要对候选人的价值观及经营理念进行测试，可以在现有的价值观测试量表的基础上开发能突出转型期发展特点的新量表来对高管候选人进行测试，还有必要运用组织文化剖面图来测试高管团队成员的价值观与组织文化的匹配程度。只有高管团队成员的价值观与组织文化比较匹配，才能在公司比较长久、愉快地工作，也才能产生较好的工作绩效。需要注意的是，煤炭企业转型期，可能意味着企业文化与经营理念的调整与重塑，企业高管层需要明确企业文化的重塑目标，然后可以选拔与未来企业文化与经营理念相匹配的高管候选人。

（4）扩大煤炭企业高管选拔聘任范围。

对高管团队成员的聘任机制实施改革，扩大选拔范围，已经有一些国有企业面向全球招聘高管。

6.2.2　塑造结构合理、角色齐备的高管团队

（1）提高高管团队年龄异质性程度。

基于前面的实证分析，在高管团队能力建设时应提高团队的年龄异质性程度，即在高管团队内部，应扩大高管成员的年龄差异。值得注意的是，近年来上市煤炭企业高管团队的年龄异质性程度有降低趋势。

（2）提高高管团队整体的受教育水平。

鼓励高管团队成员不断学习深造，从而提高团队整体的受教育水平。转型期，面临新模式、新领域、新技术、新方法的选择，而这些选择深受路径依赖性的限制，高管团队的已有知识、经验使其在搜索信息时只能局限在特定范围内。从这个意义上，高管团队更需要不断地学习与创新，更新思维方式，开阔经营思路。

（3）适当扩大高管团队规模。

若煤炭企业进入陌生的新领域，则高管团队很可能需要增加熟悉新领域的高管成员。一般来说，稍大规模的高管团队，如果结构合理，其成员在人格、性别、年龄、教育、专业和经验等方面会具有更多的异质性，容易拥有更多的特质

来保证任务的完成和企业目标的实现。同时，规模较大的高管团队通常会拥有更多社会资源、信息渠道等，有助于整个高管团队能力的提升。

（4）提高高管团队任期的异质性程度。

高管团队整体的平均任期并非越久越好，应提高任期的异质性程度。这意味着转型期煤炭企业需要根据情况所需适时地更新个别高管成员。

（5）基于角色需求，选拔高管团队成员。

成功的高管团队需要具备多种角色，包括创造者、推动者、评估者、组织者、生产者、控制者、维护者、建议者及联络者。创造者能提出有创意的想法，推动者会拥护和推动新想法，评估者善于对各种创意、方案进行深入剖析和评判，组织者善于分派任务、组织实施，生产者长于执行、推动任务的完成、目标的实现，控制者在目标的实现过程中起着监督、调控的作用，维护者则为组织做外部的联络工作并获取各种支持，建议者则会提供更多信息并提出更多建议，联络者负责整体的沟通、协调与整合工作。

成功的高管团队需要同时扮演这九种角色，每个成员可以同时扮演多种角色，在选拔高管成员时，需要分析候选人的内在优势，并分配给其恰当的任务，使其个人偏好与高管团队的角色要求相匹配，这样既能提高个人工作效率，也能提高整个高管团队的工作效率。

当同时有多个高管候选人竞争一个高管职位时，如果其各方面条件差不多，则从团队结构及团队角色的角度来进行选择会更有意义。

6.2.3 形成良好的团队规范，优化煤炭企业高管团队运作机制

（1）建设良好的团队规范。

良好的团队规范有助于优化领导、沟通、冲突、信任及相互学习的机制。团队规范包括显性规范与隐性规范。显性规范方面，高管团队核心领导者须建立明确的责、权、利分配制度，明确的决策制度与规范、信息交流与沟通制度等，以此来规范和约束高管成员的行为；隐性规范是高管成员默认的行事方式和规范，对高管团队内部的互信、凝聚力、运作效率等有重大影响。高管团队核心领导人

物不仅需要干预显性的团队制度与规范，还须熟悉和了解高管团队内部隐性规范的内容及方向，并采取措施引导不利的隐性规范向积极的方向发展。

（2）强化煤炭企业高管团队核心人物 CEO 的领导能力，实施战略型领导行为。

高管团队核心领导者 CEO 的领导方式与领导风格、高管团队的沟通机制及沟通的开放性、高管团队内的冲突类型及冲突水平、团队成员间的互信程度对高管团队整体的能力水平及能力发挥程度有重要影响。高管团队核心领导人物 CEO 对高管团队整体能力水平的高低及能力的发挥程度至关重要。

煤炭企业转型对高管团队核心人物 CEO 的战略性领导行为提出挑战。战略性领导指的是 CEO 在创新战略导向下展现出来的两栖性领导行为，指通过整合组织外部拓展能力和组织内部创新能力来应对迅速变化的外部环境的领导行为。可以通过两个维度对其进行衡量，包括运营性领导和创造性领导。运营性领导主要指是 CEO 对组织外部能力的整合，包括发现市场机会、拓展外部网络关系、获取各种资源、带领企业进入新领域等。创新性领导行为主要指对组织内部创新能力的整合，包括有效整合组织内部创新资源与组织内部的社会关系网络，通过建立有利于创新的制度与组织氛围来激发新知识与新技术的产生，并且大力提倡冒险和鼓励非传统性行为。因此，CEO 的战略性领导能有效整合组织内外部的创新资源，从而提升整个高管团队的创新能力。

心理授权会调整 CEO 战略型领导与高管团队创造力之间的关系。心理授权指的是高管团队成员所感触到的被 CEO 信任和认可，从而激发出来的内在工作动机的程度。心理授权包含高管团队成员在四个方面的综合体验水平：工作自主性、工作影响力、工作效能感以及工作意义。工作自主性指的是高管团队成员在完成任务的过程中所拥有的权力多少及自主程度；工作影响力指的是高管团队成员感知到的其工作对本组织的管理、战略、运营及企业绩效的影响程度；工作效能感指的是高管团队成员对自己能否完成工作、是否具有相应能力的判断；工作意义指的是高管团队成员对自身工作价值的判断和认知。总之，心里授权反映了高管团队成员对自身工作的积极认知和感受，这种积极认知和感受有助于团队成员及整个高管团队创造能力的提升。CEO 实施战略型领导，外部拓展企业运营空间，建立广泛的社会网络关系，内部建立学习型组织，创造和培育创新氛围，这些行为都有利于高管团队成员感知到其工作意义与工作价值，提高其工作效能与工作自主性，从而提升其整体的心理授权水平。

差序氛围感知会影响 CEO 战略型领导与高管团队成员心理授权之间的关系。在中国特定的关系文化背景下，高管团队的差序氛围值得关注。差序氛围指的是高管团队成员所感受到的高管团队内部权力、资源等的分配的不公平程度。而这种不公平程度是由团队成员与高管团队核心人物 CEO 之间的关系疏密不同造成的。当高管团队成员所感触到的差序氛围较高时，其心理授权强度会降低，不利于其创造力的发挥，这时高管团队核心人物 CEO 更应该积极实施战略型领导行为，从外部市场拓展、资源获取与分配，分工与分权、内部制度建设与文化培养等方面来增强团队成员的心理授权。综上所述，在煤炭企业转型期，CEO 要特别关注高管团队内部差序氛围，积极采取措施提升团队成员心理授权，从而发挥其创造力和主动性，进而带动整个煤炭企业不断变革创新，积极顺利地实现转型。

（3）在煤炭企业高管团队内部建立有效的沟通机制。

良好的沟通氛围，有助于减少组织沉默，较好地抑制团队成员隐匿自己的知识和信息，对于高管团队内部有效沟通，形成正确决策有着非常重要的作用。自由开放、彼此信任、安全的沟通氛围，有利于团队内部良好人际关系的塑造，提升团队成员的幸福感和满意度。在这样的团队氛围中高管团队成员会积极主动地分享自己的不同观点和意见，成员间的误解少，沟通的有效性更高。煤炭企业 CEO 要积极营造有利于沟通的、开放平等、能够畅所欲言的氛围，引导建立互相包容的、容忍建设性冲突的团队沟通规范，减少权力距离、关系等对沟通的不利影响。

沟通包括正式沟通和非正式沟通，正式沟通指的是组织成员按照组织等级制度和既定流程来进行的信息传递交流与处理的方式。正式沟通可以满足组织成员对信息需求的满足，但是无法满足组织成员的情感需求。非正式沟通指的是组织成员在组织制度框架之外，以私人名义进行的个人之间的信息交流和沟通，形式灵活多样，内容不限，互动性非常强，同时能得到及时反馈，是对正式组织沟通的有效补充。非正式沟通能促进组织成员的交流延伸到私人领域，从而促进成员间关系和情感的发展，增进彼此的信任，提高组织凝聚力。高管团队内部深入的非正式沟通，有助于团队成员迅速地洞悉环境的非连续性变化，提升整体的认知柔性和创造水平，给出更多可选择的决策方案。高管团队成员之间彼此深入的非正式沟通，能促进正式沟通的开放性和畅所欲言，降低成员沉默导致的成本，提高决策效率。煤炭企业需要采取措施促进高管团队成员之间的非正式交往及自发谈话，多进行非结构化会议，充分利用非正式沟通的积极作用。

适当提高高管团队内部的沟通频率有利于做出正确决策。高管团队需要进行战略决策，复杂性强，风险性高，同时具有知识敏感性特征，因此高管团队内部需要更多的沟通。较高频率的沟通能促进互动共同体的形成，实现信息、知识的传递、交流与重新整合，进而产生与决策相关的新知识和新视角。较高频率的沟通能促进团队内部的彼此信任，抑制“圈子”现象，增进对差异的理解，增加所需要的信息，减少因缺乏沟通所导致的冲突。转型期，煤炭企业需要密切关注外部环境的变化，适度增加沟通频率，团队成员内部积极交换相关信息与认识，同时也要避免过高频次的沟通带来的负面影响。

（4）在煤炭企业高管团队内部建立有效的冲突管理机制。

组织内部的冲突，通常包括两类，一类是知觉冲突，另一类是情感冲突。知觉冲突本质上是由认知差异导致，即对目标和任务、完成目标和任务的途径、方法的不认同，知觉冲突能够帮助团队成员获得多样化信息，从多个角度看待问题，有利于团队决策质量的提高。情感冲突是由团队成员之间的不信任，或不欣赏而导致。情感冲突会浪费团队成员的时间和精力，破坏团队凝聚力，不利于决策质量。知觉冲突与情感冲突通常互相伴随，高水平的知觉冲突也会带来情感冲突。因此，即使是关于任务、目标及完成方式的激烈讨论和争论，也会带来情感冲突。煤炭企业 CEO 既要在团队内部激发起一定程度的知觉冲突，还要避免冲突水平过高而带来的情感性冲突。这就要依赖企业 CEO 在管理高管团队的长期过程中所积累建立起来的为成员所共享和支持的团队规范。

6.2.4　优化公司治理结构，强化高管激励机制

（1）适度运用股权激励。

前面的实证分析显示在公司治理结构方面，高管团队持股比例对高管团队能

力有正向影响。

2008～2011年，煤炭企业高管团队持股比例都很低，还有很多不持股。高管持股的上市煤炭企业仅有6家，包括兰花科创、神火股份、潞安环能、郑州煤电、兖州煤业及西山煤电。在上述企业中，兰花科创与神火股份的高管团队持股比例较大，前者在2008年持有公司0.0222%股票，到2011年减持为0.0085%；后者在2008年持有公司0.0122%的股票，到2011年减持为0.0079%。在所有样本企业中，高管个人持股数量最多的是2011年神火股份的副董事长，持有股份数量为67000多股，还有少数高管持有少量股票，绝大部分高管不持有公司股票。有学者专门研究了国有上市公司高管团队持股比例问题，其研究的26家国有企业的高管团队在2006～2009年的持股比例均值为1.47%，国有煤炭企业高管团队持股比例远低于该数据。

2005年，《上市公司股权激励管理办法（试行）》由中国证监会颁布，之后，股权激励的相关政策、法规等不断出台，使股权激励有了法律基础。2006年，《关于进一步规范国有企业改制工作的实施意见》由国务院国有资产监督管理委员发布，指出大型国有企业将探索实施激励与约束机制，其高管被批准可以通过增资扩股的方式持有本企业股份。2016年8月，国资委印发了《关于国有控股混合所有制企业开展员工持股试点的意见》，对开展员工持股试点企业条件进行了严格界定，并对相关的关键事项都提出了明确的规范性要求，包括持股员工的范围、出资入股的方式、入股价格、股权结构、持股比例、股权流转等。国有煤炭企业作为资源型企业，在生产时主要依托国家的煤炭资源，较之一般的国有企业有其特殊性，因此，政府在推动国有煤炭企业高管的股权激励措施时很是慎重。

高管持股是一种有效的激励机制，能将高管个人利益与企业整体利益捆绑在一起。而且煤炭企业高管团队持股比例与高管团队能力的正相关关系通过了实证分析的检验。因此，待条件具备时，可以尝试性地适度提高煤炭企业高管的持股比例。但实证分析结果同时显示，管理层持股比例与企业转型战略执行能力板块的两大能力要素呈正相关关系；而对转型战略规划能力、转型文化重塑能力与持续学习能力等三大能力要素的正向影响未通过验证，这三个要素都对企业长远利益有重大影响；这意味着，高管团队持股可能会使高管人员更追逐企业短期利益，而忽视企业长远发展。所以，提高高管团队持股比例需要相应的制度来约束高管行为。

（2）设计合理的薪酬分配制度。

前面的实证分析显示在公司治理结构方面，高管薪酬平均水平对高管团队能力有正向影响。

高管团队薪酬平均水平在上市煤炭企业间差异极大，最高的可达百万元左右，最小的仅 10 万元出头，实证分析结果显示，薪酬平均水平对高管团队能力有明显的正向作用。因此，对于煤炭企业来说，要避免在行业内薪酬水平过低，这种行业内的横向比较劣势很容易导致高能力的高管人员的流失。尤其是当国家针对商业领域的商业贿赂、灰色收入等现象不断推出治理政策时，对于高管薪酬水平低于行业平均水平的企业，有必要考虑采取措施提升其高管待遇。

高管薪酬分配制度需要不断改革，既体现国有企业的特性，同时又要具备激励性。2014 年 8 月，中央深化改革小组审议通过了《中央管理企业主要负责人薪酬制度改革方案》，并于 2015 年年初开始实施，其他地方国有企业也须参照该方案进行改革。此次改革方案兼顾公平与效益，将行政化与市场化充分融合，严格规范由组织任命的国有企业负责人的薪酬分配问题，而对按照市场机制选聘的职业经理人，其薪酬水平由市场机制来决定。中央企业负责人薪酬结构由之前的基本年薪和绩效年薪两部分构成转变为三部分构成，包括基本年薪、绩效年薪和任期激励收入。其中，基本年薪按照上年度中央企业在岗职工年平均工资的一定倍数确定；绩效年薪由央企负责人年度考核评价结果及绩效年薪调节系数来确定；任期激励收入则主要由央企负责人在整个任期中的整体考核评价结果所处的等次来确定。自改革方案实施以来，各地国有企业大部分降低了国有企业负责人的基本年薪，但同时也加大了绩效考核力度。

对于按市场机制选聘的高管，煤炭企业在制定此类高管人员薪酬制度时应充分捆绑高管个人利益与企业整体利益，既要考虑短期效益问题，还要考虑长期效益问题。

6.2.5 打造学习型团队，主动采取跨界行为

转型期，很多煤炭企业积极创新、不断调整经营业务领域，高管团队跨界行为日益受到关注。团队跨界指的是团队为了达到自身目的，满足自身需求，积极联络外部环境中的利益相关者，并进行信息与资源交换的过程。高管团队跨界行为指的是高管团队成员个人或团队跨越团队边界与企业组织边界，与企业外部利益相关者，包括客户、供应商、合作伙伴与政府等进行的联系与互动，以及信息与资源的交换，是团队学习的重要环节。高管团队若将时间和精力都用于企业内部的运营管理，则无法感知外部环境变化，更不能有效应对，而高管团队跨界行为则有助于感知外部环境变化，提升团队创造力。路径依赖是煤炭企业转型的重要障碍，高管团队的跨界行为与学习是打破路径依赖的重要途径。企业转型需要知识基因的突变，一方面需要组织内部知识的积累、量变与质变，另一方面需要外部异质性知识源的刺激来激发突变。高管团队跨界行为不仅跨越了有形的组织边界，还跨越了无形的认知领域的知识边界，有利于组织内外异质性知识的整合，能防止因内部组织关系网络封闭而导致的创新路径锁定问题，降低团队退化风险，提高组织创新绩效。

高管团队跨界活动中的学习过程包括四个阶段：知识迁移、知识获取、知识整合与知识应用。知识迁移指的是高管团队外部显性知识被高管成员吸收、转移为个人显性知识的过程；知识获取指的是外部隐性知识被高管团队成员吸收、获取的过程；知识整合指的是高管团队成员个人隐性知识转化为高管团队隐性知识的过程；知识应用指的是团队个人显性知识转化为高管团队显性知识的过程。高管团队跨界活动中的学习本质上是隐性知识转变为显性知识的过程以及高管团队外部知识转变为内部知识的过程。高管团队通过跨界活动积极主动地建立与维护广泛、良好与长期的外部关系，有利于接触与搜寻新观点、新思维、新理念、新知识、新方法等，从而促进团队学习与创新。高管团队通过外部学习获取信息、知识，通过团队内部的沟通、合作、参与决策、相互支持等内部学习行为吸收新知识，并与内部存量知识有效整合，为组织带来突破式创新，或者为企业进入新

领域提供支撑。

因此，企业外部社会资本及高管团队成员个人的社会网络与社会资本对于转型期煤炭企业高管团队的学习非常重要。煤炭企业高管团队要积极主动地展开跨界活动进行外部学习，同时通过内部学习有效整合存量知识与增量知识，打破路径依赖，推动企业创新，为煤炭企业顺利转型提供保障。

6.2.6　完善企业外部制度环境

外部制度环境对高管团队能力的发展及发挥起着非常重要的引导和促进作用。外部制度环境为煤炭企业转型发展提供了推动力，推动着煤炭企业高管团队积极学习，提升能力，采取措施，带动煤炭企业转型。国家针对煤炭行业出台的安全与环保规制推动着企业高管团队积极转变经营理念，带动企业转型升级，实现安全生产与绿色生产。一些国有煤炭企业已经获准开始引入私人战略投资者，这是国有煤炭企业治理结构的重大变化，有利于企业经营效率的进一步提高。因此，国家需要继续从制度层面进行设计与创新，引导煤炭企业高管团队积极发展与提升自身能力。

6.3 小　结

本章明确指出转型期煤炭企业高管团队建设与能力培养的导向是服务于煤炭企业转型目标的实现，并应该着眼于三大板块、五大能力要素的培养。并提出了提升高管团队能力的具体建议，主要包括：选拔具有优秀特质的高管团队成员；塑造结构合理、角色齐备的高管团队；形成良好的团队规范，优化高管团队运作机制；优化公司治理结构，强化高管激励机制；完善企业外部制度环境。

第 7 章

结论与展望

本章总结本书的研究结论，并指出主要创新点、存在的问题与不足，并对进一步的研究进行展望。

7.1 主要结论

本书从煤炭企业转型目标与高管团队关键任务着手，来分析大型煤炭企业高管团队需要具备的能力结构，提出了大型煤炭企业高管团队需要具备的五大能力要素，并建立了转型期煤炭企业高管团队能力的整合架构；运用建立的能力测度指标体系，对 21 家上市煤炭企业高管团队的能力状况进行了调查与分析，并运用基于功效系数法的综合指数测度方法对其综合能力进行了测度，并利用面板数据模型对转型期大型煤炭企业高管团队能力的影响因素进行了实证分析；然后对煤炭企业高管团队能力对企业转型绩效的贡献度进行实证分析，验证了五大能力要素对煤炭企业转型的促进作用。最后，提出了转型期煤炭企业高管团队能力的提升对策。本书得出的主要研究结论有：

（1）在中国政府积极推进转变经济发展方式的大背景下，煤炭企业面临的转型目标主要包括由外延扩大式向集约内涵式发展转变，由事故多发型向本质安全型企业转变，由资源浪费型向资源节约型企业转变，由环境破坏型向环境友好型企业转变。煤炭企业转型路径主要包括产业结构调整、管理模式转变与技术创新。为了完成煤炭企业转型目标，高管团队的关键任务主要有：根据转型要求，调整或转变企业经营理念，重塑企业文化；根据转型环境重新定位，调整已有战略或制定新战略，并跟踪环境变化，对战略进行动态调整；通过组织再造、资源整合、管理控制等确保战略实现。

（2）根据大型煤炭企业高管团队的面临的关键任务，分析了基于转型目标的大型煤炭企业高管团队需要具备的五大关键能力要素：煤炭企业转型文化重塑能力、转型战略规划能力、资源整合能力、管理控制与创新能力、持续学习能力，并结合企业转型目标实现的战略过程，建立和分析了转型期煤炭企业高管团队能力的整合架构，并将五大能力要素划分为三大板块：企业转型战略规划能力板块直接作用于阶段性战略的制定与调整；资源整合能力、管理控制与创新能力本质上构成了企业转型战略执行能力板块，作用于每个阶段性战略的实现；转型文化重塑能力与高管团队持续学习能力构成了高管团队促进企业转型的基本支持能力板块。

（3）基于问卷对当前转型期大型煤炭企业高管团队的能力状况的调查与分析发现：当前转型期大型煤炭企业高管团队在安全、技术创新及环境保护方面的管理控制与创新能力较强；在学习新知识及应用新知识方面的能力较突出；对于“转方式，调结构”的重视程度较高。但煤炭企业高管团队在具体的企业转型目标的设定、整体战略安排、阶段性战略目标与安排以及战略调整方面的能力较低；通过组织结构调整来促使企业转型的能力较弱；“转方式，调结构”与煤炭企业文化的深入融合还有较大距离，显示煤炭企业高管团队的转型文化重塑能力亟待提高。同时，2008～2011 年 4 年间，上市煤炭企业高管团队通过在企业内部设计有效制度来促进节能减排与环保、产业结构调整与发展方式转型的能力及通过设立有效的激励机制促使员工在安全管理、环境保护、技术创新方面表现出积极行为的能力提升较快；高管团队重塑有利于企业“转方式，调结构”的企业文化的能力及转型目标与战略制定方面的能力提升较快。

（4）根据对 21 家上市煤炭企业高管团队的能力状况的测度、比较和分析发现：即使是综合能力排在前列的高管团队，其能力指数与 1 的差距也很大，且很多煤炭企业高管团队能力各维度差异较大，在各方面能力都强的高管团队很少。随着煤炭企业转型的不断深入，高管团队各方面的能力亟须提升。

(5) 影响高管团队能力的因素包括很多：团队成员个人特质、团队结构、角色完备程度、运作机制、团队规范、高管团队外部运行环境等。对高管团队结构、公司治理结构及企业外部环境等因素的实证分析发现：

第一，高管团队年龄异质性程度的增加、平均受教育水平的提高能增强高管团队的转型文化重塑能力；区域制度环境的优化会对高管团队转型文化重塑能力起到正向的诱导作用。高管团队成员的平均任期增加会较大地降低高管团队转型文化重塑能力。

第二，煤炭企业高管团队平均学历的提高、团队规模的增加及高管团队年龄异质性程度的增加及任期异质性程度的提高都有利于提升高管团队转型战略规划能力；高管团队平均任期的增加不利于转型战略规划能力的提升；高管团队学历平均水平对高管团队转型战略规划能力有正向的重要影响，而其异质性程度的影响是微弱的或是不具备积极意义的。

第三，高管团队持股比例的增加有利于高管团队资源配置能力的增强；高管团队学历平均水平的提高、团队规模的增加、任期异质性程度的提高、年龄异质性程度的提高及高管团队平均薪酬的提高有利于高管团队资源配置能力的增强。学历异质性程度对高管团队资源配置能力的变化有较弱的负向影响。

第四，高管团队持股比例的增加有利于高管团队管理控制与创新能力的增强；高管团队平均学历水平的提升、年龄异质性程度的提高、任期异质性程度的增强、高管团队平均薪酬水平的提高、团队规模的增大有利于高管团队管理控制与创新能力的增强。

第五，高管团队平均学历水平的增加、平均薪酬水平的增加、年龄异质性程度的增加有利于高管团队持续学习能力的增加；高管团队平均任期的增加不利于高管团队持续学习能力的增加；学历异质性程度对高管团队持续学习能力有较弱的负向影响。

(6) 高管团队转型价值观系统是高管团队能力对企业综合绩效产生促进的重要调节变量。但由于本书所选的上市煤炭企业都是国有和国有控股企业，因此各高管团队的转型价值观系统基本相似，假设其取值相同。利用面板数据模型对高管团队能力与企业转型绩效进行回归分析，得出如下结论：

第一，通过分析高管团队各能力维度对转型绩效的贡献发现：高管团队能力的 5 个维度对经济绩效皆有显著影响，贡献度由大到小依次为战略规划能力、资源配置能力、转型文化重塑能力、持续学习能力及管理控制与创新能力；5 个能力维度对安全绩效皆有显著影响，影响最大的是转型文化重塑能力，其他由高到低依次为管理控制与创新能力，战略规划能力、持续学习能力及资源配置能力。5 个能力维度对环境绩效皆有显著影响，影响最大的是转型文化重塑能力，其他由高到低依次为管理控制与创新能力，战略规划能力、资源配置能力及持续学习能力。5 个能力维度对社会绩效皆有显著影响，影响最大的是转型文化重塑能力，其他由高到低依次为持续学习能力、战略规划能力、管理控制与创新能力及资源配置能力。5 个能力维度对综合绩效皆有显著影响，影响最大的是转型文化重塑能力，其他由高到低依次为战略规划能力、持续学习能力、管理控制与创新能力及资源配置能力。

第二，通过分析高管团队综合能力对转型绩效的贡献发现：企业综合实力、宏观经济状况及区域自然禀赋都对企业综合绩效有显著影响，但影响程度最大的是高管团队综合能力。企业综合实力、宏观经济状况及区域自然禀赋都对企业经济绩效有较显著的影响，但影响程度最大的是高管团队综合能力。高管团队综合能力与企业实力对企业安全绩效皆有显著影响，但高管团队综合能力对安全绩效影响最大。高管团队综合能力、企业实力、宏观经济状况对环境绩效皆有显著影响，但高管团队综合能力对环境绩效的影响系数最大。高管团队综合能力与宏观经济状况对社会绩效均有显著影响，但高管团队综合能力变化对社会绩效变化的影响程度最大。

（7）明确了转型期大型煤炭企业高管团队建设与能力培养的导向是服务于煤炭企业转型目标的实现，并应着眼于能力的“三大板块、五大要素”来进行能力培养。从团队成员个人特质、团队结构、角色完备程度、运作机制、团队规范、高管团队外部运行环境等的多个角度出发，提出了基于转型目标的煤炭企业高管团队能力提升途径。

7.2 主要创新点

（1）提出了基于转型目标的大型煤炭企业高管团队能力的“三大板块，五大要素”的结构体系。企业转型战略规划能力板块，由企业转型战略规划能力构成，直接作用于各阶段性战略的制定与调整；企业转型战略执行能力板块由高管团队资源配置能力、管理控制与创新能力构成，直接作用于阶段性战略的执行与实现；企业转型基本支持能力板块由转型文化重塑能力与高管团队持续学习能力构成，前者为企业转型创造整体氛围，后者是企业转型获取持续竞争优势的主要来源。“三大板块，五大要素”的能力结构体系的建立为转型期煤炭企业高管团队能力分析、能力测度与能力培养提供了理论框架，也为转型期其他行业企业高管团队能力分析提供了参考框架。

（2）构建了基于转型目标的客观性较强的大型煤炭企业高管团队能力测度指标体系。国内外关于能力测度的文献，大多是基于主观调查进行，具有较强的主观性。本书克服这一不足，基于五大能力要素，按照客观指标与主观数据相结合的方式设置了能力测度指标体系，增强了指标体系的客观性，并通过问卷调查与因子分析方法进行了修正。在运用能力测度指标体系测量高管团队能力时，将指标体系拆解为两个表格，一个由客观指标构成，数据由研究者通过查阅公司年报、社会责任报告及公司网站获取；另一个为主观调查，由被调查者通过主观判断来填写。能力测度指标体系的建立为高管团队能力测度奠定了基础，为能力测度、比较与分析提供了工具。

（3）建立了大型煤炭企业高管团队能力对转型目标贡献的实证分析模型。本书运用经协调度校正的综合绩效，即转型绩效，来衡量转型目标的实现程度，即被解释变量由转型绩效表征；解释变量设置为高管团队综合能力及各能力维度指数、宏观经济景气指数、区域煤炭产量与企业资产总额，分别表征高管团队综合能力及各能力维度的强弱、宏观经济状况、区域经济环境和企业实力。实证分析结论为当前转型期大型煤炭企业高管团队能力建设与培养提供了客观依据与理论指导。

7.3 问题与展望

对于转型期煤炭企业高管团队能力的研究是对特殊时期特殊行业企业的理论研究，对于正处于发展方式转型的中国经济意义重大，但相关理论研究极少。本书还存在以下问题需要进一步研究：

（1）本书针对当前转型期煤炭行业特点，对高管团队能力展开研究，并针对 2007 年（中国政府从 2007 年正式提出转变经济发展方式）至 2011 年进行实证研究，以期为当前煤炭企业的转型发展提供理论指导。但煤炭企业的发展转型是一个漫长的无限逼近理想目标的过程。因此，煤炭企业的发展转型必定经历多个特征不同的阶段，所以有必要进一步针对煤炭企业不同的发展转型阶段对高管团队的能力要求进行研究，为煤炭企业发展转型提供动态的理论指导依据。

（2）本书仅指出高管团队价值观系统是高管团队能力促进企业绩效的重要调节变量，但并未对调节变量进行验证，为了方便，只是假设 21 家上市煤炭企业高管团队的转型价值观系统基本相似，这种假设与实际情况可能存在偏差。后续研究可增加对团队价值观系统的衡量与调查，并进一步研究其调节变量的作用。

（3）高管团队能力影响因素的实证分析中，由于影响因素很多，如果全面调查势必会增加问卷长度，而直接导致问卷填写质量下降，因此，本书只选择了团队结构、公司治理结构及企业外部环境因素等有客观指标来衡量的因素作为解释变量进行分析，而未对团队角色完备程度、运作机制、团队规范等影响因素进行实证分析。后续研究可在保证问卷质量的前提下，增加对其他因素的调查与分析。

附　录

表 A.1　转型期大型煤炭企业高管团队能力要素重要性程度调查表（预测试）

当前大型煤炭企业正在积极推进转变发展方式，力图实现由外延扩大式向内涵式增长的转变，实现向本质安全型、环境友好型及资源节约型的转变，最终实现经济绩效、安全绩效、环境保护与可持续发展绩效、社会绩效的高水平协调发展。在此过程中，大型煤炭企业高管团队的能力至关重要，请您对以下各测项对煤炭企业转型的重要性程度做出判断，“1、2、3、4、5”分别代表“非常不重要、不太重要、一般重要、比较重要和非常重要”。

能力测项	对煤炭企业转型的重要性程度				
CC1 对“转方式，调结构”的重视程度	1	2	3	4	5
CC2 对环境保护的重视程度	1	2	3	4	5
CC3 注重资源节约	1	2	3	4	5
CC4 对技术创新的重视程度	1	2	3	4	5
CC5 对员工健康与安全的重视程度	1	2	3	4	5
CC6 高管团队成员是“转方式，调结构”的践行者	1	2	3	4	5
CC7 高管团队将自身言行作为员工榜样，积极践行“转方式，调结构”理念	1	2	3	4	5
CC8“转方式，调结构”已经融入煤炭企业文化中	1	2	3	4	5
SC1 能对煤炭企业转型面临的外部环境做出准确判断	1	2	3	4	5
SC2 能清楚的认识与准确地判断企业内部资源与能力状况	1	2	3	4	5
SC3 能够准确识别煤炭企业转型面临的机会与威胁	1	2	3	4	5
SC4 能清晰的规划煤炭企业转变发展方式的目标，并有相应的战略规划与安排	1	2	3	4	5

续表

能力测项	对煤炭企业转型的重要性程度				
SC5 对煤炭企业产业结构调整优化，有清晰的目标与战略安排	1	2	3	4	5
SC6 能把战略目标分解为阶段性目标，长期目标分解为短期目标	1	2	3	4	5
SC7 能及时调整转型战略，以应对环境变化	1	2	3	4	5
RC1 在资源选择时能进行准确的产业定位、业务及产品定位	1	2	3	4	5
RC2 煤炭资源储备情况	1	2	3	4	5
RC3 人才储备状况	1	2	3	4	5
RC4 能够坚持根据转型目标配置人力、物力、财力资源	1	2	3	4	5
RC5 企业从外部获取资源的能力（采用兼并、重组或联盟等方式）	1	2	3	4	5
RC6 能使煤炭企业保持合理的资源结构	1	2	3	4	5
RC7 能使煤炭企业获得高的资源配置效率	1	2	3	4	5
MC1 企业现有组织结构、部门、科室及岗位设置能保证转型目标的实现	1	2	3	4	5
MC2 能够调整组织结构，以实现对转型战略的支持	1	2	3	4	5
MC3 现有制度体系能够保障煤炭企业实现盈利目标	1	2	3	4	5
MC4 煤炭企业有完善的安全制度保障体系	1	2	3	4	5
MC5 煤炭企业有完善的节能减排与环保制度保障体系	1	2	3	4	5
MC6 煤炭企业有完善的技术创新制度保障体系	1	2	3	4	5
MC7 能根据战略变化调整制度体系，如对绩效考核制度的修改	1	2	3	4	5
MC8 激励机制能使广大员工积极参与到“转方式，调结构”中	1	2	3	4	5
MC9 高管团队能够通过设计新的制度来创新性的促进企业“转方式，调结构”	1	2	3	4	5
LC1 本团队能够通过积极主动地学习最新的管理知识和行业知识来促进煤炭企业转型	1	2	3	4	5
LC2 本团队能够积极分享转型知识与经验	1	2	3	4	5
LC3 团队成员的个人观点和知识能够快速在团队内共享	1	2	3	4	5
LC4 本团队善于反思以前的企业转型工作，并总结经验或教训	1	2	3	4	5
LC5 本团队善于在企业转型实践中运用新知识	1	2	3	4	5

表 A. 2　　转型期大型煤炭企业高管团队能力测量指标体系（正式）

能力维度	测　　项
转型文化重塑能力 CC	CC1 对“转方式，调结构”的重视程度
	CC2 对环境保护的重视程度
	CC3 注重资源节约
	CC4 对技术创新的重视程度
	CC5 对员工健康与安全的重视程度
	CC6 高管团队成员是“转方式，调结构”的践行者
	CC7 高管团队将自身言行作为员工榜样，积极践行“转方式，调结构”理念
	CC8“转方式，调结构”已融入煤炭企业文化中
转型战略规划能力 SC	SC1 能对煤炭企业转型面临的外部环境做出准确判断
	SC2 能清楚地认识与准确的判断企业内部资源与能力状况
	SC3 能够准确识别煤炭企业转型面临的机会与威胁
	SC4 能清晰的规划煤炭企业转变发展方式的目标，并有相应的战略规划与安排
	SC5 对产业结构优化有清晰的目标与战略安排
	SC6 能把战略目标分解为阶段性目标，长期目标分解为短期目标
	SC7 能及时调整转型战略，以应对环境变化
资源整合能力 RC	RC1 煤炭资源储备情况
	RC2 人才储备状况
	RC3 能够根据转型目标配置人力、物力、财力资源
	RC4 企业从外部获取资源的能力（采用兼并、重组或联盟等方式）
	RC5 能使煤炭企业获得高的资源配置效率
管理控制与创新能力 MC	MC1 企业现有组织结构、部门、科室及岗位设置能保证转型目标的实现
	MC2 能够调整组织结构，以实现对转型战略的支持
	MC3 现有制度体系能够保障煤炭企业发展方式转型的同时实现盈利目标
	MC4 煤炭企业有完善的安全制度保障体系
	MC5 煤炭企业有完善的节能减排与环保制度保障体系
	MC6 煤炭企业有完善的技术创新制度保障体系
	MC7 激励机制能够使广大员工积极参与到“转方式，调结构”中
	MC8 能通过制度创新来促进企业“转方式，调结构”
持续学习能力 LC	LC1 本团队能够通过积极主动地学习最新管理知识和行业知识来促进煤炭企业转型
	LC2 本团队能够积极分享转型知识与经验
	LC3 本团队善于对以前的企业转型工作进行反思，总结经验和教训
	LC4 本团队善于在企业转型实践中运用新知识

表 A.3 能力状况调查表格一

编号	题 项	衡量指标	2011 年	2010 年	2009 年	2008 年
1	CC2 对环境保护的重视程度	吨煤环保投入				
2	CC3 注重资源节约	资源回收状况				
3	CC4 对技术创新的重视程度	吨煤科技投入				
4	CC5 对员工健康与安全的重视程度	吨煤安全投入				
5	RC1 煤炭资源储备情况	单位资产煤炭可采储量				
6	RC2 人才储备状况	本科生及以上学历职工数所占比例				
7	RC4 企业从外部获取资源的能力（采用兼并、重组或联盟等方式）	企业并购、联盟次数				
8	RC5 能使煤炭企业获得高的资源配置效率	总资产收益率				
		全员劳动生产率				

注：由研究者根据 2008～2011 年的实际数据计算填写。

表 A.4 能力状况调查表格二

请根据 2008～2011 年每年贵企业高管团队的能力实际情况打分，“1、2、3、4、5”分别代表“非常不好、不太好、一般水平、比较好、非常好”。

您所处的部门与职位____________________

编号	测 项	2011 年	2010 年	2009 年	2008 年
1	CC1 对“转方式，调结构”的重视程度				
2	CC6 高管团队成员是“转方式，调结构”的践行者				
3	CC7 高管团队将自身言行作为员工榜样，积极践行“转方式，调结构”理念				
4	CC8“转方式，调结构”已经融入煤炭企业文化中				
5	SC1 能对煤炭企业转型面临的外部环境做出准确判断				
6	SC2 能清楚地认识与准确的判断企业内部资源与能力状况				
7	SC3 能够准确识别煤炭企业转型面临的机会与威胁				
8	SC4 能清晰的规划煤炭企业转变发展方式的目标，并有相应的战略规划与安排				

续表

编号	测　　项	2011 年	2010 年	2009 年	2008 年
9	SC5 对产业结构优化有清晰的目标与战略安排				
10	SC6 能把战略目标分解为阶段性目标，长期目标分解为短期目标				
11	SC7 能及时调整转型战略，以应对环境变化				
12	RC4 企业从外部获取资源的能力（采用兼并、重组或联盟等方式）				
13	MC1 企业现有组织结构、部门、科室及岗位设置能保证转型目标的实现				
14	MC2 能够调整组织结构，以实现对转型战略的支持				
15	MC3 现有制度体系能够保障煤炭企业发展方式转型的同时实现盈利目标				
16	MC4 煤炭企业有完善的安全制度保障体系				
17	MC5 煤炭企业有完善的节能减排与环保制度保障体系				
18	MC6 煤炭企业有完善的技术创新制度保障体系				
19	MC7 激励机制能使广大员工积极参与到“转方式，调结构”中				
20	MC8 高管团队能够运用新的制度来创新性的促进企业“转方式，调结构”				
21	LC1 本团队能够通过积极主动地学习最新管理知识和行业知识来促进煤炭企业转型				
22	LC2 本团队能够积极分享转型知识与经验				
23	LC3 本团队善于对以前的企业转型工作进行反思，总结经验和教训				
24	LC4 本团队善于在企业转型实践中运用新知识				

注：该表格由被调查者填写。

参考文献

[1] SC Poon. Beyond the global production networks：A case of further upgrading of Taiwans information technology industry [J]. International Journal of Technology & Globalisation，2004，1（1）：130－144.

[2] Gereffi G.，"International Trade and IndustrialUpgrading in the Apparel Commodity Chain"，Journal of Interna-tional Economics，Vol. 48，1999，pp. 37－70.

[3] 吴家曦，李华燊．浙江省中小企业转型升级调查报告 [J]．管理世界，2009（8）：1－9.

[4] 王吉发，冯晋，李汉铃．企业转型的内涵研究 [J]．统计与决策，2006（1）：153－157.

[5] 孔伟杰．制造业企业转型升级影响因素研究——基于浙江省制造业企业大样本问卷调查的实证研究 [J]．管理世界，2012（9）：120－131.

[6] 王吉发，冯晋，李汉铃．企业转型的内涵研究 [J]．统计与决策，2006（1）：153－157.

[7] 毛蕴诗，吴瑶，邹红星．我国 OEM 企业升级的动态分析框架与实证研究 [J]．学术研究，2010（1）：63－77.

[8] Levey. A，Merry. Organizational Transformation [M]. New York：praeger，1986.

[9] 李成伟．资源枯竭型煤炭企业战略转型研究 [D]．江西师范大学硕士论文，2015.

[10] S Nadkarni，VK Narayanan. strategy frames，strategic flexibility and firm performance：The moderating role of industry clockspeed [J]. Strategic Management

Journal, 2007, 28 (3): 243 –270.

[11] 李成伟. 资源枯竭型煤炭企业战略转型研究 [D]. 江西师范大学硕士论文, 2015.

[12] 李小玉, 薛有志, 牛建波企业战略转型研究述评与基本框架构建 [J]. 外国经济与管理, 2015 (12): 3 –15.

[13] 唐孝文, 刘敦虎, 肖进. 动态能力视角下的战略转型过程机理研究 [J]. 科研管理, 2015, 36 (1): 90 –96.

[14] Bibeault D. B. Corporate Turnaround [M]. McGraw-Hill, 1982.

[15] 符正平, 彭伟. 集群企业升级影响因素的实证研究——基于社会网络的视角 [J]. 广东社会科学, 2011 (5): 55 –62.

[16] Gereffi G. International trade and industrial upgrading in the apparel commodity chain [J]. Journal of International Economics, 1999 (48): 37 –70.

[17] 杨桂菊. 代工企业转型升级: 演进路径的理论模型——基于 3 家本土企业的案例研究 [J]. 管理世界, 2010 (6): 132 –142.

[18] 毛蕴诗, 吴瑶. 企业升级路径与分析模式研究 [J]. 中山大学学报 (社会科学版), 2009 (1): 178 –186.

[19] 黄永明, 何伟, 聂鸣. 全球价值链视角下中国纺织服装企业的升级路径选择 [J]. 中国工业经济, 2006 (5): 56 –63.

[20] 董秋云. 低碳经济中企业战略转型的现状与动机探讨 [J]. 科技管理研究, 2013 (24): 113 –117.

[21] 程虹, 刘三江, 罗连发中国企业转型升级的基本状况与路径选择——基于 570 家企业 4794 名员工入企调查数据的分析 [J]. 管理世界, 2016 (2): 57 –70.

[22] 张聪群. 超竞争环境下产业集群内中小企业转型研究——基于企业动态能力视角 [J]. 科技进步与对策, 2014 (14): 92 –97.

[23] 杜传忠, 杨志坤. 德国工业 4.0 战略对中国制造业转型升级的借鉴 [J]. 经济与管理研究, 2015 (7): 82 –87.

[24] Schumpeter J. A., Swedberg R. Capitalism, Socialism and Democracy

[M]. London: Harper & Brothers, 1942.

[25] Arrow K J. Economic Welfare and the Allocation of Resources for Invention [J]. Nber Chapters, 1962: 609-626.

[26] Scherer F M. Market Structure and the Employment of Scientists and Engineers [J]. American Economic Review, 1967, 57 (3): 524-531.

[27] 孔伟杰. 制造业企业转型升级影响因素研究——基于浙江省制造业企业大样本问卷调查的实证研究 [J]. 管理世界, 2012 (9): 120-131.

[28] 张杰, 刘志彪, 郑江淮等. 中国制造业企业创新活动的关键影响因素研究——基于江苏省制造业企业问卷的分析 [J]. 中国工商管理研究前沿, 2009 (1): 64-74.

[29] 王文翌, 安同良, Ludovica Alcorta. 中国制造业企业知识产权保护策略探讨——基于江苏省制造业企业知识产权保护调查的实证分析 [J]. 产业经济研究, 2006 (1): 75-76.

[30] Hu A G. Ownership, Government R&D, Private R&D, and Productivity in Chinese Industry [J]. Journal of Comparative Economics, 2001, 29 (1): 136-157.

[31] 孔伟杰, 苏为华. 中国制造业企业创新行为的实证研究——基于浙江省制造业1454家企业问卷调查的分析 [J]. 统计研究, 2009, 26 (11): 44-50.

[32] 符正平, 彭伟. 集群企业升级影响因素的实证研究——基于社会网络的视角 [J]. 广东社会科学, 2011 (5): 55-62.

[33] 黄永明, 何伟, 聂鸣. 全球价值链视角下中国纺织服装企业的升级路径选择 [J]. 中国工业经济, 2006 (5): 56-63.

[34] 孔伟杰. 制造业企业转型升级影响因素研究——基于浙江省制造业企业大样本问卷调查的实证研究 [J]. 管理世界, 2012 (9): 120-131.

[35] 龚三乐. 全球价值链内企业升级动力实证研究 [J]. 求索, 2011 (7): 11-13.

[36] 龚三乐. 产业集群对全球价值链内企业升级的影响 [J]. 经济与管理, 2009, 23 (4): 42-45.

[37] CK Prahalad, G Hamel. Strategy as a field of study: Why search for a new

paradigm? [J]. Strategic Management Journal, 2007, 15 (S2): 5 – 16.

[38] Prahalad C K, Oosterveld J P. Transforming Internal Governance: The Challenge for Multinationals [J]. Sloan Management Review, 1999, 40 (3): 31 – 39.

[39] 王一鸣, 王君. 关于提高企业自主创新能力的几个问题 [J]. 中国软科学, 2005 (7): 10 – 14, 32.

[40] 张喜征, 覃海蓉. 企业升级转型中知识路径依赖及破解策略研究 [J]. 情报杂志, 2014 (1): 195 – 200.

[41] 邱红, 林汉川全球价值链、企业能力与转型升级——基于我国珠三角地区纺织企业的研究 [J]. 经济管理, 2014 (8): 66 – 77.

[42] 李兆福. 资源枯竭型煤炭企业战略转型研究——以抚矿集团为例 [D]. 东北师范大学硕士学位论文, 2012 (12).

[43] 刘可, 张蓉. 新时期下煤炭企业战略转型升级研究 [J]. 山西煤炭, 2014, 34 (3): 78 – 80.

[44] 杭婷婷, 陈宏平, 杨佩芬. 资源枯竭型国有企业产业转型存在的问题及对策 [J]. 企业活力, 2010 (1): 61 – 64.

[45] 张青, 李克荣. 资源耗竭型企业产业发展立体战略定位分析方法与案例研究 [J]. 管理世界, 2002 (10): 143 – 143.

[46] 李烨, 张毅, 郭继辉, 彭璐. 资源型企业产业转型的相关研究综述 [J]. 资源与产业, 2009, 11 (4): 1 – 5.

[47] 李烨, 彭璐. 资源型企业产业成功转型的关键因素 [J]. 改革与战略, 2010, 26 (10): 161 – 164.

[48] 王倩雅. 生态文明建设与资源型企业产业生态化转型研究 [J]. 学术论坛, 2013, 36 (4): 128 – 131.

[49] 孙凌宇. 资源型企业绿色转型成长的理论框架构建研究 [J]. 青海社会科学, 2013 (5): 45 – 50.

[50] 薛继亮. 资源依赖、混合所有制和资源型产业转型 [J]. 产业经济研究, 2015 (3): 32 – 41.

[51] 田原, 孙慧低碳发展约束下资源型产业转型升级研究 [J]. 经济纵横,

2016 (1): 45 - 48.

[52] 王艳子，白玲，李倩基于企业家能力的资源型创业企业成长研究——以山西安泰集团和山西海鑫集团为例 [J]. 科技进步与对策，2016，33 (1): 69 - 75.

[53] 仵明丽新常态下煤炭企业转型发展的思考与实践 [J]. 中国煤炭，2015 (3): 30 - 32.

[54] 辜胜阻，吴永斌，刘伟“十三五”时期煤炭产业转型升级的思考 [J]. 学习与探索，2015 (7): 78 - 82.

[55] 牛克洪. 未来我国煤炭企业转型发展的新方略 [J]. 中国煤炭，2014 (10): 5 - 10.

[56] 萨伊. 政治经济学概论 [M]. 北京：商务印书馆，1963.

[57] 阿尔弗雷德·马歇尔著，陈瑞华译. 经济学原理 [M]. 西安：陕西人民出版社，2006.

[58] 约瑟夫·熊彼特. 经济发展理论 [M]. 北京：商务印书馆，1990.

[59] Penrose E T. The theory of the growth of the firm [M]. Oxford: Oxford university press, 1959.

[60] Mitton D G. The complete entrepreneur [J]. Entrepreneurship Theory and Practice, 1989 (13): 9 - 19.

[61] Murray G A. Synthesis of six exploratory European case studies of successfully exited, venture capital-financed, new technology-based firms [J]. Entrepreneurship Theory and Practice, 1996 (20): 41 - 60.

[62] Baum J R, Locke E A, Smith K G. A multi-dimensional model of venture growth [J]. Academy of Management Journal, 2001, 44 (2): 292 - 303.

[63] Man Thomas W Y, Lau Theresa. Entrepreneurial competencies of SME owner/manager in the Hong Kong services sector: A qualitative analysis [J]. Journal of Enterprising Culture, 2000, 8 (3): 235.

[64] Flore'n H. Managerial work in small firms: Summarising what we know and sketching a research agenda [J]. International Journal of Entrepreneurial Behaviour & Research, 2006, 12 (5): 272 - 288.

[65] Siwan Mitchelmore, Jennifer Rowley. Entrepreneurial competencies: A literature review and development agenda [J]. International Journal of Entrepreneurial Behaviour & Research, 2010, 16 (2): 92 - 111.

[66] 王烈. 企业家能力结构的社会学分析 [J]. 华东经济管理, 2001 (3): 67 - 69.

[67] 杨俊, 基于创业行为的企业家能力研究——一个基本分析框架 [J]. 外国经济与管理, 2005 (4): 28 - 35.

[68] 苗青, 王重鸣. 企业家能力: 理论、结构与实践 [J]. 重庆大学学报 (社会科学版), 2002 (1): 129 - 131.

[69] 贺小刚, 潘永永, 连燕玲. 核心能力理论的拓展: 企业家能力与竞争绩效的关系研究 [J]. 科研管理, 2007 (7): 141 - 148.

[70] 王庆喜. 民营企业家能力内在结构探析 [J]. 科学学研究, 2007 (2): 79 - 84.

[71] 李志, 郎福臣, 张光富. 对我国"企业家能力"研究文献的内容分析 [J]. 重庆大学学报 (社会科学版), 2003 (3): 116 - 118.

[72] 项国鹏, 李武杰, 肖建忠. 转型经济中的企业家制度能力: 中国企业家的实证研究及其启示 [J]. 管理世界, 2009 (11): 103 - 114.

[73] 李丰才. 企业转型发展与企业家能力创新关系研究 [J]. 商业时代, 2012 (7): 96 - 98.

[74] 曹林. 企业家能力束的三维结构与阶段性特征分析 [J]. 特区经济, 2005 (8): 35 - 37.

[75] 卢毅, 彭燕. 基于生命周期理论的企业家素质 SVM 评价方法 [J]. 科学学与科学技术管理, 2006 (4): 136 - 138.

[76] 杨轶清. 企业家能力与公司生命周期匹配——基于金融危机以来倒闭浙商的实证分析 [J]. 2010 (11): 19 - 25.

[77] 王影辉, 刘志勇, 王核成. 基于产业生命周期的企业家素质显现研究 [J]. 企业经济, 2004 (1): 47 - 48.

[78] 魏秀丽. 民营企业家成长的自身障碍: 能力、生命周期和治理 [J].

经济与管理研究，2005（12）：50－52.

［79］徐慧琴，龚道新．企业家经营能力与企业生命周期［J］．工业技术经济，2006（6）：38－56.

［80］许庆高，周鸿勇．资源需求、企业家能力与民营企业成长研究［J］．经济理论与经济管理，2009（12）：72－76.

［81］雷卫．民营企业家能力与企业成长关系的实证［J］．统计与决策，2012（19）：183－185.

［82］Barney J. Firm resources and sustained competitive advantage［J］. Journal of Management，1991，17（1）：99－120.

［83］Lerner M and Almor T. Relationships among strategic capabilities and the performance of women-owned small ventures［J］. Journal of Small Business Management，2002，40（2）：109－125.

［84］Cooper A C，Gimeno-Gascon F J and Woo C. Initial human and financial capital as predictors of new venture performance［J］. Journal of Business Venturing，1994，9（4）：331－395.

［85］杜雯翠，高明华．市场结构、企业家能力与经营绩效——来自中国上市公司的经验证据［J］．浙江工商大学学报 2013（1）：69－77.

［86］Chandler G N，Hanks. Founder competence，the environment and venture performance［J］. Entrepreneurship Theory and Practice，1994，18（3）：77－89.

［87］Man T，Lau T，Chan K F. The competitiveness of small and medium enterprises：A conceptualisation with focus on entrepreneurial competencies［J］. Journal of Business Venturing，2002（17）：123－142.

［88］Noor Hazlina Ahmad，T Ramayah，Carlene Wilson，Liz Kummerow. Is entrepreneurial competency and business success relationship contingent upon business environment? A study of Malaysian SMEs［J］. International Journal of Entrepreneurial Behaviour & Research，2010（3）：182－203.

［89］Fabi Bruno，Lacoursière Richard，Raymond Louis，St-Pierre Josée. HRM capabilities as a determinant and enabler of productivity for manufacturing SMEs［J］.

Human Systems Management, 2010, 29 (3): 115 - 125.

[90] 欧雪银. 企业家能力对企业绩效的影响 [J]. 湖南师范大学社会科学学报, 2010 (6): 113 - 115.

[91] 王招治, 苏晓华. 高校衍生企业的企业家能力、资源基础与企业绩效 [J]. 科技进步与对策, 2011 (5): 147 - 151.

[92] 秦敏, 郑艳. 企业家能力及其对企业成长的作用 [J]. 特区经济, 2007 (3): 303 - 304.

[93] 汪良军. 中小企业成长与企业家能力 [J]. 企业活力, 2007 (6): 15 - 16.

[94] 贺小刚, 李新春. 企业家能力与企业成长: 基于中国经验的实证研究 [J]. 经济研究, 2005 (10): 101 - 111.

[95] Yasemin Y Kor. Experience-Based Top Management Team Competence and Sustained Growth [J]. Organization Science, 2003, 14 (6): 707 - 719.

[96] Bongjin Kim, Burns Michael L, Prescott John E. The Strategic Role of the Board: The Impact of Board Structure on Top Management Team Strategic Action Capability [J]. Corporate Governance: An International Review, 2009, 17 (6): 728 - 743.

[97] Carmi Abraham, Tishler Asher. The relative importance of the top management team's managerial skills [J]. International Journal of Manpower, 2006, 27 (1): 9 - 36.

[98] 洪明. 论企业高管团队的利器—团队领导力——以复星集团的无人团队为例 [J]. 商业经济与管理, 2005 (3): 31 - 36.

[99] 王雪. 企业高层管理团队能力评估及应用研究 [D]. 中南工业大学硕士论文, 2006 (11).

[100] 陈传明, 陈松涛. 高层管理团队战略调整能力研究——认知的视角 [J]. 江海学刊, 2007 (1): 213 - 219.

[101] 梁彤缨, 许悦, 陈修德. 高管团队管理能力与IPO抑价关系的实证研究——来自中小企业板的经验数据分析 [J]. 华南理工大学学报 (社科版), 2009 (4): 16 - 21.

[102] 樊耘, 门一, 于维娜. 高管团队即兴能力研究与基础模型构建 [J].

科技进步与对策，2014（4）：138－144.

［103］潘清泉，唐刘钊，韦慧民．高管团队断裂带、创新能力与国际化战略——基于上市公司数据的实证研究［J］．科学学与科学技术管理，2015，36（10）:111－122.

［104］陈璐，柏帅皎，王月梅.CEO变革型领导与高管团队创造力：一个被调节的中介模型［J］．南开管理评论，2016，19（2）：63－74.

［105］Hambrick D C，Mason P A. Upper Echelons：The Organization as a Reflection of Its Top Managers'［J］. Academy of Management Review，1984，9（2）：193－206.

［106］Hambrick D C. Top management groups：A conceptual integration and reconsideration of the 'team' label［J］. Research In Organizational Behavior ，1994（16）：171－213.

［107］49. Bantel K A，Jackson S. Top Management and Innovations in Banking：Does The Composition of The Top Team Make A Difference?［J］. Strategic Management Journal，1989（10）：107－124.

［108］Wiersema M F，Bantel K A. Top Management Team Demography and Corporate Strategic Change［J］. Academy of Management Journal，1992（1）：91－121.

［109］魏立群，王智慧．我国上市公司高管特征与企业绩效的实证研究［J］．南开管理论，2002（4）：16－22.

［110］孙海法，姚振华，严茂胜．高管团队人口统计特征对纺织和信息技术公司经营绩效的影响［J］．南开管理评论，2006，9（6）：61－67.

［111］朱治龙，王丽．上市公司经营者个性特征与公司绩效的相关性实证研究［J］．财经理论与实践，2004（2）：46－50.

［112］焦长勇，项保华．企业高层管理团队特性及构建研究［J］．自然辩证法通讯，2003（2）：57－111.

［113］Eagly A H，Johnson B T. Gender and leadership style：A meta-analysis［J］. Psychological Bulletin，1990，108（2）：233－256.

［114］Krishnan H A，Park D. A few good women on top management teams［J］.

Journal of Business R esearch, 2005 (58): 1712 - 1720.

[115] Maniero L S. Getting anointed for advancement: The case of executive women [J]. Academy of Management Executive, 1994 (8): 53 - 67.

[116] Paton R, Dempster L. Managing change from a gender perspective [J]. European Management Journal, 2002, 20 (5): 539 - 548.

[117] Hambrick D C, Cho T S, Chen M. The influence of top management team heterogeneity on firm's competitive moves [J]. Administeative Science Quarterly, 1996 (41): 658 - 684.

[118] Smith K G, Smith K A, Olian J D, Sims H P, O'Bannon D P, Scully J A. Top management team demography and process: The role of social integration and communication [J]. Administrative Science Quarterly, 1994 (39): 412 - 438.

[119] Papadakis V M, Barwise P. How much do CEOs and top managersmatter in strategic decision-making [J]. British Journal of Management, 2002 (13): 83 - 95.

[120] 柯江林，孙健敏，张必武．我国上市公司高管团队成员的离职原因——基于人口特征差距的解释及经验研究 [J]. 经济管理，2006 (23)：65 - 68.

[121] 李焕荣．高层管理团队领导特质与公司国际化关系实证研究 [J]. 科技进步与对策，2009 (8)：147 - 150.

[122] Grimm C, Smith K G. Management and organizational change: A note on the railroad industry [J]. Strategic Management Journal, 1991 (12): 557 - 562.

[123] 李华晶，张玉利．高管团队特征与企业创新关系的实证研究——以科技型中小企业为例 [J]. 商业经济与管理，2006 (5)：9 - 13.

[124] March J G, Simon H A. Organizations [M]. New York: Wiley, 1963.

[125] Datta D K, Guthrie J P. Executivesuccession: Organizational antecedents of ceo characteristics [J]. Strategic Management Journal, 1994 (15): 569 - 577.

[126] Jensen M, Zajac E J. Corporateelites and corporate strategy: How demographic preferences and structural positionshape the scope of the firm [J]. Strategic Management Journal, 2004 (25): 507 - 524.

[127] Sambharya R B. Foreign experience of top managementteams and interna-

tional diversification strategies of U. S multinational corporations [J]. Strategy Management Journal, 1996 (17): 739 - 746.

[128] Wang Haizhen, Feng Jie, Liu Xinmei, Zhang Ruoyong. What is the benefit of TMT's governmental experience to private-owned enterprises? Evidence from China [J]. Asia Pacific Journal of Management, 2011, 28 (3): 555 - 572.

[129] Finkelstein S, Hambrick D C. Strategic Leadership [M]. NM: West Publishing Company, 1996.

[130] Boeker W. Strategicchange: The influence of managerial characteristics and organizational growth [J]. Academy of Management Journal, 1997, 40 (1): 152 - 170.

[131] Sutcliffe K M. What executives notice, accurate perceptions in top management teams [J]. Academy of Managcmcnt Journal, 1994, 9 (2): 193 - 206.

[132] Jun Li. Top management team restructuring in pre-IPO high technology startups: The influence of TMT characteristics and firm growth [J]. The Journal of High Technology Management Research, 2008, 19 (1): 59 - 69.

[133] Mine Ozer. Top management teams and corporate political activity: Do top management teams have influence on corporate political activity? [J]. Journal of Business Research, 2010, 63 (11): 1196 - 1201.

[134] 贺远琼，陈昀．不确定环境中高管团队规模与企业绩效关系的实证研究——基于中国制造业上市公司的证据 [J]. 科学学与科学技术管理，2009 (2): 123 - 130.

[135] Liao J, Welsch H. Roles of Social Capital in Venture Creation: Key Dimensions and Research Implications [J]. Journal of Small Business Management, 2005 (43): 34 - 55.

[136] Kemper Jan, Engelen Andreas, Brettel Malte. How top management's social capital fosters the development of specialized marketing capabilities: A cross-cultural comparison [J]. Journal of International Marketing, 2011, 19 (3): 87 - 112.

[137] 陈忠卫，杜运周．社会资本与创业团队绩效的改进 [J]. 经济社会体制比较，2007 (3): 138 - 142.

[138] 钱士茹，韩瑜．企业高管团队社会资本与企业绩效关系的实证研究[A]. 第三届（2008）中国管理学年会论文集[C]. 2008 年．

[139] 边燕杰，丘海雄．企业的社会资本及其功效[J]. 中国社会科学，2000（2）：87 -99.

[140] Kilduff Martin, Reinhard Angelear. Top management team diversityand firm performance: Examining the role of cognition [J]. Organizational Science, 2000 (11): 21 -34.

[141] Harry G, Oleg S. Does top management team diversity promote or hamper foreign expansion [J]. Strategic Management Journal, 2007, 28 (7): 663.

[142] Hambrick DC, Davison S C, Snell S A, et al. Whengroups consist of multiple nationalities: Towards a new understanding of the implications [J]. Organization Studies, 1998 (19): 181 -205.

[143] DonKnight, Pearce C L, Smith K G, Olian J D, Sims H P, Smith K A, Flood P. Top management team diversity, group process, and strategic consensus [J]. Strategic Management Journal, 1999 (3): 201 -216.

[144] Ferrier W J. Navigating thecompetitive landscape: The drivers and consequences of competitive aggressiveness [J]. Academy of Management Journal, 2001, 44 (4): 858 -877.

[145] David Naranjo-Gil, Frank Hartmann. Management accounting systems, top management team heterogeneity and strategic change accounting [J]. Organizations and Society, 2007, 32 (7): 735 -756.

[146] Julian Craig C, Wachter Renee M, Mueller Carolyn B. International joint venture top management teams: Does heterogeneity make a difference? [J]. Journal of Asia-Pacific Business, 2009, 10 (2): 107 -129.

[147] 谢凤华，姚先国，古家军．高层管理团队异质性与企业技术创新绩效关系的实证研究[J]. 科研管理，2008（11）：65 -73.

[148] 肖久灵．企业高层管理团队的组成特征对团队效能影响的实证研究[J]. 财贸研究，2006（2）：112 -116.

［149］黄晓飞，井润田．我国上市公司的实证研究股权结构和高层梯队与公司绩效的关系［J］．管理学报，2006（5）：336－345.

［150］Weick K W. Organizational Culture As a Course of High Relia-bility［J］. Califomia Management Review，1987，29（2）：196－207.

［151］Alexiev Alexander S，Jansen Justin J P，Van den Bosch，Frans A J，Volberda Henk W. Top Management Team Advice Seeking and Exploratory Innovation：The Moderating Role of TMT Heterogeneity［J］. Journal of Management Studies，2010，47（7）：1343－1364.

［152］Richard O C，Barnett T，Dwyer S，Chadwich K. Culture diversity in management，firm performance，and the moderating role of entrepreneurial orientation dimensions［J］. Academy of Management Journal，2004，（47）.

［153］Nielsen，Sabina. Why do top management teams look the way they do? A multilevel exploration of the antecedents of TMT heterogeneity［J］. Strategic Organization，2009，7（3）：277－305.

［154］张平．多元化经营环境下高层管理团队异质性与企业绩效［J］．科学学与科学技术管理，2006（2）：114－118.

［155］古家军，胡蓓．企业高层管理团队特征异质性对战略决策的影响——基于中国民营企业的实证研究［J］．管理工程学报，2008（3）：30－35.

［156］Jaw Yi-Long，Lin Wen-Ting. Corporate elite characteristics and firm's internationalization：CEO-level and TMT-level roles［J］. International Journal of Human Resource Management，2009，20（1）：220－233.

［157］白云涛，郭菊娥，席酉民．高层管理团队风险偏好异质性对战略投资决策影响效应的实验研究［J］．南开管理评论，2007（2）：25－30.

［158］姚冰湜，马琳，王雪莉等．高管团队职能异质性对企业绩效的影响：CEO 权力的调节作用［J］．中国软科学，2015（2）：117－126.

［159］许秀梅．技术资本、高管团队异质性与企业成长——国有与民营企业的对比分析［J］．中国科技论坛，2016（2）：81－85.

［160］O'Reilly，Charles A，Tsui，Anne S. Beyond simple demography effect：

The importance of relational demography in supper-subordinate dyad [J]. Academy of Management Journal, 1989 (32): 402-423.

[161] Hambrick D C. Corporate coherence and the top management team [J]. Strategy and Leadership, 1997, 25 (5): 24-29.

[162] Amason A C. Distinguishing the effects of functional and dysfunctional conflict on strategic decision making: Resolving a paradox for top management teams [J]. Academy of Management Journal, 1996 (39): 123-148.

[163] 欧阳慧，李树丞，陈佳. 高层管理团队（TMT）在战略决策中的冲突管理 [J]. 湘潭大学学报，2004，28（2）：7-10.

[164] 范明，肖璐. 高管团队信任对组织绩效的影响：团队冲突的中介作用 [A]. 第四届（2009）中国管理学年会——组织行为与人力资源管理分会场论文集 [C]. 2009 年.

[165] 陈忠卫，贾培蕊. 基于心理契约的高层管理团队凝聚力问题研究 [J]. 管理科学，2004（5）：46-52.

[166] Jehn K A. Enhancing effectiveness: An investigation of advantages and disadvantages of value-based intragroup conflict [J]. International Journal of Conflict Management, 1994 (5): 22-238.

[167] Michael D. Ensley, Allison W. Pearson, Allen C Amason. Understanding the dynamics of new venture top management teams: Cohesion, conflict, and new venture performance [J]. Journal of Business Venturing, 2002, 17 (4): 365-386.

[168] Amason A C, Jun L, Pingping F. TMT Demography, Conflict and (Effective) Decision Making: The Key Role of Value Congruence [J]. Academy of Management Annual Meeting Proceedings, 2010: 1-6.

[169] 张必武，石金涛. 国外高管团队人口特征与企业绩效关系研究新进展 [J]. 外国经济与管理，2005（6）：17-23.

[170] Tjosvold D, Law K S, Sun H. Effectiveness of Chinesesteams: The role of conflict types and conflict management approaches [J]. Management and Organization Review, 2006 (2): 287-307.

［171］刘军，刘松博．企业高层管理团队冲突管理方式：理论及证据［J］．经济理论与经济管理，2008（2）：58－64.

［172］李懋，王国锋，井润田．高管团队内部动态特征实证研究［J］．管理学报，2009（7）：939－943.

［173］王道平，陈佳．高管团队异质性对企业绩效的影响研究［J］．现代财经，2004（11）：58－62.

［174］Edmondson A. Psychological safety and learning behaviour in work teams［J］. Administrative Science Quarterly，1999（44）：350－383.

［175］Mayer R C，Davis J H，Schoorman F D. An integrative model of organizational trust［J］. Academy of Management Review，1995（20）：709－734.

［176］Talaulicar T，Grundei J，Werder A V. Strategic decision making in start-ups：The effect of top management team organization and processes on speed and comprehensiveness［J］. Journal of Business Venturing，2005，20（4）：519－541.

［177］Olson B J. Strategic decision making：The effects of cognitive diversity，conflict，and trust on decision outcomes［J］. Journal of Management，2007，33（2）：196－222.

［178］Mayer R C，Gavin M B. Trust in management and performance：Who minds the shop while the employees watch the boss［J］. Academy of Management Journal，2005，48（5）：874－888.

［179］Devaki R. The influence of relationship conflict and trust on the transactive memory：Performance relation in top management teams［J］. Small Group Research，2005，36（6）：746－771.

［180］Peterson R S，Behfar K J. The dynamic relationship between performance feed back，trust，and conflict in groups：A longitudinal study［J］. Organizational Behavior and human Decision Process，2003（92）：102－112.

［181］Simons T，Peterson R. task conflict and relationship conflict in top management teams：The Pivotal role of inter-group trust［J］. Journal of applied Psychology，2000（83）：102－111.

[182] Porter T W, Lilly B S. The effects of conflict, trust and task commitment on project teamperformance [J]. The international journal of conflict management, 1996 (7): 361 -376.

[183] 邓靖松，刘小平．企业高层管理团队的信任过程与信任管理 [J]. 科学学与科学技术管理，2008 (3): 174 -177.

[184] 刘喜怀，葛玉辉，王倩楠. TMT 团队信任对团队过程和决策绩效的中介作用——基于层级回归分析的实证研究 [J]. 系统工程，2015 (6): 41 -48.

[185] Zeki Simsek, John F Veiga, Richard H Lubatkin. Modeling themultilevel determinants of top management team behavioral integration [J]. Academy of Management Journal, 2005, 48 (1): 69 -84.

[186] Chen Ming-Jer, Lin Hao-Chieh, Michel John G. Navigating in a hypercompetitive environment: The roles of action aggressiveness and TMT integration [J]. Strategic Management Journal, 2010, 31 (13): 1410 -1430, 21.

[187] 刘鑫，蒋春燕．高层管理团队行为整合对组织双元性的影响：战略决策周密性的中介作用及长期薪酬的调节作用 [J]. 商业经济与管理，2015 (7): 25 -33.

[188] Annebel H B, De Hoogh, Deanne N. Den Hartog. Ethical and despotic leadership, relationships with leader's social responsibility, top management team effectiveness and subordinates' optimism: A multi-method study [J]. The Leadership Quarterly, June 2008, 19 (3): 297 -311.

[189] Abraham Carmeli, John Schaubroeck, Asher Tishler. How CEO empowering leadership shapes top management team processes: Implications for firm performance [J]. The Leadership Quarterly, 2011, 22 (2): 399 -411.

[190] 刘海山，孙海法. CEO 个性对民企高管团队组成与运作的影响 [J]. 企业经济，2008 (5): 86 -90.

[191] Ling Yan, Simsek Zeki, Lubatkin Michael H, Veiga John F. Transformational leadership's role in promoting corporate enterpreneurship: Examing the ceo-tmt interface [J]. Academy of Management Journal, 2008, 51 (3): 557 -576.

［192］Qing Cao，eki Simsek，ongping Zhang. Modelling the Joint Impact of the CEO and the TMT on Organizational Ambidexterity ［J］. Journal of Management Studies，2010，47（7）：1272－1296.

［193］束义明、郝振省．高管团队沟通对决策绩效的影响：环境动态性的调节作用［J］. 科学学与科学技术管理，2015，36（4）：170－180.

［194］沈正宁，林嵩．新创企业的薪酬制度——针对高层管理团队的设计［J］. 科学学与科学技术管理，2007（3）：175－180.

［195］林浚清，黄祖辉，孙永祥．高管团队内薪酬差距、公司绩效和治理结构［J］. 经济研究，2003（4）：31－41.

［196］黄维，余宏．高管团队内部薪酬差距与企业绩效——以我国房地产行业为例［J］. 价值工程，2009（8）：41－43.

［197］张正堂．高层管理团队协作需要、薪酬差距和企业绩效：竞赛理论的视角［J］. 南开管理评论，2007，10（2）：4－11.

［198］Prahalad C K and G Hamel. The core competence of the corporation ［J］. Havard Business Review，1990（5－6）.

［199］Collis D J，C A Montgomery. competing on resources：Strategy in 1990s ［J］. Harvard Business Review，1995，July-August，118－128.

［200］Teece D J，Pisano G. The dynamic capabilities of firms：An introduction ［J］. Industrial and corporate change，1994（3）：537－556.

［201］董俊武，黄江圳，陈震红．基于知识的动态能力演化模型研究［J］. 中国工业经济，2004（2）：77－85.

［202］冯海龙，焦豪．动态能力理论研究综述及展望［J］. 科技管理研究，2007（8）：12－14.

［203］严清华．路径依赖、管理哲理与第三种调节方式研究［M］. 武汉：武汉大学出版社，2005（5）.

［204］秦海．制度、演化与路径依赖——制度分析综合的理论尝试［M］. 北京：中国财政经济出版社，2004（3）.

［205］马玲玲．企业结构绩效与路径依赖：以新疆农产品加工企业为例

[M]. 北京：经济管理出版社，2008 (11).

[206] J. Mahoney. Path dependence in Historical Sociology [J]. Theoty and Society, 2000, 11 (29): 507 - 548.

[207] 李宏伟，屈锡华. 路径演化：超越路径依赖与路径创造 [J]. 四川大学学报（哲学社会科学版），2012 (2): 108 - 114.

[208] U. Witt. "Lock-in" vs. "critical masses". Industrial change under network externalities [J]. International Journal of Industrial Organization, 1997, 15 (6): 753 - 773.

[209] R Garud, A Kumaraswamy, P Karnøe, Path dependence or path creation? [J]. Journal of Management Studies, 2010, 47 (4): 760 - 774.

[210] 胡学勤. 经济增长方式与经济发展方式的联系与差别 [J]. 经济纵横，2008 (1): 15 - 17.

[211] 沙景华，欧玲. 我国煤炭企业产业组织分析 [J]. 矿业研究与开发，2008 (2): 84 - 86.

[212] http://www.chinasafety.gov.cn/newpage/Contents/Channel_5433/2012/1024/182145/content_182145.htm 国家安全生产监督管理总局网站 2012 年 12 月 24 日.

[213] 魏权龄. 评价相对有效性的数据包络分析模型——DEA 和网络 DEA [M]. 中国人民大学出版社，2012 (8).

[214] 傅贵，邓宁静，张树良，薛志俊，巩春生. 美、英、澳职业安全健康业绩指标及对我国借鉴的研究 [J]. 中国安全科学学报，2010 (7): 103 - 109.

[215] Sharma, S, and Vredenburg, H., Proactive corporate environmental strategy and the development of competi-tively valuable organizational capabilities [J]. Strategic Management Journal, 1998 (19): 729 - 753.

[216] 弗雷德.R. 大卫著，李东红，陈宝明，徐玉德等译. 战略管理 [M]. 北京：清华大学出版社，2006.

[217] 唐健雄. 企业战略转型能力研究 [D]. 中南大学博士学位论文，2008 (5).

［218］项国鹏，王进领．企业家战略能力构成的实证分析：以浙江民营企业为例［J］. 科学学与科学技术管理，2009（10）：191－194.

［219］Holbrook，D.，Cohen，W. M.，Hounshell，D. A.，et al. The nature，sources，and consequences of firm differences in theearly history of the semiconductor industry［J］. Strategic Management Journal，2000，21（10/11）：1017－1041.

［220］潘晨苏．论企业家能力中的配置能力［J］. 浙江经济，1997（8）：52－53.

［221］路世昌，姚德利．现代企业战略管理［M］. 徐州：中国矿业大学出版社，2012（2）.

［222］柯武刚，史漫飞．制度经济学：社会秩序与公共政策［M］. 北京：商务印书馆，2002.

［223］Senge P M. The fifth discipline：The art and practice of the learning organization［M］. New York：Doubleday Currency，1990.

［224］Ellis A P J，Hollenbeck J R，Ilgen D R，etal. Team Learning：Collectively Connecting the Dots［J］. Journal of Applied Psychology，2003，88（5）：821－835.

［225］Wong S S. Distal and local group learning：Per-formance trade-offs and tensions［J］. OrganizationScience，2004，15（6）：645－656.

［226］Leifter R，Mills P. K. An information processing approach for deciding upon control strategies and reducing control loss in emerging organizations［J］. Journal of Management，1996，22（1）：113－137.

［227］斯蒂夫．P. 罗宾斯，蒂莫西．A. 贾奇著，李源，孙健敏译，组织行为学（12 版）［M］. 中国人民大学出版社，2008.

［228］Simons T，Peterson R. task conflict and relationship conflict in top management teams：The Pivotal role of inter-group trust［J］. Journal of applied Psychology，2000（83）：102－111.

［229］Trevino L. Ethical decision making in organizations：A person-situation interactionist model［J］. The Academy of Management Review，1986，11（3）：

601 - 617.

[230] Daboub A. J, Rasheed A, Priem R. L. Top management team characteristics and corporate illegal activity [J]. Academy of Management Review, 1995, 20 (1): 138 - 170.

[231] Carlsson G, Karlsson K. Age, cohorts and the generation of generations [J]. American Sociological Review, 1970 (35): 710 - 718.

[232] 孙德升. 高管团队与企业社会责任: 高阶理论的视角. 科学学与科学技术管理 [J]. 2009 (4): 188 - 193.

[233] Finkelstein S., Hambrick D. C. Top management team tenure and organizational outcomes: The moderating role of managerial discretion [J]. Administrative Science Quarterly, 1990, 35 (9): 484 - 503.

[234] Greening D., Johnson R. Managing industrial and environmental crises: The role of heterogeneous top management teams [J]. Business&Society, 1997, 36 (4): 334 - 362.

[235] 顾慧君, 杨忠. 外部资源与企业转型: 以高管团队异质性为调节变量的实证研究 [J]. 东南大学学报 (哲学社会科学版), 2012 (4): 37 - 40.

[236] 刘兵, 王路路, 李嫄. 基于权力构型的高管团队任期与企业创新投入关系研究 [J]. 河北工业大学学报, 2011 (4): 104 - 109.

[237] Dutton J., Duncan R. The creation of momentum for change through the process of strategic issue diagnosis [J]. Strategy Management Journal, 1987, 8 (3): 279 - 296.

[238] Hambrick D C, D'aveni R A. Topteam deterioration as part of the downward spiral of large corporate bankruptcies [J]. Management Science, 1992, 38 (10): 1445 - 1466.

[239] Eisenhart K M, Schoonhoven C B. Organizational growth: Linking founding team, strategy, environment, and growth among U. S. semiconductor ventures 1978 - 1988 [J]. Administrative Science Quarterly, 1990 (35): 504 - 529.

[240] 鲁桐, 党印, 仲继银. 中国大型上市公司治理与绩效关系研究 [J].

金融评论，2010（6）：33－41.

［241］宋莎莎，彭家生．上市公司绩效与管理层薪酬的实证研究［J］．中国管理信息化，2011（4）：14－16.

［242］徐丽萍，辛宇，陈工孟．股权集中度和股权制衡及其对公司经营绩效的影响［J］．经济研究，2006（1）：90－100.

［243］马富萍，李太．高管团队特征、高管团队持股与技术创新的关系研究——基于资源型上市公司的实证检验［J］．科学管理研究，2011（8）：116－120.

［244］黄越，杨乃定，张宸璐．高层管理团队异质性对企业绩效的影响研究——以股权集中度为调节变量［J］．管理评论，2011（11）：120－125.

［245］罗宾斯，贾奇著，李原，孙健敏译．组织行为学（第12版）［M］．北京：中国人民大学出版社，2008.

［246］M Makri，TA Scandura. Exploring the Effects of Creative CEO Leadership on Innovation in High-Technology Firms［J］. Leadership Quarterly，2010，21（1）：75－88.

［247］RD Irel，MA Hitt. Achieving and maintaining strategic competitiveness in the 21 st century：The role of strategic leadership［J］. Academy of Management Perspectives，1999，13（1）：63－77.

［248］陈璐，杨百寅，井润田．战略型领导与高管团队成员创造力：基于高科技企业的实证分析［J］．管理评论，2015，27（3）：142－152.

［249］陈璐，柏帅皎，王月梅．CEO变革型领导与高管团队创造力：一个被调节的中介模型［J］．南开管理评论，2016，19（2）：63－74.

［250］GM Spreitzer. Psychological，empowerment in the workplace：Dimensions，measurement and validation［J］. Academy of Management Journal，1995，38（5）：1442－1465.

［251］LY Sun，Z Zhang，J Qi，ZX Chen. Empowerment and creativity：A cross-level investigation［J］. Leadership Quarterly，2012，23（1）：55－65.

［252］丁琳，席酉民．变革型领导如何影响下属的组织公民行为——授权行为与心理授权的作用［J］．管理评论，2007，19（10）：24－29.

［253］X. M. Zhang，Bartol K. M. Linking empowering leadership and employee creativity：The influence of psychological empowerment，intrinsic motivation，and creative process engagement［J］. Academy of Management Journal，2010，53（1）：107 –128.

［254］Ceme M，Nerstad C G L，Dysvik A，et al. What goes around comes around：Knowledge hiding，perceived motivational climate，and creativity［J］. Academy of Management Journal，2014，57（1）：172 –192.

［255］Puck J，Rygl D，Kittler M. Cultural antecedents and performance consequences of open communication and knowledge transfer in multicultural process innovation teams［J］. Journal of Organisational Transformation and Social Change，2006，3（2）：223 –241.

［256］束义明，郝振省. 高管团队沟通对决策绩效的影响：环境动态性的调节作用［J］. 科学学与科学技术管理，2015，36（4）：170 –180.

［257］Raes A M L，Heijltjes M G，Glunk U，et al. The interface of the top management team and middle managers：A process model［J］. Academy of Management Review，2011，36（1）：102 –126.

［258］Smith K G，Smith K A，Olian J D，et al. Top management team demography and process：The role of social integration and communication［J］. Administrative Science Quarterly，1994，39（3）：412 –438.

［259］Daft R L，Lengel R H. Organizational information requirements，media richness and structural design［J］. Management Science，1986，32（5）：554 –571.

［260］Nonaka I. A dynamic theory of organizational knowledge creation［J］. Organization Science，1994，5（1）：14 –37.

［261］Lauring J，Selmer J. Positive dissimilarity attitudes inmulticultural organizations：The role of language diversity and communication frequency［J］. Corporate Communications：An International Journal，2012，17（2）：156 –172.

［262］周晓锋，我国国有上市公司高管层持股与公司绩效相关性实证分析［J］. 商业经济，2010（18）：89 –104.

[263] D Gladstein Ancona. Outward bound：Strategic for team survival in an organization [J]. Academy of Management Journal，1990，33 (2)：334 – 365.

[264] BK Boyd. Divergence between archival and perceptual measures of the environment：Causes and consequences [J]. Academy of Management Review，1993，18 (2)：1 – 4.

[265] 张大力，葛玉辉．高管团队跨界行为与企业创新绩效关系：基于团队学习的视角 [J]. 系统管理学报，2016 (2)：235 – 245.

[266] L Fleming，DM Waguespack. Brokerage，Boundary Spanning，and Leadership in Open Innovation Communities [J]. Organization Science，2007，18 (2)：165 – 180.

[267] 刘娴，宋波，徐飞．R&D 联盟企业隐性知识转移的系统动力学 [J]. 系统管理学报，2014 (5)：620 – 627.

[268] C Soosay，P Hyland. Exploration and exploitation：The interplay between knowledge and continuous innovation [J]. nternational Journal of Technology Management，2008，42 (1 – 2)：20 – 35.